2025年度版

山形県の
論作文・面接

過去問

協同教育研究会 編

協同出版

はじめに～「過去問」シリーズ利用に際して～

　教育を取り巻く環境は変化しつつあり，日本の公教育そのものも，教員免許更新制の廃止やGIGAスクール構想の実現などの改革が進められています。また，現行の学習指導要領では「主体的・対話的で深い学び」を実現するため，指導方法や指導体制の工夫改善により，「個に応じた指導」の充実を図るとともに，コンピュータや情報通信ネットワーク等の情報手段を活用するために必要な環境を整えることが示されています。

　一方で，いじめや体罰，不登校，暴力行為など，教育現場の問題もあいかわらず取り沙汰されており，教員に求められるスキルは，今後さらに高いものになっていくことが予想されます。

　本書の基本構成としては，論作文・面接試験の概要，過去数年間の論作文の過去問題及びテーマと分析と論点，面接試験の内容を掲載しています。各自治体や教科によって掲載年数をはじめ，論作文の書き方や面接試験対策を掲載するなど，内容が異なります。

　また原則的には一般受験を対象としております。特別選考等については対応していない場合があります。なお，実際に出題された順番や構成を，編集の都合上，変更している場合があります。あらかじめご了承ください。

　みなさまが，この書籍を徹底的に活用し，教員採用試験の合格を勝ち取って，教壇に立っていただければ，それはわたくしたちにとって最上の喜びです。

協同教育研究会

C O N T E N T S

第1部 論作文・面接試験の概要 ……………… **3**

第2部 山形県の
論作文・面接実施問題 ……………**9**

第1部

論作文・面接試験
の概要

論作文試験の概要

■ 論作文試験の意義

　近年の論作文では，受験者の知識や技術はもちろんのこと，より人物重視の傾向が強くなってきている。それを見る上で，各教育委員会で論作文と面接型の試験を重視しているのである。論作文では，受験者の教職への熱意や教育問題に対する理解や思考力，そして教育実践力や国語力など，教員として必要な様々な資質を見ることができる。あなたの書いた論作文には，あなたという人物が反映されるのである。その意味で論作文は，記述式の面接試験とは言え，合否を左右する重みを持つことが理解できるだろう。

　論作文には，教職教養や専門教養の試験と違い，完全な正答というものは存在しない。読み手は，表現された内容を通して，受験者の教職の知識・指導力・適性などを判定すると同時に，人間性や人柄を推しはかる。論作文の文章表現から，教師という専門職にふさわしい熱意と資質を有しているかを判断しているのである。

　論作文を書き手，つまり受験者の側から見れば，論作文は自己アピールの場となる。そのように位置付ければ，書くべき方向が見えてくるはずである。自己アピール文に，教育評論や批判，ましてやエッセイを書かないであろう。論作文は，読み手に自分の教育観や教育への熱意を伝え，自分を知ってもらうチャンスに他ならないのである

　以上のように論作文試験は，読み手(採用側)と書き手(受験者)の双方を直接的につなぐ役割を持っているのである。まずはこのことを肝に銘じておこう。

■ 論作文試験とは

　文章を書くということが少なくなった現在でも，小中学校では作文，

大学では論文が活用されている。また社会人になっても，企業では企画書が業務の基礎になっている。では，論作文の論作文とは具体的にはどのようなものなのだろうか。簡単に表現してしまえば，作文と論文と企画書の要素を足したものと言える。

小学校時代から慣れ親しんだ作文は，自分の経験や思い出などを，自由な表現で綴ったものである。例としては，遠足の作文や読書感想文などがあげられる。遠足はクラス全員が同じ行動をするが，作文となると同じではない。異なる視点から題材を構成し，各々が自分らしさを表現したいはずである。作文には，自分が感じたことや体験したことを自由に率直に表現でき，書き手の人柄や個性がにじみ出るという特質がある。

一方，作文に対して論文は，与えられた条件や現状を把握し，論理的な思考や実証的なデータなどを駆使して結論を導くものである。この際に求められるのは，正確な知識と分析力，そして総合的な判断力と言える。そのため，教育に関する論文を書くには，現在の教育課題や教育動向を注視し，絶えず教育関連の流れを意識しておくことが条件になる。勉強不足の領域での論文は，十分な根拠を示すことができずに，説得力を持たないものになってしまうからである。

企画書は，現状の分析や把握を踏まえ，実現可能な分野での実務や計画を提案する文書である。新しい物事を提案し認めてもらうには，他人を納得させるだけの裏付けや意義を説明し，企画に対する段取りや影響も予測する必要がある。何事においても，当事者の熱意や積極性が欠けていては，構想すら不可能である。このように企画書からは，書き手の物事への取り組む姿勢や，将来性が見えてくると言える。

論作文には，作文の経験を加味した独自の部分と，論文の知識と思考による説得力を持つ部分と，企画書の将来性と熱意を表現する部分を加味させる。実際の論作文試験では，自分が過去にどのような経験をしたのか，現在の教育課題をどのように把握しているのか，どんな理念を持ち実践を試みようと思っているのか，などが問われる。このことを念頭に置いた上で，論作文対策に取り組みたい。

面接試験の概要

■ 面接試験の意義

　論作文における筆記試験では，教員として必要とされる一般教養，教職教養，専門教養などの知識やその理解の程度を評価している。また，論作文では，教師としての資質や表現力，実践力，意欲や教育観などをその内容から判断し評価している。それに対し，面接試験は，教師としての適性や使命感，実践的指導能力や職務遂行能力などを総合し，個人の人格とともに人物評価を行おうとするものである。

　教員という職業は，児童・生徒の前に立ち，模範となったり，指導したりする立場にある。そのため，教師自身の人間性は，児童・生徒の人間形成に大きな影響を与えるものである。そのため，特に教員採用においては，面接における人物評価は重視されるべき内容であり，最近ではより面接が重視されるようになってきている。

■ 面接試験とは

　面接試験は，すべての自治体の教員採用選考試験において実施されている。最近では，教育の在り方や教師の役割が厳しく見直され，教員採用の選考においても教育者としての資質や人柄，実践的指導力や社会的能力などを見るため，面接を重視するようになってきている。特に近年では，1次選考で面接試験を実施したり，1次，2次選考の両方で実施するところも多くなっている。

　面接の内容も，個人面接，集団面接，集団討議(グループ・ディスカッション)，模擬授業，場面指導といったように多様な方法で複数の面接試験を行い，受験者の能力，適性，人柄などを多面的に判断するようになってきている。

　最近では，全国的に集団討議(グループ・ディスカッション)や模擬授

業を実施するところが多くなり，人柄や態度だけでなく，教員としての社会的な能力の側面や実践的な指導能力についての評価を選考基準として重視するようになっている。内容も各自治体でそれぞれに工夫されていて，板書をさせたり，号令をかけさせたりと様々である。

このように面接が重視されてきているにもかかわらず，筆記試験への対策には，十分な時間をかけていても，面接試験の準備となると数回の模擬面接を受ける程度の場合がまだ多いようである。

面接で必要とされる知識は，十分な理解とともに，あらゆる現実場面において，その知識を活用できるようになっていることが要求される。知っているだけでなく，その知っていることを学校教育の現実場面において，どのようにして実践していけるのか，また，実際に言葉や行動で表現することができるのか，といったことが問われている。つまり，知識だけではなく，智恵と実践力が求められていると言える。

なぜそのような傾向へと移ってきているのだろうか。それは，いまだ改善されない知識偏重の受験競争をはじめとして，不登校，校内暴力だけでなく，大麻，MDMA，覚醒剤等のドラッグや援助交際などの青少年非行の増加・悪質化に伴って，教育の重要性，教員の指導力・資質の向上が重大な関心となっているからである。

今，教育現場には，頭でっかちのひ弱な教員は必要ない。このような複雑・多様化した困難な教育状況の中でも，情熱と信念を持ち，人間的な触れ合いと実践的な指導力によって，改善へと積極的に努力する教員が特に必要とされているのである。

■ 面接試験のねらい

面接試験のねらいは，筆記試験ではわかりにくい人格的な側面を評価することにある。面接試験を実施する上で，特に重視される視点としては次のような項目が挙げられる。

① 人物の総合的評価　面接官が実際に受験者と対面することで，容姿，態度，言葉遣いなどをまとめて観察し，人物を総合的に評価することができる。これは面接官の直感や印象によるところが大きい

が，教師は児童・生徒や保護者と全人的に接することから，相手に好印象を与えることは好ましい人間関係を築くために必要な能力と言える。

② 性格・適性の判断　面接官は，受験者の表情や応答態度などの観察から性格や教師としての適性を判断しようとする。実際には，短時間での面接のため，社会的に，また，人生の上でも豊かな経験を持った学校長や教育委員会の担当者などが面接官となっている。

③ 志望動機・教職への意欲などの確認　志望動機や教職への意欲などについては，論作文でも判断することもできるが，面接では質問による応答経過の観察によって，より明確に動機や熱意を知ろうとしている。

④ コミュニケーション能力の観察　応答の中で，相手の意思の理解と自分の意思の伝達といったコミュニケーション能力の程度を観察する。中でも，質問への理解力，判断力，言語表現能力などは，教師として教育活動に不可欠な特性と言える。

⑤ 協調性・指導性などの社会的能力(ソーシャル・スキル)の観察　ソーシャル・スキルは，教師集団や地域社会との関わりや個別・集団の生徒指導において，教員として必要とされる特性の一つである。これらは，面接試験の中でも特に集団討議(グループ・ディスカッション)などによって観察・評価されている。

⑥ 知識・教養の程度や教職レディネスを知る　筆記試験において基本的な知識・教養については評価されているが，面接試験においては，さらに質問を加えることによって受験者の知識・教養の程度を正確に知ろうとしている。また，具体的な教育課題への対策などから，教職への準備の程度としての教職レディネス(準備性)を知る。

第2部

山形県の
論作文・面接
実施問題

２０２４年度　論作文実施問題

【社会人特別選考・１次試験】　80分

●テーマ

> 　地域社会との様々な関わりを通して，将来を担う子どもたちを地域全体で育む学校づくりが求められています。地域とともにある学校にしていくために，あなたは教員としてどのような取組みをしたいと考えるか，1,000字以内で論じなさい。
>
> 　なお，上記の課題に沿って，テーマ(題)は自由に設定し，原稿用紙の所定の欄に記入すること。
>
> ※この用紙(表裏)は，下書きに使ってもかまいません。

●方針と分析

(方針)

　現在，学校は「開かれた学校」からさらに一歩踏み出し，「地域とともにある学校」を目指し，地域全体で将来を担う子どもたちを育む実践が進められている。中でも地域との連携・協働の中核を担う教員として考える取組みを論じる。

(分析)

　平成27年12月の中央教育審議会の答申「新しい時代の教育や地方創生の実現に向けた学校と地域の連携・協働の在り方と今後の推進方策について」では，地域の人々と学校の目標やビジョンを共有した「地域とともにある学校」の重要性を指摘している。これは，学校と地域との連携・共同体制の確立が重要であるとしている。具体的には，「コミュニティースクール」の在り方や，「地域学校協働本部」の仕組みと機能が問われている。中核を担うのは教員であり，意識の向上と

10

具体的な実践が求められている。

　記述に当たっては，全国的に推進されている「コミュニティースクール」や「地域学校協働本部事業」のねらいや仕組み，さらに現状と課題等について理解しておく必要がある。

　また，第6次山形県教育振興計画(後期計画)において，目指す人間像として「地域をつくる人」を掲げ，郷土を愛し，地域とつながりを続ける人とし，地域と継続的かつ多様な形で関わり，地域課題を主体的にとらえ，地域の人と協働し地域の未来をつくる人としているので，参照するとよい。

　本論文の記述のポイントは「地域とともにある学校」についてどのように考えるか。及びその考えをもとにどのような取り組みを実践していくかである。

●作成のポイント

　論文の構成は，序論・本論・結論とする。記述前に構想する時間を十分に取り，その内容を簡潔にまとめることが重要である。1,000字以内であることから，文量を序論(約15％程度)・本論(約75％程度)・結論(約10％程度)の目安をもって臨むことも大切である。

　序論では，テーマ(課題)に対する筆者の考えやテーマの背景，実態などを簡潔に記述する。本論では，課題解決の具体的な事例を述べる。2〜3つの柱(見出し)立て，それぞれの柱に基づいた具体的事例を記述する。結論では，本論で挙げた実践(取り組み)への決意を述べる。

　いかに読み手にとって分かりやすく記述するかがポイントである。また，記述後に推敲を重ねる慎重さも求められる。本論文では，筆者が「地域とともにある学校づくり」をどのようにとらえ，教師としてその具現化にどのように取り組むかの実践策が求められている。特に本論で記述するの具体策については，学校運営協議会制度を導入する「コミュニティースクール」の実践内容及び地域全体で未来を担う子どもたちの成長を支える「地域学校協働活動」の活動内容についての理解が重要である。

これらの仕組みと活動の中で学校における教員の実践，取り組みを記述してほしい。学習指導要領では，「開かれた教育課程」の理念が提示され，学校の教育活動に地域の人的・物的資源の活用や地域課題の学習も位置付けることが求められている。もちろん，筆者の社会人としての経験から考える具体策の提示を期待したい。

【講師等特別選考・1次試験】　80分

●テーマ

　特別な配慮を必要とする児童生徒の一人一人が，楽しく充実した学校生活を送れるようにするためには，適切な対応が必要です。あなたはこのことについて，どのように取り組んでいきたいか，1,000字以内で論じなさい。
　なお。上記の課題に沿って，テーマ(題)は自由に設定し，原稿用紙の所定の欄に記入すること。
※この用紙(表裏)は，下書きに使ってもかまいません。

●方針と分析

(方針)

　「特別な配慮を必要とする児童生徒」を，障害(発達障害を含む)があったり，障害の疑いがある児童生徒だけでなく，家庭環境に問題がある児童生徒など，自立や集団参加にむけて課題がある児童生徒と捉えたい。

　担当する学級の中で，学習面と行動面で楽しくない児童生徒が誰も存在しないために，日々の授業づくりや学級づくりにおいて，どのように指導や支援をしていくか，講師経験をもとに具体的に述べる。

(分析)

　学級担任は，何よりも学級における「特別な配慮を必要とする児童

生徒」を確実に把握しておくことが重要である。このために日常，学習面と生活面における一人一人の児童生徒の観察を通した児童生徒理解が求められる。楽しい学校(学級)生活であるためには，不登校や不登校傾向の児童生徒，学級集団になじめない児童生徒，学力が伸びない児童生徒，生徒指導上課題がある児童生徒等一人一人への注力と予防的対応と早期対応が大切である。

　当然，生活上いじめ事案が起こらない学級づくりや誰もが居場所のある学級(集団)づくりとともに，学習面において学習指導要領で示された「主体的・対話的で深い学び」の授業づくりが基本であり，障害がある児童生徒を含め「特別な配慮を必要とする児童生徒一人一人の教育的ニーズを踏まえた」きめ細やかな授業をポイントに，「分かる授業」のための努力をすることが重要である。

●作成のポイント

　論文の構成は，序論・本論・結論で記述するようにする。1,000字以内を考え，序論(約150字程度)は，「特別な配慮を必要とする児童生徒」についての筆者が考える定義と一人一人の児童生徒が楽しいと感じる学校(学級)生活の在り方について述べる。

　本論(約750字程度)では，そのために教員として取り組む実践策を具体的に記述する。本論は，2つの柱を立て(見出し)，1つは生活面，もう1つは学習面からの具体策を記述することも考えられる。例えば，1　何でも話せる学級づくり，2　つまずきを大切にする個への指導とし，1と2の見出しに基づく具体的実践策をそれぞれ簡潔に記述する。

　結論(100字程度)では，テーマ(課題)に対する取り組み(本論で述べた具体策)への意欲及び決意を端的に記述する。

　いずれにしても，テーマ(課題)に対する記述が序論・本論・結論を通した一貫性があるか，構想段階で十分時間をとり，記述後は推敲を大切にしたい。

　なお，論述に際して講師経験を生かす記述によって，より説得力を持たせたい。

【スポーツ特別選考・１次試験】　80分

●テーマ

> 　生涯にわたってスポーツに親しむ資質・能力を育成し，卒業後も
> スポーツをしたいと考える子どもたちを育てるための方策として，
> あなたが考えることを1,000字以内で論じなさい。
> 　なお，上記の課題に沿って，テーマ(題)は自由に設定し，原稿用紙
> の所定の欄に記入すること。
> ※この用紙(表裏)は，下書きに使っても構いません。

●方針と分析

(方針)

　生涯にわたってスポーツに親しむ子どもの資質・能力育成のための
具体的な方策について述べる。

(分析)

　学習指導要領に，生涯にわたる豊かなスポーツライフ(生涯スポー
ツ)の実現に向けて，小学校から高等学校までの12年間を見通して学習
したことを実生活や実社会に生かし，運動の習慣化につなげ豊かなス
ポーツライフを継続することができるよう「各種の運動の基礎を培う
時期」，「多くの領域の学習を経験する時期」，「卒業後も運動やスポー
ツに多様な形でかかわることができるようにする時期」といった発達
段階に即した内容の重点化を示している。

　また，豊かなスポーツライフの実現を重視し，スポーツとの多様な
関わり方を楽しむことができるようにする観点から，体力や技能の程
度，年齢や性別及び障害の有無にかかわらず，運動やスポーツの多様
な楽しみ方や関わり方を共有することができるよう共生の視点を踏ま
えて指導内容を示している。

　体育の培うべき資質・能力では，スポーツとの多様な関わり方を楽
しむことができるようにする観点から，運動に対する興味や関心を高

め，技能の指導に偏ることなく「する，みる，支える」に「知る」を加え，バランスよく育むことができる学習過程を工夫し充実を図ることが大切である。

さらに，運動に親しむ資質・能力の育成の視点からは，小学校段階では，運動への関心や自ら運動する意欲，仲間と仲良く運動すること，各種の運動の楽しさや喜びを味わうように自ら考えたり工夫したりする力や運動の技能などが求められる。

特に第6次山形県教育振興計画(後期計画)に，県民に元気と感動を与えるスポーツの推進の中で，「生涯を通して楽しめるスポーツ活動の推進」を挙げていることにも注力することが大切である。

これらを踏まえて，テーマに沿いスポーツ特別選考であることを意識した具体策の記述が求められる。

●作成のポイント

論文の構成は，序論・本論・結論とする。記述前に構想する時間を十分に取り，その内容を簡潔にまとめることが重要である。1,000字以内であることから，文量を序論(約15％程度)・本論(約75％程度)・結論(約10％程度)の目安をもって臨むことも大切である。

序論では，生涯にわたってスポーツに親しむ生涯スポーツの大切さとともに，その基礎である資質・能力を学校教育で育成することが重要であることを述べる。

本論では，筆者の今までの幼少期から小学校，中学校，高等学校における運動やスポーツ体験を振り返りながら，子どもたちのスポーツライフ志向への効果が見られた学校教育の適切な指導の具体事例を示す。「この運動をすることは楽しい」，「このスポーツが上手になっていく喜びは最高だ」，「上手でないがこのスポーツは続けてやりたい」など，生涯にわたってスポーツに親しむ基礎(資質・能力)育成の実践が望まれる。しかし，体験からの具体事例が提示できない場合は，理想とする，ぜひ実践したいと考える事例を記述してほしい。

結論では，卒業後もスポーツを続け心身ともに健康でスポーツライ

フを楽しむ子どもたちの育成の在り方と実践への決意を述べて，論文をまとめる。

【全教科・2次試験】80分　800字以内

●テーマ

> 「これからの社会を生きていく子どもたちに対して，教師として掛けたい言葉とは」

●方針と分析

(方針)

　予測困難な社会に生きる子どもたちが，やる気を高め，生き生き輝くために，教師として掛けたい言葉を具体的な場面に即して述べる。

(分析)

　教師が子どもに掛けたい言葉で，子どもたちがやる気を高め，生き生きと輝くことがある。毎日の学校生活(学習指導や生徒指導等)の中で子どもたちにどんな言葉かけをするかは大変重要なことである。

　まず，子どもたちがこれからの社会に生きる時代を，予測困難な時代であると捉えなければならない。AIやロボットなどを活用した新たな社会に向かい，その技術革新はスピード感があり，その変化に対応できる力が子どもたちに求められている。このような中で，自信をもって学びに向かう力や未知の状況にも対応できる力を培っていくことが求められている。

　子どもたちへの効果的で適切な掛けたい言葉は，どのような場面でも年齢を問わず「ほめること」と「認めること」であると考える。基本的には，その子どもの自己肯定感を高めることである。上手くいった成功場面及び上手くいかなっかった失敗や苦悩等の場面，いずれの場面でも，教師は子どもたちに，やる気を高め，生き生きと輝かすこ

とが求められる。どのような掛けたい言葉があるか，考えることが大切である。例えば，「すごいね」，「よくできたね」，「やるね」，「流石だね」，「この調子でガンバ」，「失敗してもいいんだよ」，「上手くなったね」，「ありがとう」等が考えられる。その子どもの目を見て，褒めるときは具体的に結果ばかりでなくプロセスを認めることも大切である。何よりも教師の思いや心が滲むような言葉掛けでありたいものである。

●作成のポイント

　論文の構成は，序論・本論・結論とする。記述前に，構想する時間を十分に取り，その内容を簡潔にまとめることが重要である。800字以内であることから，文量を序論(約15％程度)・本論(約75％程度)・結論(約10％程度)の目安をもって臨むことも大切である。

　序論では，テーマに示された「これからの社会を生きていく子どもたち」にどのような力を育成すべきか述べることが必要である。加えて教師の子どもたちへの言葉掛けは，大変重要な教育活動であることも明記することが望まれる。

　本論では，教師として掛けたい言葉を，具体的な場面に対応した適切な掛けたい言葉を提示する。その具体的な場面は，子どもにとって成功した場面と，失敗や思うようにいかなかった場面を述べることが適切である。また，具体的な場面での声掛けは，みんながいる前がいいのか，一対一の時がいいのか，タイミングも考慮しなければならない。絶えず，子どもにとってうれしい言葉なのか，やる気を高める言葉なのか吟味することが必要である。子どもの笑顔を，子どものやる気を，子どもが輝くことを期待した掛けたい言葉は必ずあるはずである。

　結論では，教師として子どもたちがやる気を高め，生き生きと輝くよう，場面に対応した適切な声掛けをしていくという決意を述べてまとめとする。

【全教科・2次試験】　80分　800字以内

●テーマ

「教師として，成長するために必要なことは」

●方針と分析

(方針)

　これからの教育を担う教師として成長するために必要なことを，専門職として学ぶこと(研究)と人として学ぶこと(修養)の両面から述べる。

(分析)

　教育公務員特例法第21条に，「教育公務員は，その職責を遂行するために，絶えず研究と修養に努めなければならない」と示されている。研修は必須事項であり，教師は学び続けなければならない。また，平成27年12月に中央教育審議会から「これからの学校教育を担う教員の資質能力の向上について」答申され，どの教員も主体的に参加できるよう教師同士の学び合いをポイントにしたメンター方式の研修事例が提示されている。研修内容も，学習指導力，生徒指導力，連携・折衝力等が考えられる。さらに，これからの教育を担う教師を考えると，教員免許更新制小委員会が示した「令和の日本型学校教育を担う教師の学び」も参照にしたい。

　一方，教師の人間性の成長のために必要なこと(修養)は，一つ目は，様々な人に出会うことであり，地域の人々，異業種の人々，異年齢の人々等である。二つ目は，様々なものに出会うことであり，神社・仏閣・城郭・博物館・美術館等である。三つ目は，様々な体験をすることであり，スポーツ・文化活動・ボランティア活動・地域活動・旅行等である。もちろん，教育書，歴史書，小説等の書物との出合いも必要である。

　これらのことを踏まえて，テーマに対して筆者が考えることを研究

と修養の面から記述するようにしたい。

特に，山形県が求める教員の姿(山形県教員「指標」より)3 豊かな教養とより高い専門性を身に付けるために，常に学び，自らを向上させる姿勢を持ち続ける方と挙げられていることにも注力することが大切である。

●作成のポイント

論文の構成は，序論・本論・結論とする。記述前に構想する時間を十分に取り，その内容を簡潔にまとめることが重要である。800字以内であることから，文量を序論(約15％程度)・本論(約75％程度)・結論(約10％程度)の目安をもって臨むことも大切である。

序論では，教師が成長するためには，学び続ける教師であることの重要性を基本に，研究面と修養面からの記述と「これからの学校教育を担う教員」の視点を大切にした記述であってほしい。

本論では，序論を受けて筆者が考える教師として成長するために必要なことを2～3点に絞り，読み手にとってわかりやすく具体性を持たせた記述が求められる。全てを網羅することなく「これからの」のワードにポイントを置き，令和の日本型学校教育を担う教師の学びの姿に言及することが重要である。

結論では，序論と本論を踏まえた専門職への強い決意を示し，論文をまとめる。

【全教科・2次試験】　80分　800字以内

●テーマ

「多様性に対する児童生徒の理解を育むために，大切なことは」

●方針と分析

(方針)

　お互いの違いを認め合い，協力していくことができる人に成長していく児童生徒を育むために大切にすることを具体的に述べる。

(分析)

　文部科学省の資料では，多様性教育で目指す子どもの姿を「他者に対して自分の考え等を根拠とともに明確に説明しながら，対話や議論を通じて多様な相手の考えを理解したり自分の考えを広げたりし，多様な人々と協働していくことができる人間であること」と示している。

　児童生徒にとって多様性の意味は，お互いの違いを認めたり受け入れたりするために配慮や態度，行動することである。理解を育むには，児童生徒にとって最も身近な子どもたち同士，障害がある児童生徒，外国の児童生徒などとの対応である。

　多様性に対する理解を育むために大切なことは，児童生徒に身に付けておきたい力が育成されていなければならない。例えば，想定される力には，次のような力も考えられる。

① 　問題を発見する力
② 　問題解決のための情報を他者と共有しながら，対話や議論を通じて互いに多様な考え方の共通点や相違点を理解する力
③ 　相手の考えに共感したり多様な考えを統合したりして協力しながら問題解決する力
④ 　多様性を尊重する態度と互いのよさを生かして協働する力

　また，山形県教育振興基本計画(後期計画)で，目指す人間像「学びを生かす人」の中で多様な他者と協働しながら新たな価値を生み出し，学びを人生や社会に生かす人と明記していることにも注目したい。

●作成のポイント

　論文の構成は，序論・本論・結論とする。記述前に構想する時間を十分に取り，その内容を簡潔にまとめることが重要である。800字以内であることから，文量を序論(約15％程度)・本論(約75％程度)・結論(約10％程度)の目安をもって臨むことも大切である。

　序論では，学校教育における「多様性教育」の重要性とその実態や背景，さらに今後の社会の変化(グローバル化・情報化・高齢化等)に対応できる児童生徒の育成(必要な力)の必要性等について述べることが重要である。

　本論では，序論を受けて，学校教育で発達段階に即した身近な生活の中の事象をもとに授業や生活指導の実践策を述べる。例えば，道徳科で他者への思いやり，障害がある児童生徒との交流，外国の児童生徒との共同制作活動など対話や議論及び協働活動等を通じた多彩な取り組みが考えられる。これらの授業や活動を通じて，大切なことである「多様性に対する児童生徒の理解を育む力」が見えてくる。

　結論では，本論の具体的な取り組みによる「大切なこと」を再度簡潔に述べ，多様性教育の重要性と児童生徒に育む力を記述することが必要である。

【全教科・2次試験】　80分　800字以内

●テーマ

「学級における危機管理において重要なこととは」

●方針と分析

(方針)

　学級担任として，学級の危機管理をどうとらえ，どのように対応していくかについて，重視しなければならないことを考察し記述する。

(分析)

　学級の危機管理をどう捉えるかについては，大きく生活上の危機管理と学習上の危機管理に大別できる。生活上の危機管理では，「いじめに対する危機管理」は直近の重要なものである。学級経営，学級づくりに対する学級担任の資質・能力が問われる。いじめが起こらない

学級づくり，いじめが起こった時の対応，いじめが起こった後の対応が学級の危機管理としていかに意識されているかが大切である。他にも「不登校に対する危機管理」，「学級崩壊に対する危機管理」なども重要である。

　また，学習上の危機管理として，「子どもが主体的に学ばない授業の危機管理」は，学級担任として最も重要なものであり，まさに主体的・対話的で深い学びが求められ，授業研究を通した授業改善が行われなければならない。他にも，日常，学級で生起する「昼休みや体育等の授業中の事故」や「台風や地震・津波等の自然災害」，「不審者対応」，「保護者の要望・苦情」等に対する危機管理がある。

　いずれにしても，危険・危機を予知・察知して計画的に対応することが重要である。一般的に，事前の危機管理として，子どもに対して未然防止の指導や訓練が必要であり，発生時の危機管理として，適正・迅速に判断した対処が必要であり，発生後の危機管理として心のケア・再発防止が求められる。

　たとえ学級における危機管理であっても，学校は組織としての対応が必要であり，学年の問題，さらに学校の問題とした組織的対応が重要である。

●作成のポイント

　論文の構成は，序論・本論・結論とする。記述前に構想する時間を十分に取り，その内容を簡潔にまとめることが重要である。800字以内であることから，文量を序論(約15％程度)・本論(約75％程度)・結論(約10％程度)の目安をもって臨むことも大切である。

　作成に当たっては，読み手に分かりやすい文を書くことが最も大切であり，一文は短く主語と述語を明確にし，端的に記述することに配慮してほしい。

　序論では，学級における危機管理についての考えを述べる。当然，その根拠となる学校教育における学級の実態，背景についてポイントを絞って記述するようにすること。

　本論では，序論を受けて学級の危機管理の重要性を具体的な事実を記述することが必要である。あれもこれも事例を並べるのでなく，2事例程度で学級における危機管理の重要性を記述ことが望ましい。

　結論では，序論・本論を受けて，あなたが学級担任として危機管理を重要視した取り組みへの決意を述べて，論文をまとめる。

【全教科・2次試験】　80分　800字以内

●テーマ

> 「子どもたちが人生において幸福や生きがいを感じられるための教育とは」

●方針と分析

(方針)

　「次期教育振興基本計画における方向性(ウェルビーイングの向上について)」を踏まえ，これからの教育に求められる多様な子どもがそれぞれ幸福や生きがいを感じるとともに，地域や社会が幸せや豊かさを感じられるものとなるための教育の在り方を考える。

(分析)

　「次期教育振興基本計画」は，将来の予測困難な時代において，未来に向けて持続可能な社会の創り手の育成を目的としている。また，方向性として，日本社会に根差したウェルビーイングの向上を目指し，短期的な幸福のみならず，生きがいや人生の意義などの将来にわたる持続的な幸福を含むものとしている。

　さらに，個人の幸福や生きがいを感じるとともに，個人を取り巻く場や地域，社会が幸せや豊かさを感じられる良い状態も含まれるとしている。

　日本に根差したウェルビーイングの向上のための教育のポイントの

一つは，個人が獲得・達成する要素としての自己肯定感・自己実現である。もう一つは，人とのつながり・関係性の協調的要素である協働性・社会貢献意識・利他性の向上である。

この二つの要素を育む教育活動は，「令和の日本型学校教育」で示された個別最適な学びと協働的な学びの一体的充実であり，多様な教育ニーズへの対応と共生社会の実現に向けた学び(特別支援教育)や生徒指導等であり，地域や家庭で共に学ぶ会う環境整備として，コミュニティースクールと地域協働活動の一体化である。さらに，社会的職業的自立に向けたキャリア教育の充実や道徳教育，体験活動の推進による豊かな心・健やかな体の育成等が考えられる。

●作成のポイント

論文の構成は，序論・本論・結論とする。記述前に構想する時間を十分に取り、その内容を簡潔にまとめることが重要である。800字以内であることから，文量を序論(約15％程度)・本論(約75％程度)・結論(約10％程度)の目安をもって臨むことも大切である。

序論ではまず，「次期教育振興基本計画における方向性(ウェルビーイングの向上について)」で示されている内容を理解し，自分の考えを加味してまとめることが大切である。ここでは個人の幸福や生きがいだけでなく，個人を取り巻く場や地域の幸せも求めている。そのための教育の在り方を問うている。この二つの視点をもとにして端的に述べるようにしたい。

本論では，テーマの具現化を教育活動として提示することが適切である。二つ程度の実践(教科の授業・教科外の活動等)テーマを踏まえ，キーワードも入れて記述することが望まれる。キーワードの例としては，自己肯定感・自己実現・幸福感・生きがい・心身の健康・周りの他者・協働性・利他性・社会貢献意識等が考えられるので参考にしてほしい。

結論では，本論の記述内容を踏まえて子どもたちが人生において幸福や生きがいを感じられるための教育の実践上の課題や配慮点及び実

践への意欲・熱意を記述して論文をまとめる。

【全教科・2次試験】 80分　800字以内

●テーマ

「子どもたちの個別最適な学びをどのようにつくるか」

●方針と分析

(方針)

　中央教育審議会答申「令和の日本型学校教育の構築を目指して」のねらいを理解し，その実現に向けて「個別最適な学び」をいかに具現化していくかを具体的に述べる。

(分析)

　本答申は，学習指導要領をより効果的に実現することを目的として補完的に提示されたものである。重要なキーワードとして，「個別最適な学び」が示された。従来の「個に応じた指導」を学習者である子どもの視点からとらえたものである。「個に応じた指導」が十分に実践されず，改めて徹底を図ったものとも考えられる。

　一方，GIGAスクール構想の実現により，日本の学校教育の蓄積を生かしつつ一人一台の端末等を活用することで「個別最適な学び」と「協働的な学び」が関連し合い，互いに高め合うようにすることが大切で，ICTをいかに活用するかも重要な視点でもある。

　このため，教師に求められる力は，子どもを誰一人取り残すことなく一人一人をしっかり見つめながら個に応じて対応する指導力であり，その実現に向けてICTを活用する力であると考える。

　ICT活用による「個別最適な学び」を目指した授業づくりの実践策が期待される。

●作成のポイント

　論文の構成は，序論・本論・結論とする。記述前に構想する時間を十分に取り，その内容を簡潔にまとめることが重要である。800字以内であることから，文量を序論(約15％程度)・本論(約75％程度)・結論(約10％程度)の目安をもって臨むことも大切である。

　ここでは，算数の授業を想定して述べることとする。

　序論ではまず，テーマ「個別最適な学び」に対する自分の考えやテーマの背景，実態などを簡潔に記述する。

　本論では，序論を受けて課題解決の具体的な事例(支援ツールとして端末を活用した教科の授業)を述べ，２つの柱(見出し)を立て，それぞれの柱に基づいた具体的事例(授業内容)を記述する。例えば算数の授業の場合，1つ目の柱は，「自分の考えを端末に表現」，2つ目の柱は，「つまずきの見える化」と見出しを付け，授業内容を簡潔に記述する。

　結論では，本論で挙げた授業実践(取り組み)への決意を，山形県が目指す確かな学力を育成する指導方法の工夫・改善のねらいのもとに記述するとよい。

　特に算数の指導では，ICT活用によるデータ化が可能になり個々の授業における一人一人のつまずきのポイントを正確につかみ，「個別最適な学び」を一層進めることができることを，授業づくりを通して記述するとよい。また，自らの経験をもとにICT活用によらない教科(授業)や教科外の指導についての記述であってもよいだろう。

2023年度 論作文実施問題

【社会人特別選考・1次試験】80分

●テーマ

> 　社会人となって実感した「社会に出た時に求められる力」を生徒に身に付けさせるため，どのような授業を行いたいか，1,000字以内で論じなさい。
>
> 　なお，上記の課題に沿って，テーマ(題)は自由に設定し，原稿用紙の所定の欄に記入すること。
>
> ※この用紙(表裏)は，下書きに使ってもかまいません。

●方針と分析

(方針)

　多様化・複雑化している社会状況の中，将来，社会の担い手となる生徒に必要となる力を育むため，どのような支援・指導を行うべきであると考えるか，日々の授業における工夫・努力について，実践例を挙げながら論述する。その際，社会人となって実感したことを具体的に説明した上で，それをベースとして述べる必要がある。

(分析)

　新学習指導要領では，前文として「これからの学校には，一人一人の児童生徒が自分のよさや可能性を認識するとともに，あらゆる他者を価値ある存在として尊重し，多様な人々と協働しながら様々な社会変化を乗り越え，豊かな人生を切り拓き，持続可能な社会の創り手となることができるようにすることが求められる」としている。これが今回の改訂の基本方針である「未来の創り手となるために必要な力の育成」という考え方につながっていく。また，これは「生きる力」に

通じるものでもある。

　育成すべき資質・能力は，具体的には①知識・技能の習得，②思考力・判断力・表現力等の育成，③学びに向かう力・人間性の涵養といった要素からなるといえ，この3つをバランスよく育むことが肝要である。また，学習の基盤となる資質・能力としては，言語能力，情報モラルを含む情報活用能力，問題発見・解決能力などが重要である。

　設問の趣旨である「社会に出たときに求められる力」として，具体的にどのような力を身に付けさせたいのか，どのような教育活動を通して身に付けさせるのかについて，受験する校種や教科に即して論じる必要がある。激しく変化する社会は，学校で学んだことを社会の中で生かし，主体的に学びに向かい，学び続け，持続可能な社会を創造していく能力を求めている。そうした力の育成に向けた実践について，自分なりに考察したい。

●作成のポイント

　全体を序論，本論，結論の三部構成で論述していく。

　序論では，「社会に出たときに求められる力」とは何か，自身の認識を示す。その資質・能力が必要とされる理由に触れて述べるようにしたい。その際，上記分析の内容に関連するような「社会人となって実感した，求められる力」を自身の実体験とともに述べる必要がある。子どもたちに学校での学びと社会との関わりを意識させる点がポイントである。この部分に200字程度をあてる。

　本論では，そうした力を身に付けさせるために，どのような授業実践を行うかについて600字程度で論述する。本論の柱立ては校種にもよるが，たとえば，中学校志望では，「1. 子どもの問題意識を大切にし，言語活動を取り入れた学習」「2. 学校での学びと実生活での関わりを考えさせる学習」などを方策の柱として，タイトルを付けておくと効果的である。タイトル(見出し)は，読み手に対して親切であるだけでなく，書き手にとっても論点の焦点化が図られ，的を絞った論述になりやすいという点で有効である。内容的には，「アクティブ・ラ

ーニング」の手法に触れるなど，具体的に示すようにしよう。

　結論では，グローバル化の進展や，絶え間ない技術革新の時代を生きる子どもに必要な力を育むため，山形県の教師として自己研鑽に努め，愛情と情熱をもって教育にあたる旨の強い決意を述べて結びとする。この結論部分に200字程度をあてる。

　制限時間の中で構想の時間と点検の時間を含められるよう，日頃から練習しておきたい。

【講師等特別選考・1次試験】80分

●テーマ

> 　子どもにとって「魅力ある教員」とは，どのような教員であるか。また，そのような教員になるために，どのように取り組んでいくか，1,000字以内で論じなさい。
> 　なお，上記の課題に沿って，テーマ(題)は自由に設定し，原稿用紙の所定の欄に記入すること。
> ※この用紙(表裏)は，下書きに使ってもかまいません。

●方針と分析

(方針)

　子どもにとっての理想の教師像を念頭に，「魅力ある教員」の具体的な姿について自身の考えを述べる。また，そのような教員になるために，具体的にどのように取り組んでいくつもりなのかを論述する。

(分析)

　山形県では，次のような教師を求めている。それは，「豊かな人間性と幅広い視野を持った教師」「教育に対する情熱と使命感がある教師」「幅広い教養と専門的な知識・技能を持った教師」「生涯にわたって主体的に学び続ける教師」といった姿であり，これらを総体として，

子どもにとって信頼できる「魅力ある教師」につながるということもできる。ここでは，そのような教師像を目指して，自身がどのような取組を行うのか，児童生徒を取り巻く社会の実態を踏まえながら論述することが求められている。

　一度教員免許を獲得すれば一生通用するというものではなく，激しく変化する社会に対応して教師にも変化，進化が求められる。子どもたちや保護者の多様化・複雑化する期待と願いに応えるためには，教師としての資質・能力も変容していかなければならない。教師としての専門性を磨く努力は当然であるが，児童生徒の範となる人間性を磨くためにも，絶えざる自己研鑽により学び続ける姿勢をもつことが期待されている。理想とされる教師を目指し，学校の使命を果たすためには，高度な教育力や洞察力，コミュニケーション能力が必要である。児童生徒や保護者との信頼関係構築のためにも，教師の優れた人間性はその基盤であるといえよう。

●作成のポイント

　全体を序論，本論，結論の三部構成で論述していく。

　序論では，子どもにとって「魅力ある教員」とはどのような教員であるか，その姿について自身の考えを述べる。目指す教師の理想像と重ね合わせながら述べるとよい。この部分に200字程度をあてる。

　本論では，こうした理想の教師像に近づくための方策と努力目標について具体的に述べる。「子どもにとっての」魅力という部分が肝心であり，教師として期待される人間性の涵養，人間的な温かみ，信頼に足る指導力などについても論じるとよい。OJTやOFF-JT，教育委員会主催の研修や自主研修への意欲について触れても効果的である。教師として何を学ぶのか，指導法や児童生徒理解など，具体的なテーマを挙げて述べると説得力が増す。また，子どもの前で常に明るく振る舞うためには，心身の健康保持も大切である。ストレス・コーピングやアンガー・コントロールなどの学びに触れてもよい。カウンセリングやコーチングの技法に係る研修について述べるのも一法といえる。

2本程度の柱を立てて本論を構成し，600字程度で述べるようにしたい。

　結論では，山形県の児童生徒の育成のため，学び続ける教師として自己研鑽に努める旨の強い決意を述べる。この結論部分に200字程度をあてる。

　書き始める前に，構想の時間をしっかりとり，効果的なキーワードや構成について十分考えた上で着手したい。誤字も確実に減点されるので，点検の時間も確保するようにしよう。

【スポーツ特別選考・1次試験】80分

●テーマ

> 　現在，中学校・高等学校における部活動の段階的な地域移行が検討されています。その中で「期待されること」や「心配されること」をあげ，これからの部活動の指導の在り方について，1,000字以内で論じなさい。
>
> 　なお，上記の課題に沿って，テーマ(題)は自由に設定し，原稿用紙の所定の欄に記入すること。
>
> ※この用紙(表裏)は，下書きに使ってもかまいません。

●方針と分析

(方針)

　まず，中学校・高等学校における部活動の段階的な地域移行について，自身の意見を述べる。その認識に立って，「期待されること」や「心配されること」について具体的に論述する。望ましい指導の在り方に関しては，実践例を挙げながら論述するようにしたい。

(分析)

　教員の過重労働が問題となる中，休日の部活動の運営を教員主体から民間のスポーツクラブや芸術文化団体などに移行していく「部活動

の地域移行」を進めることが検討されている。こうした状況の中で，次の2点について考えを示す必要がある。1つ目は，部活動の地域移行によるメリットとデメリット，2つ目は，それを踏まえた部活動の地域移行を円滑に進めるための対応策である。

　部活動については，平成20年の学習指導要領で，学校教育の一環として教育課程との関連が図られるよう留意することと明記された。それまで部活動に関しては指導要領レベルでは触れられず，教師のボランティア精神にのみ支えられてきた。一方，生徒や保護者からの期待は大きいのが実情である。しかし人的・予算的措置はなく，中学・高校の教師による奉仕活動という側面は変わっていない。「働き方改革」がいわれる中，教師の負担の大きさ，顧問のワークライフバランス上の問題も指摘されている。これは近年生じた問題ではなく，積年の課題である。最近では，活動時間に制限を設けることや週休2日とするなどの動きもある。

　地域移行のメリットには，部員がより専門的な技術を習得できることと，教師の負担軽減などがある。デメリットには，地域の指導者が教員と比較して，必ずしも人間的，教育的に優れているとは限らず，危機管理上のリスクもあることなどが挙げられる。

●作成のポイント

　全体を序論，本論，結論の三部構成で論述していく。

　序論では，部活動の段階的な地域移行に関する自身の意見を述べ，「期待されること」や「心配されること」についても自身の考えをまとめる。上記，分析のメリット・デメリットを参考に述べるとよい。この部分に300字程度をあてる。

　本論では，今後の望ましい指導の在り方に関して，2本程度の柱を立てて論じる。課題の背景として，学校規模的に多くの部活顧問が確保できなかったり，子どもたちが欲する部活の開設が困難であったりする現実も注視すべきである。メリットやデメリットには，上記分析だけでなくいろいろと考えられるが，会費の徴収など予算面の課題も

ある。また，指導者の質と量の確保においても課題がある。地域のスポーツ振興，文化振興という側面もある。地域移行というが，小さな自治体では，指導員の数，個によって異なるニーズ，指導上の配慮，活動中の怪我やトラブルへの対処，大会運営との関連など，対応が困難なケースも考えられる。本論には，500字程度をあてるとよいだろう。

結論では，これからの時代を生きる子どもに必要な力を育むため，山形県の教師として自己研鑽に努め，情熱をもって教育にあたる旨の強い決意を述べて結びとする。この部分に200字程度をあてる。

【全教科・2次試験】80分　800字以内

●テーマ

「子どもと学ぶ教師とは」

●方針と分析

(方針)

　教師として大切にすべきことを踏まえ，「子どもの学びと成長」及び「教師としての学びと成長」について述べる。その際，自身の体験に言及しても効果的である。「変化しない本質」と「変化することの重要性」の2観点に触れて論述してもよい。

(分析)

　いつまでも変化しない本質的なものを忘れない中にも，新しく変化を重ねているものを取り入れていくこととして「不易流行」という言葉がある。児童生徒の成長を支える教師として，「子どもと共に学ぶ」を実践しながら取り組みたいことについて「不易流行」の意味を踏まえて考えてみよう。

　「不易流行」は，もともと俳諧の世界の言葉であるが，教育の理念に係る解釈として考えるとき，「不易」としては「教師は授業で勝負する」という言葉もある通り，学習指導力の重要性が筆頭に挙げられよう。また，「児童生徒の言葉に対する聴く耳」「教育的情熱」なども時代の変化にかかわらず，価値の高さが変わらない言葉といえる。さらに，「流行」に関していえば，近年盛んに耳にする「生きる力」「主体的・対話的で深い学び」「情報活用能力の育成」「持続可能な社会の創り手」といった言葉が挙げられる。

　「子どもと学ぶ」ためには，子どもの成長はもとより，より高い指導力を身に付けるべく，教師自身が自己研鑽する姿勢が不可欠といえる。学習指導面と生活指導面の要素に触れて述べるようにしたい。また，「子どもの姿から学ぶ」という側面も重要である。同じものを見ても学びの質・量は，その人の感性・力量によって異なる。「子どもと学ぶ」ことの大切さは，教師にとって「不易」ともいえるだろう。

●作成のポイント

　全体を序論，本論，結論の三部構成として論述していく。

　序論では，「子どもと学ぶ」という言葉の解釈を自分なりの考えで端的に述べる。たとえば，上記分析のような「不易流行」という観点に触れて述べることができるだろう。序論の終末部は，「…のために(課題解決のために)，私は，次の取組を行う。」として本論につなげていくと，まとまりのある文章となる。

　本論では，一般的に「1. ………」「2. ………」というように方策のタイトルを明記すると効果的であるが，このテーマでは具体的な取組を一つに絞って述べることもありうるだろう。ただし，「子どもに対して育てたい要素」「指導者として，成長すべき要素」といった観点を明らかにして論じる必要がある。研究・研修に関して述べるにあたっては，教材研究の大切さや指導法の研究など，「授業力の向上」という視点が大切となる。「アクティブ・ラーニング」の考え方や効果的実践例を踏まえた方策について述べるとよいだろう。自身の見識

が精一杯アピールできるように，制限字数の限り主張するようにしたい。

　結論では，学び続ける教師として，また山形県の教師として精一杯努力する旨の決意を表現しよう。

　書き始める前に，構想の時間をしっかりとり，効果的なキーワードや構成について十分考えた上で着手するようにしたい。

【全教科・2次試験】80分　800字以内

●テーマ

「郷土の魅力を伝える指導で大切なこと」

●方針と分析

(方針)

　児童・生徒に対して，郷土の魅力を伝えることの重要性を踏まえ，効果的な指導のための留意点について，具体的な実践例を挙げながら論述する。

(分析)

　第6次山形県教育振興計画(後期計画)には，「基本方針Ⅶ」として「郷土に誇りを持ち，地域社会の担い手となる心を育成する」という項目がある。その中には，「主要施策15」として「郷土愛を育み，地域と協働する教育の推進」が挙げられている。また，平成27年度に副読本『郷土 Yamagata』を作成し，全中学校に配布するとともに，平成28年度からは郷土に関する学びや実践の成果を発信・共有する場として「郷土 Yamagata ふるさと探究コンテスト」を開催する等，児童生徒の郷土に関する学びが促進されてきた。今後は学習指導要領の改訂に伴い教育課程の一層の工夫が求められる中，学校において郷土

に関する教育を効果的に実施するための地域との連携方法の検討や，カリキュラム・マネジメントの推進が必要であるとされている。

　将来自身の居住する地域を活かす人材を育てるためには，児童生徒がその地域の特色に興味を持ち，地域事情をよく知ることで，地域への愛着，郷土愛を生み出すように導くことが必要である。ここでは，児童生徒が「地域に興味や関心を持つ機会を提供する」，「地域の特性やメリットを評価できる学習活動を実施する」といった具体的なプロセスを論述するとよい。

●作成のポイント

　全体を序論，本論，結論の三部構成として論述していく。

　序論では，「郷土の魅力を伝える」ことの大切さと，県教委の取組について認識を示す。その際，自身の考える山形県の魅力について具体的に例示するとよいだろう。序論の終末部分は，「そのために（郷土の魅力をよりよく伝えるために）私は，次の取組を行う。」として本論につなげていくと，まとまりのある文章となる。序論には，200字程度をあてる。

　本論では，児童生徒に対して県の魅力を伝える上で重要なこと，及び具体的な取組について述べる。「1. ………」「2. ………」というように方策のタイトルを明記し，2本程度の柱で構成すると効果的である。自身が担当教科の指導や総合的な学習の時間などを活用して，地域に関する学びや体験活動をどのように実践するかを具体的に説明することが重要である。「地域と関わる」，「地域を活かす」という視点については，①地域に関する知識の提供や調べ学習等による作業，②産業や文化に触れる体験学習，③職場見学や職業体験，といったものが考えられるだろう。本論には，450字程度をあてる。

　結論では，学び続ける教師として，山形県の児童生徒のよりよい成長のため，郷土愛の醸成のため，精一杯努力していく旨の決意を表現したい。結論には，150字程度をあてる。

　構想の時間をしっかりとり，効果的なキーワードや構成について十

分考えた上で着手するとよいだろう。

【全教科・2次試験】80分　800字以内

●テーマ

> 「『いのち』を大切にすることができる生徒の育成とは」

●方針と分析

(方針)

　近年，生命を尊重する心や他者への思いやりなどの豊かな人間性を育む「心の教育」の重要性が叫ばれている。ここでは，命を大切にすることができる生徒の育成を目指した取組について，具体的な実践例を挙げながら論述する。

(分析)

　第6次山形県教育振興計画の中の第3章に今後5年間に取り組む施策があり，基本方針Ⅰとして「『いのち』を大切にし，生命をつなぐ教育を推進する」というものがある。

　また，近年，凶悪犯罪が低年齢化し，中学生同士の痛ましい事件も発生している。いじめが発端となる自殺もある。このような悲しい事件を起こさないためにも，学校における心の教育を早急に進めていく必要がある。学校としての安全管理マニュアルやチェックリストを作成し，全教師が危機管理の視点をもって生徒の命を守る一方で，生徒の心に「命を大切にする」気持ちを育むことが重要である。各教科の時間，道徳や特別活動の時間，総合的な学習の時間など，教育活動全般を通して「いのち」を大切にすることができる生徒を育成していくことが期待されている。

　命を大切にする心を育成するためには，まず「他者の痛みが分かり，

喜びや悲しみを共に感じる心，相手に共感する心，思いやりの心，親切心」などを育てる教育が必要であるともいえる。そのためにも，「道徳教育」は不可欠である。「心のノート」を道徳の授業のみに限定せず，多くの場面で活用するようにしたい。また，自己存在感，自己肯定感を育成する活動にも配慮することが求められる。さらに，そうした教育が奏功するためには，日頃からの教師と生徒の信頼関係が基盤になるという認識も重要となる。

●作成のポイント

　全体を序論，本論，結論の三部構成として論述していく。

　序論では，生命を尊重する心をはじめとした「心の教育」の必要性について述べる。「いのち」を大切にする心が十分に育っていないことにより，痛ましい事件が起きている実態についても言及するとよい。序論の終末部分では，「『いのち』を大切にする心の育成のため，私は次の取組を行う。」として本論につなげていくと，まとまりのある文章となるだろう。序論には，200字程度をあてる。

　本論では，生命尊重の心を育てるための方策を述べる。たとえば，発達段階に応じて「命」を題材にした学習を教科道徳の時間に指導することが考えられる。保護者の協力を得て，各生徒が産まれたときに家庭でどれだけ多くの心配や喜びがあったかを知り，「かけがえのない自分」「かけがえのない命」について気付かせるという取組も考えられる。こうした取組は，学級の一人一人を一層大切にする心につながる。この他，学級で植物を育てたり，小動物を飼育したりする活動を通して，「生命尊重の精神」を育成することも考えられる。本論には，450字程度をあてる。

　結論では，子どもの安心・安全を守り，命を大切にできる子どもの育成に向けて学び続ける教師として，努力していく旨の決意を表現しよう。結論には，150字程度をあてる。

　書き始める前に構想の時間をしっかりとり，効果的なキーワードや構成について十分考えた上で着手したい。

【全教科・2次試験】80分　800字以内

●テーマ

「『人間力に満ちあふれる』児童・生徒の姿とは」

●方針と分析

(方針)

　まず，「人間力」とは何かについて自身の見解を示し，人間力に満ちた子どもの姿とはどのようなものかをイメージする。次に，そのような児童・生徒を育成するためにどのような取組を行うつもりか，具体的な実践例を挙げながら論述する。

(分析)

　第6次山形県教育振興計画の基本目標に，「人間力に満ちあふれ，山形の未来をひらく人づくり」がある。また，内閣府の人間力戦略研究所によれば，「人間力」は「社会を構成し運営するとともに，自立した一人の人間として力強く生きていくための総合的な力」であると明確に定義されている。さらに，「知的能力的要素」「社会・対人関係力的要素」「自己制御的要素」の3つで構成されるものとされており，「対人影響力」や「困難に立ち向かう力」という要素も持っていると考えられる。

　近年，人間関係を築くことが苦手な子どもや，規範意識，社会性が身についていない子どもが増えているという指摘がある。便利な生活の中で身の回りのことを自分で行うという意識や，人と関わる体験，経験が不足しているともいえる。ここでは，学校教育現場の解釈として，人間力を育成するための方策を「望ましい人間関係を築く力の育成」「規範意識や社会性の育成」に関して考え，具体的な取組を論ずるとよいだろう。

　「人間力に満ちあふれる」児童・生徒の姿を，正義感や生命を大切

にする心，思いやりの心など，豊かな人間性のある人間像と捉えることもできるだろう。

●作成のポイント

全体を序論，本論，結論の三部構成として論述していく。

序論では，「人間力」とは何かについて自身なりの定義を示す。人間力が求められる背景についても触れるとよい。序論の終末部分では，「『人間力』の豊かな児童・生徒を育成するため，私は，次の取組を行う。」として本論につなげていくと，まとまりのある文章となるだろう。序論には，200字程度をあてる。

本論では，具体的な方策を2本程度の柱を立てて論述する。「1. ………」「2. ………」というように，方策のタイトルを明記すると読み手にもわかりやすい文章となる。たとえば，小学校であれば，「人間関係力を高めるグループ活動の重視」「他学年との関わりの中で規範意識，社会性を育てる指導」といった柱立てが考えられる。さらに，「学級活動の充実」をテーマとして，朝や帰りの学活の中で人権に関わる話をしたり，「ふわふわ言葉」「チクチク言葉」を一緒に考える機会を設定したりするのも一法といえる。一方，中学校であれば，「特別の教科道徳の充実」を柱として，規範意識や対人関係力を育てる内容に言及するとよいだろう。本論には，450字程度をあてる。

結論では，人間力に満ちた児童・生徒の育成を目指して自己研鑽に努め，山形県の教師として努力していく旨の決意を表現するようにしたい。結論には，150字程度をあてる。

書き始める前に構想の時間をしっかりとり，効果的なキーワードや構成について十分考えた上で着手すること。

【全教科・2次試験】80分　800字以内

●テーマ

「学校行事を通じて指導したいこと」

●方針と分析

(方針)

　学校行事を通して子どもに指導したいことを，校種に応じた発達段階に配慮しつつ，具体的な実践例を挙げながら論述する。

(分析)

　学習指導要領によると，学校行事の目標は「学校行事を通して，望ましい人間関係を形成し，集団への所属感や連帯感を深め，公共の精神を養い，協力してよりよい学校生活を築こうとする自主的，実践的な態度を育てる」と定義されている。内容としては，「全校又は学年を単位として，学校生活に秩序と変化を与え，学校生活の充実と発展に資する体験的な活動を行うこと」とある。「特別活動」に位置付けられており，より良い人間関係を築き，集団の一員として学級や学校の他の子どもと連帯して生活すること，自主性を育てることといった目的がある。また，(1)儀式的行事，(2)文化的行事，(3)健康安全・体育的行事，(4)遠足・集団宿泊的行事，(5)勤労生産・奉仕的行事に分類されている。それぞれの目的についても，日頃から理解を深めておきたい。

　指導計画の作成に当たっては，学校の創意工夫を生かすとともに，学級や学校の実態，児童の発達の段階などを考慮し，児童・生徒による自主的，実践的な活動が助長されるようにすることが求められている。

●作成のポイント

　全体を序論，本論，結論の三部構成として論述していく。

　序論では，「学校行事」の意義について自身なりの見解を示す。その際，自身の体験を含めて述べると説得力が増すだろう。序論の終末部分は，「学校行事により，児童生徒に対して育成したい内容と，取組上の留意点について次に述べる。」として本論につなげていくと，まとまりのある文章となる。序論には，200字程度をあてる。

　本論では，学校行事を通じて指導したい内容について，具体例を挙げながら2本程度の柱を立てて述べるとよい。たとえば，「連帯感や協調性の育成」「自主性を培う行事への取組」といった言葉を用いて述べることも可能である。学校行事については，学校や地域及び児童生徒の実態に応じて内容を重点化するとともに，行事間の関連や統合を図るなど精選して実施する必要がある。異なる学年との交流，幼児，高齢者，障害者との触れ合いなどの活動も考えられる。自然体験や社会体験などの体験活動を充実させるとともに，活動を通して気付いたことを振り返り，まとめ，発表し合ったりする活動を充実させる工夫をすることも期待される。本論には，450字程度をあてる。

　結論では，山形県の児童・生徒の望ましい成長を目指して自己研鑽に努め，誠心誠意，努力していく旨の強い決意を表現するようにしたい。結論には，150字程度をあてる。

　書き始める前に構想の時間をしっかりとり，誤字などがないか確認する点検の時間も考慮に入れておくことが望ましいだろう。

【全教科・2次試験】80分　800字以内

●テーマ

「思いやりの心を育む教育とは」

●方針と分析

(方針)

「思いやりの心を育む教育」について，志願する校種を踏まえたうえで，具体的な実践例を挙げながら論述する。

(分析)

第6次山形県教育振興計画では，第3章に「今後5年間に取り組む施策」があり，基本方針Ⅰとして「『いのち』を大切にし，生命をつなぐ教育を推進する」という項目がある。

その中で，主要施策1「いのちの教育の推進」，主要施策2「思いやりの心と規範意識の育成」が取り上げられている。本課題の「思いやりの心を育む教育とは」は，この施策に大きく関わっているといえるだろう。特に主要施策2において，県は「思いやりの心と規範意識の育成に向けて，道徳教育・人権教育の取組を充実させるとともに，いじめや不登校への対応及び未然防止に向けた取組を推進します。また，児童生徒への多様な支援を行うことができるよう，教育相談体制の一層の整備充実を図ります。」と述べている。

近年，子どもたちの社会性や規範意識の低下が問題視されるようになった。その要因の一つとして，「他者を思いやる気持ち」や「他者と関わる体験」の少なさが挙げられる。小中学生も当然のようにスマートフォンを持つ時代にあって，相手の顔の見えない世界で言葉を交わし，他者の存在を直接的に感じる機会，大切に感じる機会が減ってきているともいえる。そのような状況において，教師が実践する価値のある取組として，①道徳の時間を通して，命の大切さや他人を思いやる心，善悪の判断などの規範意識を醸成すること，②学習規律の徹底と挨拶を定着させること，③学年を越えた交流ができる縦割り活動を活用すること，などが挙げられる。

●作成のポイント

全体を序論，本論，結論の三部構成として論述していく。

序論では「思いやりの心」が重視される背景と，重要性について見

解を示す。その際，自身の体験を含めて述べると説得力が増すであろう。序論の終末部分は，「他者を思いやる心の育成に向けて，私は次の取組を行う。」として本論につなげていくと，まとまりのある文章となる。序論には，200字程度をあてる。

　本論では，序論で明らかにした課題解決のための具体的方策を述べる。できれば，2本程度の柱を立てたい。「児童生徒の居場所づくり」「絆づくり」の推進に触れることも効果的であるが，何よりも「いじめのない学級づくり」に向けた学級経営の工夫，教師と子ども間の信頼関係づくりが重要となる。山形県青少年育成県民会議や関係部局と連携した「いじめ・非行をなくそうやまがた県民運動の展開」や，地域での見守り活動を通したいじめ・不登校の未然防止，早期発見，適切な対応を学校・家庭・地域が一体となって醸成する取組にも，日頃から関心をもっておきたい。本論には，450字程度をあてる。

　結論では，子どもの「思いやりの心」を育成し，学び続ける教師として自己研鑽に努力していく旨の決意を表現するようにしたい。結論には，150字程度をあてる。

　書き始める前に構想の時間をしっかりとり，効果的なキーワードや全体構成について，十分考えた上で着手すること。

2022年度　論作文実施問題

【社会人特別選考・1次試験】　80分

●テーマ

> 学校教育において「キャリア教育」の充実を図ることが求められています。社会人としての経験を踏まえながら，どのような教育実践に取り組んでいくか，1,000字以内で論じなさい。
>
> なお，上記の課題に沿って，テーマ(題)は自由に設定し，原稿用紙の所定の欄に記入すること。
>
> ※この用紙(表裏)は，下書きに使ってもかまいません。

●方針と分析

(方針)

「キャリア教育」の充実を図る目的で，教員として自身の社会人経験を活かしながら，学校教育においてどのような実践に取り組んでいくかを論述する。

(分析)

文科省中央教育審議会の答申によれば，キャリア教育とは，「一人一人の社会的・職業的自立に向け，必要な基盤となる能力や態度を育てることを通して，キャリア発達を促す教育」を指すもので，特定の職業に従事するための技能訓練を図る「職業教育」とは異なる。「キャリア発達」とは「社会の中で自分の役割を果たしながら，自分らしい生き方を実現していく過程のこと」と示されている。それを促すためには，①人間関係形成能力(自己理解・他者理解・コミュニケーション能力)，②情報活用能力，③将来設計能力(役割把握・計画実行力)，④意思決定能力(選択能力・課題解決能力)といった能力を育成するこ

とを通じて，児童生徒が各自の「勤労観・職業観」を獲得することの必要性が指摘されている。

　キャリア教育の具体的な教育内容としては，社会見学，ボランティア活動，職場体験，企業インターンシップといった実践例が導入されている。また企業や地域の産業などと連携し，ゲスト講師を招聘し仕事や職業についてレクチャーしてもらう事例も数多く存在する。そこで社会人経験のある教師としては，上記のようなキャリア教育の観点を踏まえた授業プログラムを企画し，そこで自身が経験した業界，職業，職種に関する紹介や体験談を披歴したり，アクティブ・ラーニングを活用したグループワークやケーススタディの場面で，自身の職業経験を活かしたアドバイスといった実践例が豊富に想定できるだろう。

　たとえば第1次産業が盛んな山形県では，各町の農産物・特産物を使った商品開発・販売活動を通した起業家体験プログラム等を，各小中学校で実施している。

●作成のポイント

　論述すべきポイントは，「キャリア教育の趣旨と観点」，「自身の社会人経験」，「自身が教員として実践したいキャリア教育」の3点である。そこで，この順序にしたがって3部構成で文章を組み立てるが，最後の実践事例については，具体的に詳しく書けば書くほど論述の説得力がアップするので，1000字中の最低半分以上の分量を割いて原稿用紙を埋めたい。さらに「自身の社会人経験」については，実際にキャリア教育の観点につながる，自分自身が獲得したスキルや体験について取り上げる必要がある。

　実践事例については，自身の社会人経験を踏まえつつ，自身が教員として実際に担当教科の授業や総合学習の授業等の場で，どのようなキャリア教育の実践をプログラムし実践するかを，筋道立てて企画し論述を展開するとよい。たとえば，自分が営業や流通・販売の仕事を体験しキャリアを積んでいる場合は，実際の商品販売体験を想定した

体験学習プログラムを，ワークショップ形式で企画し実践したりすることができる。また，自身が製造や企画の仕事のキャリアを積んでいる場合は，商品企画のワークショップやものづくりに関する体験学習や社会見学，IT関連の仕事であればプログラミング学習といった授業内容が想定できるだろう。後半では，それらの具体的な流れを詳述すると同時に，最後にその実践を通して期待される「キャリア教育」育成の観点や成果目標についても，言及しておくことが重要である。

【講師等特別選考・1次試験】　80分

●テーマ

> 　児童・生徒の「学び」を生かすために，あなたはどのような教育を行っていきたいか，1,000字以内で論じなさい。
> 　なお，上記の課題に沿って，テーマ(題)は自由に設定し，原稿用紙の所定の欄に記入すること。
> ※この用紙(表裏)は，下書きに使ってもかまいません。

●方針と分析

(方針)

　児童生徒の「学び」を生かすための，自身の教育の具体的実践方法について論述する。

(分析)

　第6次山形県教育振興計画(後期計画)には，「目指す人間像」の項目の一つとして「学びを生かす人」が挙げられており，「学びを重ねることを通して，知徳体を磨き，自ら考え，主体的に判断し，変化や困難に直面しても柔軟かつ的確に対応できる人。多様な他者と協働しながら新たな価値を生み出し，学びを人生や社会に生かす人」という定義が示されている。これは新学習指導要領にある「主体的・対話的で

深い学び」と共鳴する考え方である。そこで，本問で問われているテーマは，まさに児童生徒が自分の力で自ら学んだことを自身の将来の人生や，生活のさまざまな機会に活かすことができる，そのための教育という趣旨であると捉えることができる。

　さらに同計画の教育分野での「基本方針」には「社会を生きぬく基盤となる確かな学力を育成する」ことや，「変化に対応し，社会で自立できる力を育成する」ことが掲げられており，具体的にはICTの活用，外国人との交流機会の促進，探究型学習の推進，職場体験やインターシップ等によるキャリア教育の推進といった項目が挙げられている。

　こうした県の「目指す人間像」や教育の「基本方針」を踏まえながら，自身の教員としての授業や課外活動における具体的な実践方法や方針について，論述することが本問の趣旨であると考えられる。

●作成のポイント

　1000字以内という指定があるので，教員採用試験の一般的な形式である序論・本論・結論の三段構成で論じるようにする。序論では，「児童・生徒の『学び』を生かすための教育」の自分なりの定義や内容を示し，本論では，それを教員としての立場から実践する方法を，筋道を追って具体的に論述していく。実践方法については，基本的には新指導学習要領で主導されている「アクティブ・ラーニング」に沿った，ディスカッションやプレゼンテーションなどの機会を豊富に取り入れた授業プログラムを担当教科指導や総合学習の時間に導入するという趣旨でも良いし，調べ学習やグループ学習を通じたICT機器やデジタル教材等の活用方法について具体的な指導場面を想定しながら論述を進めても良い。さらにはキャリア教育，SDGs等をテーマにしたグローバルな問題についての学習活動を題材にするのも有効だろう。

　結論では，一方的な講義形式による知識の伝授ではなく，児童生徒が学習作業を通じて自ら調べ考えたり，仲間と議論・発表しまとめるという実践とその成果を，将来の人生にどのように役立てることが可能であるかという点について，ポイントを押さえた書き方でまとめ，

文章を締めるとよい。

【スポーツ特別選考・1次試験】 80分

●テーマ

> 自分自身の経験をもとに，スポーツにおける人格形成の重要性について，1000字以内で論じなさい。
> なお，上記の課題に沿って，テーマ(題)は自由に設定し，原稿用紙の所定の欄に記入すること。
> ※この用紙(表裏)は，下書きに使ってもかまいません。

●方針と分析

(方針)

　自身のスポーツ経験をもとに，スポーツを通じての人格形成の意義について論述する。

(分析)

　スポーツの経験は，その取組の長さや年齢に応じて，またスポーツの種類に応じて，人格形成にさまざまな異なる影響を与えることが，諸々の調査研究によって明らかにされている。ただ一方で昨今では，スポーツ活動はいじめや集団暴行事件など負の人格形成にもつながる面が指摘されているため，ここではあくまでスポーツの人格形成へのプラス面，スポーツを通じて自身の人間的な成長につながった体験談を中心に，その意義を論述することが必要である。

　たとえば一般にスポーツ活動の結果，人間的成長を得られる要素としては，①高い挑戦目標を設定し，その達成に向けて計画を立て実行する「目標設定スキル」，②チームメイトとの円滑な人間関係を形成・維持発展させる「コミュニケーションスキル」，③ストレスのレベルを自身でうまくコントロールする「ストレスマネジメント」，④

場面ごとに臨機応変に最適な行動を選択し決定する「意志決定スキル」，⑤成果に対する達成感，満足感が得られる「健全な自尊心の育成」といった要素が挙げられる。他にも記憶力や集中力，精神的忍耐力や持久力，チャレンジ精神，リーダーシップや公正な判断力(フェアプレー精神)といった能力ないしはスキルが挙げられるだろう。そこで，これらが自分自身のスポーツ経験を通じてどの程度得られ，自分のその後の人生の具体的な場面でどのように役立ったかを中心に，論述を進めるとよい。

●作成のポイント

　全面的に自身のスポーツ活動の体験談を中心に論述する課題であるため，体験談の内容や経緯について，読み手が一読してわかるように，流れを整理したうえで筋道立ててまとめて，簡潔に説明することが必要条件である。最後に自身の体験談を踏まえた結論として，「スポーツにおける人格形成の重要性」について，簡潔にまとめて文章を締める。

　特に体験談の論述では，単に「忍耐力や精神力が鍛えられた」，「達成感を得られた」といった抽象語の羅列や抽象表現に終始することのないよう，スポーツ活動を通じて自身が成長できた内容について，5W1Hを明確にした，具体的で論理的な記述に徹するよう心がけたい。たとえばスポーツ活動を通じて得られたスキルや人格の内容についても，あれもこれも並べて挙げるのではなく，2〜3点に絞り，それらが自身の取り組んだスポーツ活動を通じて，どのように獲得できたのか，それがどうしてその後の自分の人生にプラスに活かされたのかを，わかりやすく明確に記述することがポイントである。さらに個人競技か団体競技か，学校の部活動かプロないし地域のクラブチームかなど，スポーツ活動の種類や組織によっても，人格形成の内容や形成環境が左右されるため，自身の取り組んだ活動ならではのスキルや人格形成面の特徴を取り上げることが望ましい。

【全教科・2次試験】　80分　800字以内

●テーマ

「新採教員として，学校で取り組んでみたいこと」

●方針と分析

(方針)

　新規採用教員として，赴任後に自身が取り組んでみたい学校活動，学習活動について具体例を挙げ，それに沿って論述する。

(分析)

　新学習指導要領が導入されて以降は，学校教員に求められる取組の内容も変化してきている。とりわけ学校教員においては，①小学校における外国語教育の教科化，タブレット等ICT機器を用いた教材や学習，プログラミング学習の実施等，グローバル化，情報化社会に対応するための児童生徒のスキルアップを図ること，②障がいを持つ児童生徒への特別支援教育の充実，外国人児童生徒に対する能力に応じた日本語教育，いじめ・不登校の未然防止や早期対応といった最近顕著になっている諸問題への対応を図ることが求められている。さらには，③探究的な活動やキャリア教育などを，自身の担当教科指導や総合的な学習(探究)の時間，課外活動の場などにおいて実施する取組も想定できるだろう。たとえば「地元の郷土愛」を深めることを目的とした学習や活動をテーマに選び，県や県内各地域の特徴やメリットについて，グループ学習による調べ学習やディスカッション，プレゼンテーションを通じた一連のワークショップを授業その他の場で導入したい，といった内容も有効である。

●作成のポイント

　新規採用教員としての学校での取組については，どのようなテーマ

や題材を選択するかは自由である。ただし，一方では新学習指導要領が求める「学び」の方向性に即した内容であることと，他方で単に自身の興味や好奇心，抱負にもとづく取組であるというだけでなく，そのテーマを選んだ理由を明確にするため，できれば自身のこれまでの人生経験，職業経験に裏付けられたスキルや知識，技術を生かせる内容であることが，文章の説得力を得るための条件となるだろう。

　自身のこれまでの人生経験の内容としては，アルバイトも含めた職業経験，社会人経験，部活動やサークル活動，ボランティア活動や留学などの海外生活経験，国際・全国レベルでの学生対象プログラムや学生イベントへの参加経験といったものが挙げられる。それらのいずれを取り上げる場合でも，それが学校でのどのような活動や学習内容の実践と結びつくのか，またその取組の結果，どのような成果が期待できるのか，といった点を明らかにすることが必要である。

【全教科・2次試験】　80分　800字以内

●テーマ

「変化の激しい時代だからこそ大切にしたい教育とは」

●方針と分析

(方針)

　少子化・高齢化・グローバル化・科学技術や情報の高度化といった変化の激しい時代を生きぬいていくために，重視したい教育のあり方，手法について自身の考えを展開する。

(分析)

　平成26年度に策定された「第6次山形県教育振興計画」においては，「少子化・高齢化・グローバル化・科学技術や情報の高度化といった

変化の激しい社会を生きぬいていくために，自立と協働を図るための能動的・主体的な力である「社会を生き抜く力」を誰もが身に付けられるようにする」こと，そのために「適切な思考・判断や実践の基盤となる確かな学力，特に自ら課題を発見し解決する力，他者と協働するためのコミュニケーション能力，物事を多様な観点から論理的に考察する力などを育成していくこと」，「実践的な語学力を身に付けるとともに，数学や科学技術，情報，環境等の課題に興味・関心を持ち，課題を自主的に解決しようとする意欲や態度を育む教育を推進すること」の意義等が提唱されている。

　このうち「コミュニケーション能力の育成」については，保護者・地域人材を活用した学校・家庭・地域が連携した「読育」の推進，さらに学校における異学年交流や，地域の祭りや行事などの異年齢の人々との交流の促進などが示されている。また「グローバル化への対応」については，地域の外国人との交流を深めたり，外国の生活・文化を知る機会を設けたりするなどの様々な学習を取り入れること，さらには①数学的思考力・表現力等を必要とする問題への挑戦を通して，物事を探究しようとする知的好奇心を持たせる「理数教育の促進」，②児童生徒の「情報活用能力の育成」を図ること，「ICTを活用した授業の推進」，情報化社会における適正な活動を行うための「情報モラル教育」を系統的・体系的に実施すること，③教科活動，児童会活動・生徒会活動や学校行事等の特別活動など，学校の教育活動全体を通して実践的・体験的な「環境教育」「環境学習」を推進すること，④児童生徒一人ひとりが自らの生き方や社会との関わり，働くことの意義を適切に考え，理解し，主体的に進路を決定できるようにするための「キャリア教育」を推進すること，といった項目が提示されている。

　こうした中から自身が教員として重視し取り組みたい教育活動を取り上げ，その方法論や成果について論述するとよい。

●作成のポイント

　テーマの範囲が広範であることから，いろいろな観点から記述が可能であるだけに，設問で問われている「変化の激しい時代だからこそ大切にしたい教育」の定義や内容については，あれもこれも項目を挙げるのではなく，数項目にポイントを絞り，詳しい具体的な説明が求められる。そのうえで，教員として実際の学校教育の現場，担当教科や課外活動において，どういう教育活動をどのような手法で実施していくかを具体的に展開していくことが必要であり，抽象的な教育理念の一般論的説明に終始しないように注意すべきである。

　自身が大切にしたいと考える教育の内容については，グローバル化を意識した外国語教育，ICTやプログラミングなどの情報教育，地球温暖化問題やエネルギー問題を取り上げる環境教育，あるいはSDGsの内容に相当する貧困や紛争の解決など，グローバルな社会問題を取り上げた国際社会教育といったものが想定できる。または社会人としての自立育成の観点からは，キャリア教育やコミュニケーション教育につながる探究型学習を取り上げるのも有効である。

【全教科・2次試験】　80分　800字以内

●テーマ

> 「児童生徒のより良い学びにつながる教師の支援とは」

●方針と分析

(方針)

　児童生徒の「より良い学び」につながる教師としての支援の仕方について，自身の考えを具体的に論述する。

(分析)

　設問にある「児童生徒のより良い学び」とは，①新学習指導要領に

おける「主体的・対話的で深い学び」の実現(としてのアクティブ・ラーニング)を指す，②学校での学習時間や学習効率に工夫を凝らすことで教育効果を上げるための取組を指す，③学級活動，生徒会活動，クラブ活動，学校行事などの工夫改善を施すことで学級経営や生徒指導の質を向上させる取組を指す，といったようにいくつもの観点で論述が可能である。

　そこで本問では，自身が実際に教員となって，教科指導や学級経営を通して具体的に取り組みたい児童生徒への支援方法に焦点を絞り，それが児童生徒の支援につながる理由，支援の具体的なプロセス，期待される成果についてまとめることが求められる。

●作成のポイント

　作文課題なので，論文のように形式にこだわる必要性はあまりないが，構成を考える際は「序論・本論・結論」「起承転結」を意識するとよい。まず，「児童生徒のより良い学び」の定義と条件を明記する。そのうえで教師として実際にどのような児童生徒のより良い学びに向けての支援が可能か，自身が教員として具体的にどういう支援に取り組みたいのかを論述していく。たとえば児童生徒の主体性や自尊心，コミュニケーション能力を高めるためのアクティブ・ラーニングの手法を導入した教科指導や学習指導のプランと組み立て，運営の仕方を詳述することでもよいし，野外実習や体験学習などを通じ，社会的・職業的自立に向けての必要な基盤となる能力や態度を育成することを趣旨としたキャリア教育の具体的な取組を取り上げてもよい。さらには学習自体の質を高め，ひとりひとりの理解度や進度に応じた個別学習などを含め，児童生徒の学力向上を達成することを目的とし，ノートやメモの取り方，家庭学習の仕方，反復学習の仕方について児童生徒にアドバイスするといった内容を中心に文章を組み立てることもできるだろう。

【全教科・2次試験】　80分　800字以内

●テーマ

「コミュニケーションをとる上で，大切にしていること」

●方針と分析

（方針）

　教員として，児童生徒や保護者等とコミュニケーションをとるうえで必要な姿勢や心構えに直結する，これまで自身が大切にしてきたコミュニケーションをとるうえで心掛けてきた姿勢や心構えについて述べる。

（分析）

　学校教員は，児童生徒とのコミュニケーションだけでなく，他の教職員や保護者，地域，関係機関とのコミュニケーションなど，円滑な対人関係が重視される職務でもある。教員は児童生徒の話を親身になって聞いたり，発達段階に応じて適切に話したりすること，保護者や地域の方々・同僚の立場を理解し，尊重しながら話を聞いたり，自分の考えを論理的に話すことができることが求められる。

　たとえば，対人関係としてのコミュニケーションの質を高めるための手法として，相手のやる気を喚起し，相手が自分自身の目標を達成することをサポートするためのコーチングや，相手の立場も尊重しながら自分自身の主張も伝えるアサーションなどがある。これらはいずれも，相手の言動を頭ごなしに否定したり排除しようとするのではなく，相手の良いところや，違いを認めること，否定表現ではなく肯定表現で質問や指摘を行うこと，相手の人格を責めるのではなく行為に注目させること，どうすればさらに良い解決策が見いだせたかを考える余地を与えること，といった点で共通している。とりわけ指導者の立場としては，相手との円滑なコミュニケーションをとるうえで，自

分の主張を伝えるよりも先に相手の主張を聴き，理解しようとする姿勢を維持することが必要である。またその姿勢があることを伝えるためには，教員は授業中，個々の児童生徒に目線を向けることや，発言に相づちを打つ，発言内容に応じて表情を変えるといった態度を示すことも効果的である。

　以上のような教員として求められるコミュニケーションの資質やスキルを想定しつつ，それと内容的に関連付けが可能であるような，これまで自身が大切にしてきたコミュニケーションをとるうえで，心掛けてきた姿勢や心掛けについて述べるとよい。

●作成のポイント

　文章は三部構成とし，最初に「大切にしていること」の定義や内容，次にそれを裏付ける体験談，最後に教員としてその経験を学校活動のなかでどのように活かしたいか，という順序で具体的に論述する。

　体験談については，これまで自身が大切にしてきたコミュニケーションをとるうえで心掛けてきた姿勢や心がけについては，高校・大学であればクラスメイトや部活動のチームメイト，社会人であれば職場の同僚や上司部下との対人関係において自身が円滑な意思疎通を図るうえで大切にしてきた態度や心がけについて，5W1Hを明確にしながら，ストーリー形式等で具体的に筋道を追って話を展開する。

　最後に教員としての抱負については，たとえば教員は一度に大勢の児童生徒を相手にするため，講義形式の授業ではどうしても一方的な指導態度になりがちである。その結果，児童生徒一人ひとりの性格や要望を考慮するまでには注意が至らず，一部の児童生徒の信頼を損ねる場合がある。そこで教員として個々の児童生徒とそのつど向き合う姿勢を大切にしたい，といった趣旨の結論で締めくくるのもよいだろう。

【全教科・2次試験】　80分　800字以内

●テーマ

> 「多様性を認め合う集団作りのためにできること」

●方針と分析

(方針)

　学校における学級指導ないしはグループ指導の場において，教員として多様性を認め合うための集団づくりをいかに行うかを論述する。

(分析)

　「多様性を認め合う集団づくり」のひとつとして，国連「障害者の権利に関する条約」で採択されたインクルーシブ教育システムが挙げられる。インクルーシブ教育システムとは，これまでの「障害のある子どもたちと，それ以外の子どもたちとを隔てて教育する」という概念を覆し，障がいのある子どもとそれ以外の子どもが共に学ぶ仕組みである。この理念を受けて，文部科学省中央教育審議会により「共生社会の形成に向けたインクルーシブ教育システム」としての特別支援教育が提唱されており，その内容は「障がいのある者とない者とが同じ場で共に学ぶことを追求するとともに，個別の教育的ニーズのある幼児児童生徒に対して，自立と社会参加を見据えて，その時点で教育的ニーズに最も的確に応える指導を提供できる，多様で柔軟な仕組みを整備することが重要である」と述べられている。

　また，第6次山形県教育振興計画(後期計画)の目指す人間像として，「『いのち』をつなぐ人」が示されているが，この中には「自分の存在や生き方を大切にしながら，多様性や個性を受け止め，他者の生命や生き方を尊重する人」という意味が込められている。そして，基本方針1「『いのち』を大切にし，生命をつなぐ教育を推進する」では，「今後，互いの多様性や個性の尊重が一層求められる社会において，

それぞれの価値観や生き方を尊重することが，更に大切となる」ことが記述されている。第6次では特に，「多様性」や「個性」の尊重の意味がより強く込められている。

　他方でテーマにある「多様性を認め合う集団作り」に深く関連する内容として，依然学校内で問題となっている「いじめ」に対する防止対策が挙げられる。山形県いじめ防止基本方針(平成26年4月策定)においても，「いじめ防止等の基本的施策」として「児童生徒が互いに信頼しあえる集団づくり」が掲げられている。すなわち多様性を排除し，集団による同調圧力や同調行動を強要される雰囲気が支配する集団ほど，同調しない個人に対するいじめが起こりやすい。学級担任は，いじめをいち早く察知し，クラスの児童生徒全員に反省や改善を促すことが必要となる。これには「ダイバーシティ」の考え方をクラスに浸透させることが重要である。ダイバーシティとは，一人ひとりがお互いの違い(性格や能力)すなわち多様性を認め合い，尊重しあうことであり，「人はみな違っていて当たり前。違っているからこそ尊い」という考え方に立つものである。この多様性には，障がいの有無の他に，人種，性別，年齢，国籍，民族，宗教，働き方，人生経験，物の見方，価値観なども含まれる。

　本テーマでは，以上に示されるような「インクルーシブ教育」，「ダイバーシティ」を前提とした集団づくりを踏まえた論述が求められている。

●作成のポイント

　作文課題なので，論文のように形式にこだわる必要性はあまりないが，構成を考える際は「序論・本論・結論」「起承転結」を意識するとよい。まず，「多様性を認め合う集団作り」についての基本的な考え方についての自身の考えを述べたうえで，教員としてこの集団作りに向けて取り組みたい実践方法について具体的に論述を展開する。基本的な考え方については，先述のインクルーシブ教育システムとしての特別支援教育を例に挙げてもよいし，いじめ防止のためのロールプ

レイングやワークショップ，グループワークや発表会も含めた，ダイバーシティの考え方を浸透させるための実践的授業や課外学習の取組例を示してもよい。いずれの場合も，理念だけの具体性のない抽象論や抽象語の羅列に終始しないよう，提示する例については5W1Hを明確にし，自身が教員として一定の児童生徒ないしはクラスを設定し，彼らにどのように指導やアドバイスをするのか，具体的な方法論を展開することが必要条件である。

　インクルーシブ教育システムやダイバーシティを理解するためには，調べ学習を前提としたワークショップ形式での実践授業も効果的であるが，それ以前にLGBTなどの性的マイノリティの存在や外国人児童生徒の出身国，心身や知的障がいの種類，不登校やDV，ネグレクトの現状といった，少数の児童生徒ないしはその家庭が抱えている問題について，予備知識としてクラスで基本理解を共有させることが必要になる。

【全教科・2次試験】　80分　800字以内

●テーマ

「地域とかかわり，地域をいかす人を育てる教育とは」

●方針と分析

(方針)

　将来，地域と関わり，地域を活かす人材を育てるために，どのような学校教育を行うことが望ましいかを述べる。

(分析)

　第6次山形県教育振興計画(後期計画)の「基本方針Ⅶ」には「郷土に誇りを持ち，地域社会の担い手となる心を育成する」として「県内の

豊かな自然，地域それぞれの歴史や文化・文化財，産業などの学ぶべ
き資源といったものへの理解を深め，郷土への誇りを持ち，様々な人
と協働しながら地域社会をつくる人材を育成する」ことが提唱されて
いる。またそのための取組として，①地域の特性や文化財・伝統行事
等の理解促進のため，学校における教科の学習や総合的な学習(探究)
の時間，道徳科等の様々な場面において，地域の図書館や博物館，美
術館等の施設の利活用を促進する，②学校の地域性や特性等に応じた
体験活動，郷土のよさを再認識する探究的な学びや表現活動等を推進
する，③各市町村教育委員会で発刊している社会科副読本や道徳資料，
本県の自然や歴史，偉人・先人の業績，伝統文化・文化財，経済産業
などに触れることができる地域教材等の活用を促進する，④小・中学
校における地域での職場見学・体験や職業人講話等の促進や高等学校
における新たな職業種や企業等でのインターンシップの拡充等を行
う，といった項目が示されている。

　将来，自身の居住する地域を活かす人を育てるためには，児童生徒
がまずその地域の特色に興味を持ち，地域事情に詳しくなることで，
地域への愛着を生み出すように誘導することが必要となる。そこで自
身が学校教員として，先述の学校活動の中から児童生徒が「地域に興
味や関心を持つ機会を提供する」，「地域の特性やメリットを評価でき
る学習活動を実施する」具体的なプロセスを論述するとよい。

●作成のポイント

　文章を作成するにあたっては，自身が教員として担当教科指導や総
合的な学習の時間などを活用し，地域に関する学びや体験活動をどの
ような方法で実施するかを，具体的に授業の流れを想定して説明する
ことが重要である。

　先述のとおり，設問で問われているポイント「地域と関わる」，「地
域を活かす」という視点については，①教科学習指導などを通じて地
域に関する知識を提供する，あるいは調べ学習等により地域について
児童生徒が自ら調べて学ぶ作業を実施する，②地域の産業や伝統文化

に直接触れる野外体験学習を実施する，③職場見学やインターンシップを通じて実際に地域とかかわり，地域のために仕事をしている人と交流し，直接話を聞く，といった方法を想定することができる。たとえば山形県の場合は，温泉や寺院，スキー場などの観光スポットから，さくらんぼや西洋なし，ベニバナやりんごといった特産物，情報通信機器や電子部品等の特色ある産業といった，地域ならではの特色が存在している。

　そこでこうした特色について，とりわけ小中学校においては，グループ単位での調べ学習，野外体験学習などの手法を活用し，発表や質疑応答を通じて，成果をレポートにまとめるといった一連の学習作業を進めることが効果的である。またそれらの学習体験を通じて，どのような成果が期待できるかについても，最後に触れておく必要がある。

2021年度　論作文実施問題

【社会人特別選考・1次試験】80分

●テーマ

> 学校と地域社会をつなぐために必要な視点は何か。また，そのような視点はなぜ必要なのか，社会人としての経験を踏まえながら，1,000字以内で論じなさい。
> なお，上記の課題に沿って，テーマ(題)は自由に設定し，原稿用紙の所定の欄に記入すること。
> ※この用紙(表裏)は，下書きに使ってもかまいません。

●方針と分析

(方針)

　学校と地域社会がつながっていくことの重要性とそのための視点について論じた上で，具体的な取り組みについて，社会人としての経験を踏まえて1000字以内で述べる。

(分析)

　教育基本法第13条では，「学校，家庭及び地域住民その他の関係者は，教育におけるそれぞれの役割と責任を自覚するとともに，相互の連携及び協力に努めるものとする」と規定し，学校教育法第43条でも「小学校は，当該小学校に関する保護者及び地域住民その他の関係者の理解を深めるとともに，これらの者との連携及び協力の推進に資するため，当該小学校の教育活動その他の学校運営の状況に関する情報を積極的に提供するものとする」と規定している。

　これらを受け，小(中)学校学習指導要領(平成29年告示)の総則では，教育課程の編成及び実施に当たっての配慮事項として，「学校がその

目的を達成するため，学校や地域の実態等に応じ，教育活動の実施に必要な人的又は物的な体制を家庭や地域の人々の協力を得ながら整えるなど，家庭や地域社会との連携及び協働を深めること」としている。その上で，具体的な視点として「家庭や地域の人々の積極的な協力を得て児童にとって大切な学習の場である地域の教育資源や学習環境を一層活用していくこと」「各学校の教育方針や特色ある教育活動，児童の状況などについて家庭や地域の人々に適切に情報発信し理解や協力を得たり，家庭や地域の人々の学校運営などに対する意見を的確に把握して自校の教育活動に生かしたりすること」「学校施設の開放，地域の人々や児童向けの学習機会の提供，地域社会の一員としての教師のボランティア活動を通して，家庭や地域社会に積極的に働きかけ，それぞれがもつ本来の教育機能が総合的に発揮されるようにすること」などを挙げている。

　文部科学省が答申した，「新しい時代の教育や地方創生の実現に向けた学校と地域の連携・協働の在り方と今後の推進方策について」(平成27年12月)においては，これからの学校と地域の連携・協働の姿として，①地域住民等と目標やビジョンを共有し，地域と一体となって子供たちを育む「地域とともにある学校」への転換，②地域の様々な機関や団体等がネットワーク化を図りながら，学校，家庭及び地域が相互に協力し，地域全体で学びを展開していく「子供も大人も学び合い育ち合う教育体制」の構築，③学校を核とした協働の取組を通じて，地域の将来を担う人材を育成し，自立した地域社会の基盤の構築を図る「学校を核とした地域づくり」の推進，の3点を示している。

●作成のポイント

　1000字以内という指定があるので，教員採用試験の一般的な形式である序論・本論・結論の三段構成で論じるようにする。

　序論では，学校と地域社会がつながって連携・協働していくことの重要性を論じるとともに，そのための視点を示す。その際，単なる文部科学省などの言葉を引用するだけでなく，あなたの社会人としての

経験を踏まえることで説得力のある論述にする。

　本論では，序論で述べた学校と地域社会がつながる視点に即してどのような取り組みをしていくのか，二つ程度に整理して論述する。ここで，社会人としての経験を踏まえた論述にすることも考えられる。

　結論は，テーマである学校と地域社会がつながって連携・協働していくことを俯瞰的に捉え，方策の基本となる考え方や教師としての姿勢などを含めて，地域と連携した教育を進めていく決意を述べて作文をまとめる。

【講師等特別選考・1次試験】80分

●テーマ

> 　あなたが教員として，これからの社会を生きる児童生徒にもっとも身に付けさせたい力は何か。また，そのような力を身に付けさせるために，どのような教育実践に取り組んでいくか，1,000字以内で論じなさい。
>
> 　なお，上記の課題に沿って，テーマ(題)は自由に設定し，原稿用紙の所定の欄に記入すること。
>
> ※この用紙(表裏)は，下書きに使ってもかまいません。

●方針と分析

(方針)

　グローバル化が進む変化の激しいこれからの社会を生きる子供たちに，どのような力を身に付けさせなければならないのかを示す。その上で，そうした力を育成するための具体的な取り組みについて，これまでの講師等の経験を踏まえて1000字以内で述べる。

(分析)

　新学習指導要領(平成29〜30年告示)では新たに設けられた前文で，

「これからの学校には，(中略)一人一人の児童(生徒)が，自分のよさや可能性を認識するとともに，あらゆる他者を価値のある存在として尊重し，多様な人々と協働しながら様々な社会的変化を乗り越え，豊かな人生を切り拓き，持続可能な社会の創り手となることができるようにすることが求められる」ことを示し，そのためには，「それぞれの学校において，必要な学習内容をどのように学び，どのような資質・能力を身に付けられるようにするのかを教育課程において明確に」することの重要性を強調している。それが，設問の「これからの社会を生きる児童にもっとも身に付けさせたい力」の基本的な考え方である。

　これは，これまでも重視されてきた「生きる力」に通じるものである。学習指導要領の総則では，「生きる力」を育成するための資質・能力を，①生きて働く「知識・技能」の習得，②未知の状況にも対応できる「思考力・判断力・表現力等」の育成，③学びを人生や社会に生かそうとする「学びに向かう力・人間性等」の涵養の三つの柱に整理している。

　設問で求められている「これからの社会を生きる児童生徒にもっとも身に付けさせたい力」は，この三つをバランスよく育むことであり，特に③の資質・能力と大きく関わっている。③の資質・能力については，「主体的に学習に取り組む態度も含めた学びに向かう力」「自らの思考の過程等を客観的に捉える力」「自己の感情や行動を統制する力や，よりよい生活や人間関係を自主的に形成する態度」等を育むことと整理されている。

●作成のポイント

　序論，本論，結論の三段構成で論じるとよいだろう。

　序論では，グローバル化の進展や科学技術の進歩などを踏まえ，「これからの社会を生きる児童生徒に育成したい力」のポイントを述べる。その上で，そうした力を育むことの重要性について，社会的背景や中央教育審議会での論議内容との関係などを踏まえて論述する。その際，単なる解説に終わらないようにするため，これまでの講師等

の経験を踏まえて述べることが大切である。

　本論では，その「これからの社会を生きる児童生徒に育成したい資質能力」を身に付けさせるための具体的な方策について，あなたの受験する校種や教科に即して二つ程度に整理して論述する。そのポイントは，学校での学びと自分の生活や自分が生きる社会とどう結びつけるかである。

　結論では，すべての教育活動を通してそうした力を育成することの必要性と決意を述べて，論作文をまとめる。

【スポーツ特別選考・1次試験】80分

●テーマ

> 　「運動部活動の在り方に関する総合的なガイドライン」(文部科学省)が策定され，適正な活動時間や休養日などが規定された。その規定を踏まえ，どのような指導が必要と考えるか，1,000字以内で論じなさい。
> 　なお，上記の課題に沿って，テーマ(題)は自由に設定し，原稿用紙の所定の欄に記入すること。
> ※この用紙(表裏)は，下書きに使ってもかまいません。

●方針と分析

(方針)

　策定された「運動部活動の在り方に関する総合的なガイドライン」の考え方を踏まえ，適正な活動時間や休養日を設定することの重要性を論じた上で，具体的な指導について，これまでのスポーツ経験を踏まえて1000字以内で述べる。

(分析)

　スポーツ庁では，平成30年3月「運動部活動の在り方に関する総合

67

的なガイドライン」を策定した。そこでは，「合理的でかつ効率的・効果的な活動の推進のための取組」「適切な休養日等の設定」等が示されている。

　それによると，運動部顧問は「スポーツ医・科学の見地からは，トレーニング効果を得るために休養を適切に取ることが必要であること」「過度の練習がスポーツ障害・外傷のリスクを高め，必ずしも体力・運動能力の向上につながらないこと」を理解したうえで，「競技種目の特性等を踏まえた科学的トレーニングの積極的な導入等により，休養を適切に取りつつ，短時間で効果が得られる指導を行う」ことの重要性が指摘されている。

　また，運動部活動における休養日及び活動時間については，「成長期にある生徒が，運動，食事，休養及び睡眠のバランスのとれた生活を送ることができるよう，スポーツ医・科学の観点からのジュニア期におけるスポーツ活動時間に関する研究も踏まえ」た基準が示された。その基準には，「学期中は，週当たり2日以上の休養日を設ける」「平日は少なくとも1日，土曜日及び日曜日などの週末は少なくとも1日以上を休養日とする」「1日の活動時間は，長くとも平日では2時間程度，学校の休業日は3時間程度とし，できるだけ短時間に，合理的でかつ効率的・効果的な活動を行う」ことなどが示されている。スポーツ経験者として，こうしたスポーツ医・科学の見地に基づく指導をしていくことが求められる。

●作成のポイント

　1000字以内という指定があるので，教員採用試験の一般的な形式である序論・本論・結論の三段構成で論じるようにする。

　序論では，示された「運動部活動の在り方に関する総合的なガイドライン」の考え方を踏まえたスポーツ医・科学の見地に基づく指導をしていくことの重要性を論述する。その際，単なるガイドラインの引き写しではなく，あなたのスポーツ経験を踏まえた論述にすることが必要である。

本論では，序論で述べた「運動部活動の在り方に関する総合的なガイドライン」の考え方を踏まえた具体的な指導を二つ程度に整理して論述する。その際，受験する校種の児童生徒の発達段階に即した論述にすることが重要である。

結論は，テーマの基本である「スポーツ医・科学の見地に基づく指導」を俯瞰的に捉え，方策の基本となる姿勢や考え方を踏まえ，適切な部活動の指導を行っていくという決意を述べてまとめとする。

【全教科・2次試験】80分　800字以内

●テーマ

「主体的な学びの視点に立った授業とは」

●方針と分析

(方針)

児童生徒が主体的に学ぶ授業とはどのような授業なのかを論じた上で，具体的な授業の取り組みについて，800字以内で述べる。

(分析)

新学習指導要領(平成29〜30年告示)では総則に，「次に掲げることが偏りなく実現できるようにするものとする」として，「(1)知識及び技能が習得されるようにすること」，「(2)思考力，判断力，表現力等を育成すること」，「(3)学びに向かう力，人間性等を涵養すること」の三つの資質・能力を示している。この「(3)学びに向かう力，人間性等」について，(各校種の)学習指導要領解説・総則編では，「児童(生徒)一人一人がよりよい社会や幸福な人生を切り拓いていくためには，主体的に学習に取り組む態度も含めた学びに向かう力や，自己の感情や行動を統制する力，よりよい生活や人間関係を自主的に形成する態度等が

必要となる」と，その重要性を強調している。

　一方，様々な調査では，諸外国に比べて日本の子供たちは学びの意味や意義の理解が薄く，「学びに向かう姿勢」「学びに向かう態度」に課題があるという指摘がされている。設問のテーマである「主体的な学びの視点に立った授業」は，こうした「学びに向かう力」を身に付けるための基盤となるものである。そうした力を育成するためには，日々の授業を子供たちが主体的に学ぶ授業に改善していくことを欠かすことはできない。

　中央教育審議会答申(平成28年12月)においては，主体的・対話的で深い学びの実現に向けた授業改善における三つの視点の一つとして，「学ぶことに興味や関心を持ち，自己のキャリア形成の方向性と関連付けながら，見通しを持って粘り強く取り組み，自己の学習活動を振り返って次につなげる『主体的な学び』が実現できているか」を挙げている。

　これらのことをもとにしながら，主体的な学びの視点に立った授業をどのように具体化していくのか，自分自身の考え方や方策をまとめて論述したい。

●作成のポイント

　作文としての出題ではあるが，漠然とした自分の雑感や知っていることを述べるのではなく，教員採用試験の出題であることを踏まえ，序論・本論・結論の三段構成で論じる。

　序論では，何故，「主体的な学びの視点に立った授業」にしていかなければならないのか，その背景にある日本の子供たちの学びに対する姿勢とともに，その重要性を論述する。その際，単なる文部科学省などの言葉を引き写すのではなく，あなた自身の考えを論理的に述べることが必要である。

　本論では，序論で述べた「子供たちが主体的に学ぶ授業」にするための具体的な方策を二つ程度に整理して論述する。その際，受験する教科に即した子供の問題意識を大切にすることを落としてはならな

い。

　結論は，テーマである「子供たちが主体的に学ぶ授業」を俯瞰的に捉え，方策の基本となる姿勢や本論で触れられなかった考え方や方策を書き込むとともに，教師として子供を中心とした教育活動を進めていく決意を述べて作文をまとめる。

【全教科・2次試験】80分　800字以内

●テーマ

「個を尊重しながら協調性を育む教育とは」

●方針と分析

(方針)

　一人一人の児童生徒に目を向けた個を尊重するとともに集団としての協調性を育む教育とはどのような教育なのかを論じた上で，具体的な取り組みについて，800字以内で述べる。

(分析)

　小(中)学校学習指導要領(平成29年告示)の総則では，学級経営の充実を図ることの重要性を強調している。学習指導要領解説総則編(平成29年7月)では，「学校は，児童(生徒)にとって伸び伸びと過ごせる楽しい場でなければならない。児童(生徒)一人一人は興味や関心などが異なることを前提に，児童が自分の特徴に気付き，よい所を伸ばし，自己肯定感をもちながら，日々の学校生活を送ることができるようにすることが重要である」と，学級集団における個の存在に目を向けることの重要性を指摘している。そうした考えに立って，「学級を一人一人の児童にとって存在感を実感できる場としてつくりあげることが大切である」としているのである。

　一方，学級集団づくりに関わっては，「相手の身になって考え，相手のよさを見付けようと努める学級，互いに協力し合い，自分の力を学級全体のために役立てようとする学級，言い換えれば，児童相互の好ましい人間関係を育てていく上で，学級の風土を支持的な風土につくり変えていくことが大切である」とし，協調性を育むことの重要性を指摘している。その上で「集団の一員として，一人一人の児童(生徒)が安心して自分の力を発揮できるよう，日ごろから，児童(生徒)に自己存在感や自己決定の場を与え，その時その場で何が正しいかを判断し，自ら責任をもって行動できる能力を培うことが大切である」と，個と集団との関係を整理している。

　すなわち，こうした考え方に立って，「個を尊重すること」と，集団としての「協調性を育むこと」を一体として教育を進めていくことの必要性を強調する設問である。

●作成のポイント

　作文としての出題ではあるが，漠然とした自分の雑感や知っていることを述べるのではなく，教員採用試験の出題であることを踏まえ，序論・本論・結論の三段構成で論じる。

　序論では，何故，「個を尊重しながら協調性を育む教育」にしていかなければならないのか，その考え方と重要性を述べる。その際，単なる学習指導要領やその解説などの言葉を引き写すのではなく，あなた自身の考えを論理的に述べることが必要である。

　本論では，序論で述べた「個を尊重しながら協調性を育む教育」を実現するための具体的な方策を二つ程度に整理して論述する。その取り組みの場として学級経営，ホームルーム運営を欠かすことはできないであろう。

　結論は，テーマである「個を尊重しながら協調性を育む教育」を俯瞰的に捉え，方策の基本となる姿勢や本論で触れられなかった考え方や方策を書き込むとともに，一人一人を大切にした教育を進めていく決意を述べて作文をまとめる。

全教科・2次試験】80分　800字以内

●テーマ

「信頼される教員になるために大切なこととは」

●方針と分析

(方針)

　信頼される教員になるために大切なことはどのようなことなのかを論じた上で，信頼される教員になるための具体的な取り組みについて，800字以内で述べる。

(分析)

　「子供は，大人の後ろ姿を見て学ぶ」という言葉がある。また，「見えないカリキュラム」という言葉も存在する。教師の姿勢が，子供の育ちに大きな影響を与えるのである。すなわち，児童生徒が教師を信頼し，教師が児童生徒の可能性を信じるところに教育は成立するということができる。言い換えると，教育とは，教師と児童生徒との信頼関係を基盤とした共同作業なのである。そうした信頼関係を構築することが，教師の重要な役割の一つである。

　平成17年の中央教育審議会答申では，優れた教師の条件として，次の3つの要素が重要であることが明示されている。①教職に対する強い情熱：仕事に対する使命感や誇り，子供に対する愛情や責任感，学び続ける向上心などである。②教育の専門家としての確かな力量：子供理解力，児童・生徒指導力，学習指導・授業づくりの力などである。③総合的な人間力：子供たちの人格形成に関わる者として，対人関係能力，コミュニケーション能力などの人格的資質を備えていることが求められることや，他の教職員全体と同僚として協力していくことが大切であること，などである。

　教師と児童生徒の信頼関係を構築することは，まず，教師が全ての

児童生徒の可能性を信じることが出発点となる。そして，児童生徒が教師を信頼するかしないかは，児童生徒自身が決めることであり，教師には，児童生徒に信頼される態度や行動をとることが求められるのである。

　具体的にどうしていくかは，自分が児童生徒のときに信頼していた教師像を思い浮かべ，それを整理して論述することも一つの方法だろう。

●作成のポイント

　作文としての出題ではあるが，漠然とした自分の雑感や知っていることを述べるのではなく，教員採用試験の出題であることを踏まえ，序論・本論・結論の三段構成で論じる。

　序論では，教師と児童生徒との間に信頼関係が必要な理由を論述する。児童生徒が教師を信頼し，教師が児童生徒の可能性を信じるところに教育は成立することを強調する。そこには，自ずと自分の教育観がにじみ出るはずである。

　本論では，児童生徒との信頼関係を構築するための具体的な取り組みについて，受験する校種に即して二つ程度に整理して論述する。学習指導，学級経営，特別活動といった，異なる視点からの方策を用意しておくことが必要である。

　結論では，本論で述べた方策を貫く基本的な考え方，本論で取り上げられなかった方策，自分自身の研修課題などを含めて，児童生徒の信頼を得るために不断の努力を続けていくという決意を述べてまとめとする。

【全教科・2次試験】80分　800字以内

●テーマ

「児童生徒が安心して通うことができる学校とは」

●方針と分析

(方針)

　児童生徒が安心して通うことができる学校とはどのような学校なのかを論じた上で，安心して通うことができる学校にするための具体的な取り組みについて，800字以内で述べる。

(分析)

　学校は，子供たちが安心して生活し，学ぶことのできる安全な場所でなければならない。しかし，大地震や風水害などの自然災害，不審者の侵入，火災などはもとより，子供を取り巻く人間環境の不安など広範囲に及ぶ。更に，子供の人間関係を巡るトラブルやいじめといった問題は，子供の安心・安全な学校生活を脅かす存在となっている。いじめの問題は，社会的な注目を集めており，平成25年9月「いじめ防止対策推進法」が施行されたが，いじめは一向に減少の気配を見せず，平成30年度に認知されたいじめが前年度から約13万件増加し，54万3933件と過去最多を更新したことが明らかになった。

　「義務教育の段階における普通教育に相当する教育の機会の確保等に関する基本指針」(平成29年3月　文部科学省)においては，児童生徒が安心して教育を受けられる魅力ある学校づくりとして，次の3点を挙げている。①魅力あるより良い学校づくり：児童生徒と教職員との信頼関係や児童生徒相互の良好な人間関係の構築等を通じて，魅力あるより良い学校づくりを推進する。②いじめ，暴力行為，体罰等を許さない学校づくり：いじめや暴力行為を許さず，問題行動が起きた際にはき然とした対応を取り，いじめ防止対策推進法(平成25年法律第71

号)の適正な運用を図る。また，教職員による体罰や暴言等，不適切な言動や指導を許さない。③児童生徒の学習状況等に応じた指導・配慮の実施：学業の不振が不登校のきっかけとなることのないように，児童生徒の学ぶ意欲の向上を図るほか，学校や児童生徒の状況に応じ，個別指導やグループ別指導，繰り返し指導，学習内容の習熟の程度に応じた指導など，指導方法や指導体制を工夫改善し，個に応じた指導の充実を推進する。

　また，日常的な指導における「道徳教育の充実」「より良い人間関係の構築」「支持的風土のある学級づくり」「いじめに負けない強い心の育成」なども重要である。

●作成のポイント

　作文としての出題ではあるが，漠然とした自分の雑感や知っていることを述べるのではなく，教員採用試験の出題であることを踏まえ，序論・本論・結論の三段構成で論じる。

　序論では，子供たちが安心して通い，安全に生活し，学ぶことのできる学校であることの重要性を論じ，そのために，教師は児童生徒一人一人の変化や児童生徒が発するサインを見逃さず，適切かつ迅速な対応をしていかなければならないことを述べる。

　本論では，子供の安心・安全な学校生活を保障するために，どのような取り組みを行っていくのか，具体的な方策を二つに整理して論じる。その基本は児童生徒理解であり，そのための具体的な取り組みを述べる。日常的な取り組みとして，「友達と協働した学習の推進」「道徳教育の充実」「より良い人間関係の構築」「支持的風土のある学級づくり」などが考えられる。

　結論は，本論では取り上げられなかった視点を含め，児童生徒が安心して通うことができる学校生活を保障するという強い決意を述べて論作文をまとめる。

【全教科・2次試験】80分　800字以内

●テーマ

> 「自立する力を育てる教育とは」

●方針と分析

(方針)

　学校教育において「自立する力」を育てることの意味やその重要性を論じた上で，「自立する力」を育てるための具体的な取り組みについて，800字以内で述べる。

(分析)

　小(中)学校学習指導要領(平成29年告示)の総則では，道徳教育の目標として「自己の生き方を考え，主体的な判断の下に行動し，自立した人間として他者と共によりよく生きるための基盤となる道徳性を養うこと」を掲げている。この目標に関して，学習指導要領解説総則編(平成29年7月)では「『自立した人間』としての主体的な自己は，同時に『他者と共に』よりよい社会の実現を目指そうとする社会的な存在としての自己を志向する」とした上で，「人は誰もがよりよい自分を求めて自己の確立を目指すとともに，一人一人が他者と共に心を通じ合わせて生きようとしている。したがって，他者との関係を主体的かつ適切にもつことができるようにすることが求められる」としている。その基盤となるのが，道徳性であるという考えに立っている。

　一方，キャリア教育の視点から「自立する力」を育てることの重要性も指摘されている。小(中)学校学習指導要領では，キャリア教育に関わって「学ぶことと自己の将来とのつながりを見通しながら，社会的・職業的自立に向けて必要な基盤となる資質・能力を身に付けていくこと」ができるよう，キャリア教育の充実を図ることを求めている。変化の激しいこれからの社会で生きていく子供たちは，希望をもって

自立的に自分の未来を切り拓いていくために，変化を恐れず，様々な状況に柔軟に対応していく態度と能力を身に付けることが必要である。

　こうした教育は，特別活動の学級活動を要としながら，総合的な学習の時間や学校行事，道徳科や各教科における学習，個別相談等の全ての教育活動を通じて必要な資質・能力の育成を図っていく必要がある。特に，今回の改訂では，特別活動の学級活動の内容に一人一人のキャリア形成と自己実現が設けられていることに留意する必要がある。

●作成のポイント

　作文としての出題ではあるが，漠然とした自分の雑感や知っていることを述べるのではなく，教員採用試験の出題であることを踏まえ，序論・本論・結論の三段構成で論じる。

　序論では，社会構造や雇用環境の変化を踏まえ，「自立する力」を育てることの意味と意義について論述する。その際，あなたが経験した現在の子供たちの実態や現状を基にして，その必要性について述べることで説得力のある論作文となる。

　本論では，子供たちの「自立する力」をどのように育てていくか，志望する校種に即して具体的な方策を2つ程度に整理して論述する。その際，「自立する力」を育むことを通して，未来の社会を担っていく人材を育てるという考えを基本に据えることが重要である。

　結論では，本論で取り上げた方策を貫く基本的な考え方や，本論では触れられなかった視点などに触れながら，「自立する力」を育てていくという強い決意を述べてまとめとする。

【全教科・2次試験】80分　800字以内

●テーマ

> 「自己肯定感を育む教育とは」

●方針と分析

(方針)

　自己肯定感をもつことの意味やその重要性を論じた上で，自己肯定感を育むための具体的な取り組みについて，800字以内で述べる。

(分析)

　中央教育審議会における資料「教育課程企画特別部会　論点整理」(平成27年)の中で，学習指導要領の改訂に向けた課題として，現在の子供たちは「自己肯定感」「主体的に学習に取り組む態度」「社会参画への意識」等が国際的に見て低く課題があるとしている。したがって，これからの教育を考える上で，一人一人の子供の内面にも目を向けていくことが重要である。

　中央教育審議会の平成29年6月における配布資料「自己肯定感を高め，自らの手で未来を切り開く子供を育む教育の実現に向けた，学校，家庭，地域の教育力の向上」(教育再生実行会議第十次提言概要)では，子供たちの自己肯定感を育むことについて，次のようなことを示している。○各学校が，改訂学習指導要領の前文で示された理念を踏まえ，子供たちの自己肯定感を育むことを目標として掲げつつ，日頃の教育活動を行っていくことが大切である。○何事にも積極的に挑戦し，自らを高めていく姿勢を身に付けることと，「自分らしさ」を見失うことなく，リラックスして臨み，自らの力を最大限発揮できるようになることの両方が重要である。○良いところは積極的に褒め，叱るべきときは叱るなど，大人が愛情を持って関与することが重要である，などである。

今回の学習指導要領(平成29〜30年告示)で新たに設けられた「前文」の中で、「一人一人の児童(生徒)が、自分のよさや可能性を認識するとともに、あらゆる他者を価値のある存在として尊重し、多様な人々と協働しながら様々な社会的変化を乗り越え、豊かな人生を切り拓き、持続可能な社会の創り手となることができるようにすることが求められる」と示している。この「自分のよさや可能性を認識する」ことが、自己肯定感を表していると考える必要がある。

　自己肯定感とは、「自分を価値ある存在として尊重する感情」のことで、自尊感情、自己有用感、セルフ・エスティームと言うこともある。自己肯定感を高めるためには、自己の価値を自分自身に認識させることが必要であり、それは、他者との関係の中で育まれる。したがって、学級経営やクラブ活動といった集団の中でどのような人間関係を構築するかということが大切になる。

●作成のポイント

　作文としての出題ではあるが、漠然とした自分の雑感や知っていることを述べるのではなく、教員採用試験の出題であることを踏まえ、序論・本論・結論の三段構成で論じる。

　序論では、子供たちに自己肯定感を高めることの重要性について、社会的背景や現代の子供の状況に基づいて論述する。その際、自己肯定感と主体的に課題に取り組む態度や社会参画の意識との関連に論及するとよい。また、単なる解説に終わらないようにするため、自分自身の経験を踏まえた考えを述べると説得力のある論述となる。

　本論では、自己肯定感を育むための具体的な方策を受験する校種に即して2〜3つに整理して論述する。単なる解説ではなく、具体的な実践がイメージできるような取り組みを述べることが必要である。

　結論では、本論で取り上げた方策を貫く基本的な考え方や本論で取り上げられなかった視点などを含め、自己肯定感を育む教育を進めていくことを力強く述べてまとめとする。

2020年度 　論作文実施問題

【講師特別選考・1次試験】　80分

●テーマ

> 　講師等の経験を踏まえ，本県の学校におけるOJTについて，現状を分析しながら，今後どのようなOJTを進めるべきか，1,000字以内で論じなさい。
> 　なお，上記の課題に沿って，テーマ(題)は自由に設定し，原稿用紙の所定の欄に記入すること。

●方針と分析

(方針)

　本県の学校におけるOJTの現状分析をしながら，受験者の講師経験などを踏まえて，今後のOJTの進め方について，1,000字以内で考えを述べる。

(分析)

　学校OJTを行う意味は，年長者や職務上の上位にある教員など，自分よりも指導力や人格の優れた先輩教員の教えに出会うことにある。2007年以降，定年を迎え退職する教員が多くなっていく傾向にあるのは，現在も変わらない。このため，教職員の年齢構成は，年々，急速な若返りが進んでいる。こうした状況は，経験豊富なベテラン教員，経験を蓄積している中堅の教員が少なくなっていること，また，学級担任による学習指導や生徒指導などの指導力の差が大きくなっていることを指す。こうした課題を解決するため，山形県内の各校では，ロールプレイングやコーチングなども加えて，個別に若手教員を育成してきたが，管理職教員やベテラン教員を中心に時間や労力の面でも無

理が生じてきている。そこで，チーム学校の考え方をOJTにも生かし，教育力を高めていくことで，子ども一人一人に合った教育の実現をしていく方向が模索されている。すなわち，学校が一つの組織となり，若手教員への系統的，組織的な OJT の育成システムの構築による資質の向上が重要である。山形県は少人数学級が普及しているという特徴もあるので，教員の指導力の差の解消は早急に望まれる。

●作成のポイント

　小論文であるので，序論・本論・結論の三段構成を意識しよう。以下答案作成の一案である。

　序論では，山形県の置かれている学校OJTの現状を説明する。その上で，何が大きな課題になっているのかを説明しよう。ここでは，ベテラン教員の退職の傾向が続いていること，30代後半から40代の教員が少なくなっていることを押さえたい。

　本論では，若手だけのOJTは効果が低いこと，学級担任による学習指導や生徒指導などの指導力の差を解消するために，指導経験の豊富な年長の教員との時間共有をいかに進めるのかを説明する。また，受験者が講師経験の時期に，ベテラン教員から受けた指導や教えを，他の教員にも紹介する時間を積極的に設けることなどを述べてもよい。これは，若手教員とベテラン教員の協働による校内OJTモデルの開発の重要性と見てもよいだろう。

　結論では，講師という社会人経験も踏まえながら，チーム学校の考え方をOJTにも生かし，教育力を高めていくことで，子ども一人一人に合った教育の実現をしていく決意を示そう。

【社会人特別選考・1次試験】　80分

●テーマ

> 　社会人としての経験を踏まえ，学校教育で新たに取り入れるべき視点について，1,000字以内で論じなさい。
> 　なお，上記の課題に沿って，テーマ(題)は自由に設定し，原稿用紙の所定の欄に記入すること。

●方針と分析

(方針)

　社会人経験を踏まえながら，学校教育に必要な新たな視点について，1,000字以内で説明する。

(分析)

　「学校教育に必要な新たな視点」とあるが，出題者の意図は，単純に受験者自身が実務経験から得たアイデアや知見，人脈などを紹介すればよいというものではなく，山形県の目指す教育上の斬新な重点施策を示しながら，あるいは新卒採用の教員では難しい取り組みなどを踏まえながら，自分の経験をどう生かすかを述べる方がよいだろう。

　例えば，第6次山形県教育振興計画では，児童生徒が「『まなび』を通して，自立をめざす」ことを重視している。ユニークな取り組みとしては，小・中学校における学力向上，いじめや不登校など教育課題に対応するため，小学校低学年副担任制などがある。また，全ての小学校で5・6年生の外国語活動の実施，情報モラル・マナーに関する指導プログラムの活用，理科支援員の配置やスーパーサイエンスハイスクール事業などにも取り組んでいる。こうした一つ一つのメニューは，企業等で得られる実務経験に直結する。さらには，児童生徒一人一人の勤労観・職業観を育てるため，小・中学校における職業現場の体験，高等学校におけるインターンシップ，地域の職業人や各界で活躍するプロフェッショナルを招いての講演会の開催などキャリア教育にも取

り組んでいる。こうした状況を踏まえながら，一つのトピックを選び，受験者自身の経験をすり合わせていくとよいのではあるまいか。

●作成のポイント

　小論文であるので，序論・本論・結論の三段構成を意識しよう。以下答案作成の一案である。

　序論では，第6次山形県教育振興計画など山形県の重点施策を踏まえ，その中から受験者が自信を持って論じることのできるトピックを一つ示そう。このとき新たな視点として，児童生徒の自立という視点を明確にしたい。

　本論では，序論で示したトピックについて，より詳しい記述をしていく。例えば，児童生徒一人一人の勤労観・職業観を育てること，かつ，抽象的なものではなく，具体的で現実的な将来設計のためのキャリア教育の必要性を述べる。総合的な学習の時間の中で行われることの多い，職業体験やインターンシップであれば，社会貢献活動に熱心な県内の中小企業や個人事業者との協働により，より多くの児童生徒にとって現実的な勤労観や職業観を育成することに貢献できることなどを述べたい。

　結論では，児童生徒が「『まなび』を通して，自立をめざす」教育の一層の進展に尽力する決意を述べてみよう。

【全教科・2次試験】　80分　800字以内

●テーマ

「これからの社会を生きぬくために必要な力とは」

●方針と分析

(方針)

　これからの社会を生きぬくのに必要な力について，800字以内で述べる。

(分析)

　社会を生きぬくのに必要な力とは，文部科学省のホームページを見ると，「生きる力」とも言い換えられる。主に学習面に注目してみると，社会的・職業的自立に向け必要な能力，確かな学力などを想定していることが読み取れる。ここでは，国立教育政策研究所の「資質・能力を育成する教育課程の在り方に関する研究報告書1〜使って育てて21世紀を生き抜くための資質・能力〜」を参照したい。

　これからの社会は，誰も正解が分からない世界で，みんなが少しずつ考えや知恵を持ち寄って，答えを作り出し，それを現実に適用した結果も見守りながら，更により良い答えを求めていくことが求められる。そのために，大人も子どもも一人一人が自分なりの考えを持って，人と対話し協働しながら，新しい考えを創造する力が，これまで以上に重要になる。その力は，私たちの社会をよりよくするのと同時に，一人一人が自分らしさを生かしながら賢く生きることも可能にするものである。児童生徒が，こうした力を付けていくためには，総合学習をはじめ，保健体育，技術・家庭も含めた各教科において，他者との協力，協働を常に意識していくような指導が求められることを押さえたい。

●作成のポイント

　作文としての出題ではあるが，漠然とした自分の雑感や知っていることを述べるのではなく，教員採用試験の出題であることを踏まえ，序論・本論・結論の三段構成を意識した方がよい。

　序論では，これからの社会を生きぬくのに必要な力について定義を示し，同時に，テーマの絞り込みをしよう。

　本論では，受験者なりの言葉で，21世紀を生きぬくための資質・能

力について説明する。このとき，受験者によって，校種や担当教科が変わるため，内容が変わるのは当然であるが，「一人一人が自分なりの考えを持って，人と対話し協働しながら，新しい考えを創造する力」，「健全な心身」の陶冶といった内容を，必ず含めるようにしたい。独りよがりではない他者との協力，協働を常に意識しながら，他者との関係構築を模索する学びの確立の必要性を述べてもよい。

　結論では，上記のような力の育成には，保護者，地域の大人，研究者，行政関係者の連携による実践の蓄積を活用していく必要があることを述べよう。

【全教科・2次試験】　80分　800字以内

●テーマ

> 「『教育におけるほめることと叱ること』とは」

●方針と分析

(方針)

　教育におけるほめることと叱ることの効果などを，800字以内で説明する。

(分析)

　中央教育審議会の「青少年の意欲をめぐる現状と課題」(文部科学省のホームページにて閲覧可能)の中にある，「青少年の意欲と行動の様相」の内容を踏まえた出題であると思われる。この資料の中で，キーワードであるほめることと叱ることは，子どもへの保護者の関与の度合いの低さと関わらせて，説明されている。家庭での親子の関わりについてみると，日本の保護者は子どもに生活規律・社会のルールを身に付けるようにしつけることや，ほめる・叱るなどの子どもとコミュ

ニケーションをとることの度合いが，他国と比較して低い。反対に，生活規律・社会のルールを，学校において教員が教えてくれるように期待する声が多い。

　すなわち，日本の青少年は，生活規律や社会のルールについて保護者から直接しつけられることが少ないのである。一方，コミュニケーションの良好な家庭環境を築き保護者が子どもに肯定的に接することが，子どもの意欲を高めることが明らかとなっている。すなわち，保護者が「悪いことをしたときに叱ってくれる」「いいことをしたときにほめてくれる」「困ったときに相談にのってくれる」と感じている児童生徒は，よく遊ぶ友達や悩みごとを相談できる友達が多く，学習面においても「分からないことを調べる」「じっくり考える」ことなどが得意だという研究結果がある。こうした内容について，受験者の知見を問う出題であると思われる。

●作成のポイント

　作文としての出題ではあるが，教員採用試験の出題であることを踏まえ，序論・本論・結論の三段構成を意識した方がよい。ほめられて意欲が出た一方，叱られて落ち込んだなどの漠然としていて，かつ，自分の経験や思い出などを述べただけの答案に終始しないような内容を工夫したい。以下，答案作成の一案である。

　序論では，ほめることと叱ることは，大人と子どものコミュニケーションの一類型であることを押さえておこう。

　本論では，しつけを巡る日本の青少年と保護者の現状を説明し，しつけへの期待が学校に寄せられることが多い点などを述べていこう。また，「悪いことをしたときはしっかりと叱ってくれる」「いいことをしたときには，それをしっかり見て，ほめてくれる」という大人が身近にいることが，子どもの生活面，学習面の両方によい結果をもたらす点などを述べていこう。

　結論では，教員として，保護者や地域の大人との連携をしながら，ほめることと叱ることを適切な場面での指導として行いながら，児童

生徒の意欲を引き出していく決意を示そう。

【全教科・２次試験】　80分　800字以内

●テーマ

> 「魅力のある学校とは」

●方針と分析

(方針)

　魅力のある学校とはどういうものかを，800字以内で説明する。

(分析)

　魅力のある学校とは何か，自分だけの知識や経験だけで考えはじめてしまうと，内容が茫漠となり，かつ，考えも拡散してしまうだろう。山形県の取り組みである「魅力ある学校づくり推進事業」などを参考にできるのが理想的である。これは，一人一人が夢や希望をもち，主体性や創造力にあふれる子どもの育成に努め，学校教育の充実を図り，潤いと活力に満ちた魅力ある学校づくりを推進するものである。

　例えば，保護者や地域の人々による読み聞かせ，地域の人々とともに働く稲作などの農業体験，地域に伝わる田植え踊りなど伝統文化の継承など，学校には地域と深く結びついた教育活動がある。また，地域や被災地でのボランティア活動や集団づくりの活動等，学校が目指す子ども像に近づけるための教育活動もある。

　学校が家庭や地域と連携し，自然環境や社会環境，地域の教育力等を十分に活用した教育活動を展開し，その成果等について積極的に外部に発信することを通して，家庭や地域と一体となった潤いと活力に満ちた学校づくりの推進を目指している。

●作成のポイント

作文としての出題ではあるが，教員採用試験の出題であることを踏まえ，序論・本論・結論の三段構成を意識した方がよい。

序論では，魅力ある学校とはどういうものなのかを説明しよう。山形県の取り組みである「魅力ある学校づくり推進事業」などを踏まえてもよい。それが思いつかなければ，文部科学省のホームページなどでも閲覧可能であるが，不登校やいじめを未然に防止するには，全ての児童生徒が安心・安全に学校生活を送ることができ，規律正しい態度で授業や行事に主体的に参加・活躍できるような学校，としてもかまわない。

本論では，一人一人の夢や希望を引き出す学習とは何か，主体性や創造力を育む学習とは何かを説明する。ここでは，地域と深く結びついた教育活動をはじめとした，学校外の人材を活用した教育の提供などを述べていくとよいだろう。

結論では，山形県の特長でもある，学校が家庭や地域と連携し，自然環境や社会環境，地域の教育力等を十分に活用した教育活動を充実させていく一翼を担いたいという決意表明をするとよい。

【全教科・2次試験】　80分　800字以内

●テーマ

「児童生徒一人一人の力を引き出す教師とは」

●方針と分析

(方針)

児童生徒一人一人の力を引き出す教師像について，800字以内で説明する。

(分析)

　本設問は，児童生徒を理解するとは何かを考えさせるものと思われる。児童生徒は一人一人違った能力・適性・興味・関心を持つうえ，家庭環境などの背景も多様である。その上で，必ずといってよいほど，「自分をわかってほしい」という気持ちが大きい。児童生徒を理解するということは，児童生徒の個性や現状を把握することが大切である。授業づくりにおいては，一人一人の既習事項・スキルの定着を確かめることも重要である。そもそも学校というのは，集団が共同で生活をする場であり，そうした規模の大きい集団において，一人一人の児童生徒のもっている力＝資質と，抱えている問題を把握するためには，教員の熱意だけでは無理である。むしろ，的確な支援と仕組みを考えることが必要だろう。

　例えば，教員が工夫する授業スタイルについて注目する。集団での斉授業では目立たない児童生徒の力を引き出すために，自分で計画を立てさせる自由度の高い授業を導入する工夫などがある。これは，まだ取り組んでいない内容を，他のクラスメイトに教えることを含む。すなわち，進度の早い者が遅い者に教える，自分の得意な単元であっても他の者には不得意なことがあり，そうした部分を教えていくなど，個々に異なる課題に取り組むような仕組みをつくるものである。こうした取り組みは，児童生徒の多様な関係構築を促す教員側の工夫であろう。

●作成のポイント

　作文という名称ではあっても，実質的には論文であり，序論・本論・結論の三段構成を意識しよう。以下，答案作成の一例である。

　序論では，児童生徒の一人一人を理解すること，一人一人の自己肯定感や自己効力感を引き出すことの大切さを述べていこう。

　本論では，学習指導や課外活動などの場で，多種多様な生活背景を持つ児童生徒の資質をいかに引き出すのか，教員側にできる工夫などを，具体的に述べていこう。ここでは，分析に述べたように授業のスタイルに注目してもよいし，行動や生活指導の場面に注目するのもよ

いだろう。いずれの内容であっても，学校という集団の中で，目立たない児童生徒ほど，教員の目にとまらず，埋没してしまうことがないように留意する必要性などを述べるとよい。

結論では，児童生徒の「自分をわかってほしい」という気持ちを，必ずすくい上げていくために尽力する決意を示してみよう。

【全教科・2次試験】　80分　800字以内

●テーマ

「これからの学校に求められる教育とは」

●方針と分析

(方針)

これからの学校教育に求められることについて，800字以内で説明する。

(分析)

中央教育審議会の2015年の答申にあった，「これからの社会と教員に求められる資質能力」の内容を踏まえた出題だと思われる。この中には，「これからの社会と国民の求める学校像」という項目がある。変化の激しいこれからの社会において，一人一人の子どもたちがそれぞれの可能性を伸ばし，一生を幸福に，かつ有意義に送ることができるようにすることが必要である。そのためには，一人一人が自らの頭で考え，行動していくことのできる自立した個人として，心豊かに，たくましく生き抜いていく基礎を培うことが重要となる。そのような力を，教育を通じて育成する必要性が一段と高まっている。これからの学校は，子どもたちの知・徳・体にわたるバランスの取れた成長を目指し，高い資質能力を備えた教員が指導に当たり，保護者や地域住

民との適切な役割分担を図りながら，活気ある教育活動を展開する場
となる必要がある。

　また，これからの学校には，保護者や地域住民の意向を十分に反映
する信頼される学校となるため，教育を提供する側からの発想だけで
はなく，教育を受ける側の子どもや保護者の声に応える教育の場とな
ることが求められている。山形県の県立学校は，他県の学校と比較し
ても，こうした取り組みに熱心であり，先進的な事例も豊富である。
こうした内容を，受験者がどれだけ理解しているかどうかを試すもの
である。

●作成のポイント

　作文という名称ではあっても，実質的には論文であり，序論・本
論・結論の三段構成を意識しよう。以下，答案作成の一例である。

　序論では，「これからの社会と国民の求める学校像」とはどういう
ものかを説明するとよい。

　本論では，一人一人が自らの頭で考え，行動していくことのできる
自立した個人として，心豊かに，たくましく生き抜いていく基礎を培
う教育の具体的な内容を説明する。ここは，受験者の志望する校種や
担当教科によって内容が分かれるだろうが，主な例を示せば，外国語
によるコミュニケーション能力を育てながら，多文化共生社会の重要
性を指導できる授業を提供できる学校にすること，数学や理科の中で
論理的思考力や科学的思考力を育てることができる学校，社会科の中
で各事象を数理的に考察し処理する能力や情報活用能力を育てること
ができる学校などがあるだろう。必要に応じて，校外の人材を活用す
る重要性も挙げるとよい。

　結論では，教育を提供する側からの発想だけではなく，教育を受け
る側(児童生徒や保護者の声)に応える学校教育を提供していくことの
大切さを述べてみよう。

2019年度 | 論作文実施問題

【社会人特別選考・1次試験】　80分

●テーマ

> 　教育における不易と流行について，社会人として勤務している経験から具体例を挙げ，1,000字以内で書きなさい。
> 　なお，上記の課題に沿って，テーマ(題)は自由に設定し，原稿用紙の所定の欄に記入すること。

●方針と分析

(方針)

　教育における不易と流行について，テーマ(題)を設定して，社会人として勤務している経験から具体例を挙げて述べる。

(分析)

　不易とは「時代が変わっても変わらないもの」であり，流行とは「時代とともに変化するもの」を指す。中央教育審議会答申「21世紀を展望した我が国の教育の在り方について(第1次答申)」(平成8年)では，不易を大切にしつつ，流行に的確かつ迅速に対応していくことが重要としており，不易の具体例として学力の基礎・基本，思いやりや正義感などの豊かな人間性，我が国の伝統・文化，個性尊重など，流行の具体例について，国際化，情報化，科学技術の進展，環境問題，地域社会における様々な学習機会の提供を挙げている。一方，山形県の資料でも不易の代表例として他人を思いやる心，生命や人権を尊重する心，正義感や公正さを重んずる心など，子どもたちに思いやりの心と規範意識を育むことを挙げていることから，上記答申と考え方はほぼ変わらないと考えられる。

　テーマでは「社会人として勤務している経験から具体例を挙げ」とあるので，まず教育における不易と流行に関する具体例を考え，そこから細部の理論などを構築すると一貫性が確保できる。

●作成のポイント

　論文の形式はいくつかあるが，ここでは「序論・本論・結論」で一例を考えたい。

　序論では，「テーマ(題)」を設定した理由とその重要性について簡潔に述べる。文字数は200字を目安とする。

　本論では，序論を踏まえた具体例を紹介する。ここでは内容をテーマに沿って端的に示すことが求められる。事例を複数取り上げてもよいが，序論，および他の具体的事例との整合性に注意すること。文字数は700字を目安とする。

　結論では序論，本論の内容を踏まえ，山形県の教員になる決意とともにまとめるとよい。文字数は100字を目安とする。

【講師等特別選考・1次試験】　80分

●テーマ

> 　生徒指導や学習指導の視点を踏まえ，あなたが教員として求める学級経営について，1,000字以内で書きなさい。
>
> 　なお，上記の課題に沿って，テーマ(題)は自由に設定し，原稿用紙の所定の欄に記入すること。

●方針と分析

(方針)

　生徒指導と学習指導の視点を踏まえた学級経営について，あなたの考えと推進のための方策について述べる。

(分析)

　まず，学級経営，生徒指導について考えてみたい。「生徒指導提要」(文部科学省)をみると，生徒指導の面からみた学級経営・ホームルーム経営で重要なこととして，児童生徒理解，人間関係の調整，自他の個性の尊重，「心の居場所」としての集団を創り上げること，児童生徒の絆を深め，自己実現を図っていくこと等を挙げており，具体的内容として基本的な生活ルールに係る指導，心の健康と生活習慣の向上，日常の問題を解決する力の育成，自己肯定感を育むための体験活動，学級担任が行う教育相談の推進等が挙げられる。一方，学習指導については「分かる喜び，学ぶ意欲や学習への成就感を育むために分かる授業，個に応じた指導の推進」を挙げている。

　以上を踏まえて，教員として求める学級経営を考えるとよい。

●作成のポイント

　論文の形式はいくつかあるが，ここでは「序論・本論・結論」で一例を考えたい。

　序論では，「テーマ(題)」を設定した理由とその重要性について簡潔に述べる。文字数は200字を目安とする。

　本論では，序論を踏まえた具体的内容を紹介する。いわゆる「5W1H」を意識しながら文章をまとめるとよい。文字数は700字を目安とする。

　結論では序論，本論の内容を踏まえ，山形県の教員になる決意とともにまとめるとよい。文字数は100字を目安とする。

【現職教員特別選考・１次試験】　80分

●テーマ

　現職教員としての経験を踏まえ，教員が学び続けることの大切さについて，具体例を挙げながら，1,000字以内で書きなさい。
　なお，上記の課題に沿って，テーマ(題)は自由に設定し，原稿用紙の所定の欄に記入すること。

●方針と分析

(方針)

　教員が学び続けることの大切さについて，これまでの教職経験を踏まえて具体例を挙げながら説明する。

(分析)

　まず，知識として教員が学び続ける義務があることを，教育基本法第9条，教育公務員特例法第21条第1項で規定されていることを知っておきたい。そして，教員の研修に関する概要については教育公務員特例法第21条，第22条で規定されている。

　また，学ぶことは研修を通してだけでなく，教育現場においても多くある。特に，児童生徒と日々向き合う毎日が学習であり，日々の出来事を反省する等し，よりよい授業や生徒指導の実現につなげることも「学ぶ」ことの一つであろう。

　これらを踏まえて，論文を作成するよい。

●作成のポイント

　論文の形式はいくつかあるが，ここでは「序論・本論・結論」で一例を考えたい。

　序論では，「テーマ(題)」を設定した理由とその重要性について簡潔に述べる。文字数は200字を目安とする。

　本論では，序論の内容に関する具体例を挙げる。具体例については

自身が経験した内容が最も書きやすく，最も説得力があると考えられる。文字数は700字を目安とする。

結論では序論，本論の内容を踏まえ，山形県の教員になる決意とともにまとめるとよい。文字数は100字を目安とする。

【スポーツ特別選考・1次試験】　80分

●テーマ

> スポーツマンシップと学校教育の関連性について，1,000字以内で書きなさい。
> なお，上記の課題に沿って，テーマ(題)は自由に設定し，原稿用紙の所定の欄に記入すること。

●方針と分析

(方針)

スポーツマンシップと学校教育の関連性について，適切なテーマ(題)を設定して，自分の考えを述べる。

(分析)

一例として挙げると，スポーツマンシップの辞書的な意味は，公明正大に全力を尽くして勝とうとする精神のことであり，相手や審判及びルールに対する敬意と尊重する精神，競技者としてルールに従って記録に臨む態度が求められるとされている。一方，規律や他者への尊重などは小・中学校の道徳科の目標，学習内容でも示されている。道徳に関する内容は学校教育活動全般で行うとされているので，スポーツマンシップと学校教育は関連するといえる，となる。

スポーツマンシップは競技を行うに際しての心構え，つまり倫理観について述べていると捉えると，道徳に近いことがうかがえる。ただし，スポーツマンシップは各教科や特別活動などでも活用できる。例

えば，テストでカンニング等の不正行為を避ける，試験時間を守ると
いったことが挙げられるだろう。
　これらを踏まえて，考えるとよい。

●作成のポイント

　論文の形式はいくつかあるが，ここでは「序論・本論・結論」で一
例を考えたい。
　序論では，「テーマ(題)」を設定した理由とその重要性について簡潔
に述べる。文字数は200字を目安とする。
　本論では，序論の内容に関する具体例を挙げる。具体例については
自身の経験と学校教育の関連性を想定するのが，最も説得力があると
考えられる。文字数は700字を目安とする。
　結論では序論，本論の内容を踏まえ，山形県の教員になる決意とと
もにまとめるとよい。文字数は100字を目安とする。

【全教科・2次試験】　50分　800字以内

●テーマ

次のテーマから1つ出題される。
「学校の教育活動をとおして高めさせたい力」
「大人として，生徒に伝えたいこと」
「悲しみの乗り越え方」
「最も苦労したこと」
「いま教師に求められている資質とは」
「山形の高校生に気付いてほしいこと」

●方針と分析

(方針)

　上記6つのテーマの中から出題されたものについて，800字以内で作文を完成させる。

(分析)

　本問を総合的に考えた場合，ここで見られるのは人間性や教員としての適性であり，特別な知識は要求されていないと思われる。テーマの中には教育原理や教育心理の知識が役立つものもあるが，自身の学習成果や経験をもとに文章を作成すれば問題ないと思われる。

　このような作文の場合に求められるのは表現力，構成力などであり，いわゆる「言語活動」能力を高めることが有効であろう。試験対策の代表例としては過去問で出題されたテーマについて，試験時間を意識しながら問題にあたることが挙げられる。その上で第三者に採点してもらうと，より効果的であろう。

●作成のポイント

　作文課題なので，論文のように形式にこだわる必要性はあまりないが，構成を考える際は「序論・本論・結論」「起承転結」を意識するとよい。作文では自身の主張(いいたいこと)が正確に読み手(採点者)に伝わることが第一の目標であるから，まず自身の主張を明確にすること。そして，その主張に至った理由(経緯)は何か，その主張を教育現場でどのように生かすか，といった肉付けを行うといった工程が一般的だろう。作文試験では時間配分も重要な要素の一つであるため，分析にあるとおり時間を意識しながら過去問を解くことで，自身にあった時間配分を検討する必要がある。対策では知識だけでなく，本試験に向けてどのような準備が必要(できる)かを考えてみよう。

2018年度　論作文実施問題

【現職教員特別選考・1次試験】80分

●テーマ

　教員としてあなたが経験してきた教育実践の中で，誇りにしていることを，1,000字以内で書きなさい。

●方針と分析

(方針)

　これまで現職教員として実践してきた教育活動で大切にしてきたこと，他に誇ることができることについて，具体的な事例を挙げて論述する。

(分析)

　教員が備えるべき資質能力について，平成27年12月に出された中央教育審議会の答申では，「使命感や責任感，教育的愛情，教科や教職に関する専門的知識，実践的指導力，総合的人間力，コミュニケーション能力等が，〜不易の資質能力が引き続き教員に求められる。」としている。また，「これからの教員には，自律的に学ぶ姿勢を持ち，時代の変化や自らのキャリアステージに応じて求められる資質能力を，生涯にわたって高めていくことのできる力も必要とされる」としている。

　こうした考え方に基づいて，どこの自治体でも，教員採用にあたって理想とする教師像を示している。山形県では，山形県教員選考試験の基本方針で，(1)児童生徒への深い教育愛と教育に対する強い使命感，責任感のある方　(2)明るく心身ともに健康で，高い倫理観と規範意識を備え，法令を遵守する方　(3)豊かな教養と高い専門性を身につけ，

常に学び続ける姿勢をもつ方　(4)郷土を愛し，人とのつながりを大切にして，よりよい学校や地域社会を築こうとする方，という4つの理想とする教師像を示している。

　こうした教師像を基に，これまでの教育実践の中であなたが他に誇ることのできるものを選択し具体的に論述する。

●作成のポイント

　序論・本論・結論の3段階構成で論じる。

　序論では，中央教育審議会の考え方や山形県教員選考試験の基本方針などを基に理想とする教師像を簡潔に述べる。そうした教師像を基にして，これまでの現職教員としての実践で大切にしてきたこと，他に誇ることができることについて明確に示す。250字程で論述する。

　本論では，具体的に実践してきたことを通して，あなたが誇れることの具体的な内容を論述する。学習指導，生徒指導，学級経営，保護者や地域との連携，学校運営などの中から2つ程度具体的な活動を選択して述べると，説得力のある論述となる。600字程で展開する。

　結論では，あなたが大切にし，他に誇れることをもう一度大きく捉え，その基本となる姿勢を示すとともに，それを大切にして教育活動を進めていくという決意を述べてまとめる。150字程に収める。

【講師等特別選考・1次試験】80分

●テーマ

> 　近年，集団生活になじめない，自分の考えをうまく伝えることができない，我慢できずにキレてしまうなどの傾向を持つ児童生徒が増加しているという指摘があります。児童生徒のコミュニケーション能力を育成するためにどのような取組みが必要か，あなたの考えを1,000字以内で書きなさい。

●方針と分析

(方針)

　児童生徒のコミュニケーション能力を育成することの重要性について，社会的背景や山形県の教育施策などを基に論じる。そのうえで，コミュニケーション能力を育成するために，志望する校種の教員としてどのような教育活動に取り組んでいくか，講師等の経験を基に論述する。

(分析)

　「コミュニケーション能力」とは，社会生活を営む人間の間で行われる知覚・感情・思考を伝達することのできる力であり，人間関係の構築能力であるといえる。これは，一方的な伝達ではなく，だれとでも，どのようにでも意思疎通ができる能力であるといえる。

　現代の子どもを取り巻く生活環境は，少子化や核家族化の進行により，「コミュニケーション能力」が育ちにくい実態がある。また，高度に発達した情報機器は，従来の言葉や動作による直接のコミュニケーションを必要としない状況を生み出している。こうしたことを原因として，人間関係を築くことを苦手とする児童生徒が増加している実態がある。いじめ，不登校，暴力行為といった児童生徒の問題行動の原因の1つとして，この「コミュニケーション能力」の不足が挙げられている。

　平成29年3月に告示された新学習指導要領の前文で，「一人一人の児童(生徒)が，自分のよさや可能性を認識するとともに，あらゆる他者を価値のある存在として尊重し，多様な人々と協働しながら様々な社会的変化を乗り越え，豊かな人生を切り拓き，持続可能な社会の創り手となることができるようにすることが求められる」と述べられている。ここに，コミュニケーション能力が求められる社会的背景がある。

　平成27年5月に策定された第6次山形県教育振興基本計画でも，基本方針Ⅲ「社会を生きぬく基盤となる確かな学力を育成する」の主要施策7で「教育内容や教育方法の工夫改善・充実により，他者と協働するためのコミュニケーション能力を育成する」としている。そこでは，

「精一杯考え合い，表現し合う授業づくりの推進」「学校・家庭・地域が連携した『読育』の推進」「多様な交流の促進」といったコミュニケーション能力を育成するための具体的な取組みを提示している。これらが，具体的な教育活動を考える際の視点となる。

●作成のポイント

序論・本論・結論の3段階構成で論じる。

序論では，新学習指導要領の考え方や山形県教育振興基本計画の基本方針などを基に，コミュニケーション能力を育成することの重要性について論じる。その際，あなたがこれまで講師等として経験してきた事例を踏まえることで説得力のある論述になる。250字程で述べる。

本論では，そうした考え方に基づいて，あなたが取り組んでいこうと考える具体的な教育活動について論述することになる。特に，取り上げた教育活動を通して，子どもたちのコミュニケーション能力をどのように身に付けさせるのかを具体的に述べることが必要である。600字程で展開する。

結論では，コミュニケーション能力の重要性についてもう一度俯瞰的に捉え，その基本となる考え方を示すとともに，これまでの講師等としての経験を生かして学校教育の充実に努力していくという決意を述べてまとめる。150字程に収める。

【社会人特別選考・1次試験】80分

●テーマ

これからの社会を生きていく上で，児童生徒の段階で，特に身につけるべき力とはどのような力であると考えますか。社会人としての経験を踏まえ，1,000字以内で書きなさい。

●方針と分析

(方針)

　あなたの社会人としての経験を基に，学校教育において子どもたち
に身に付けさせるべき力について論じる。そのうえで，そうした力を
身に付けさせるために，志望する校種の教員としてどのような教育活
動に取り組んでいくか社会人としての経験を基に具体的に述べる。

(分析)

　平成29年3月に示された新学習指導要領では，児童生徒には「豊か
な創造性を備え持続可能な社会の創り手となることが期待される」と
したうえで，児童生徒に生きる力を育むために「(1)知識及び技能が習
得されるようにすること。(2)思考力，判断力，表現力等を育成するこ
と。(3)学びに向かう力，人間性等を涵養すること。」という3つの資質
能力が，偏りなく実現できるようにすることが重要であるとしている。

　山形県で，平成27年5月に策定された第6次山形県教育振興基本計画
では，基本方針として「『いのち』を大切にし，生命をつなぐ教育」
「豊かな心と健やかな体を育成する」「社会を生きぬく基盤となる確か
な学力」「変化に対応し，社会で自立できる力」「社会的自立に向けた
勤労観・職業観」「郷土に誇りを持ち，地域とつながる心」などを重
視するとしている。

　以上のような国や山形県が育成を目指す資質や能力を視野に入れ，
あなたの経験から特に身に付けさせるべきだと考える具体的な力につ
いて論じていく。

●作成のポイント

　序論・本論・結論の3段階構成で論じる。

　序論では，新学習指導要領の考え方や山形県教育振興基本計画の基
本方針などを基に，学校教育において身に付けさせておくべきだと考
える力について論じる。その根拠は，あなたのこれまでの社会人とし
ての経験である。あなたの経験した具体的な事例に基づいて論述する
ことが必要である。しかし，経験談というと，往々にして長くなりが

ちで，まとまりのない文章になってしまう傾向があるので，要点を整理して，コンパクトにまとめて述べるようにしなければならない。250字程で論述する。

　本論では，そうした考え方に基づいて，あなたが取り組んでいこうと考える具体的な教育活動について論述することになる。特に，ここで取り上げた教育活動を通して，子どもたちに育成したい資質や能力をどのように身に付けさせるのかを具体的に述べることが必要である。600字程で展開する。

　結論では，学校教育の重要性についてもう一度俯瞰的に捉え，その基本となる考え方を示すとともに，社会人としての経験を生かして学校教育の充実に努力していくという決意を述べてまとめる。150字程に収める。

【スポーツ特別選考・1次試験】80分

●テーマ

「子どもの成長とスポーツとの関係性」について，自らの経験を踏まえて，1,000字以内で書きなさい。

●方針と分析

(方針)

　子どもの成長にとってのスポーツの重要性について，自らの経験を踏まえて論じる。そのうえで，志望する校種の教員として取り組んでいきたいスポーツ活動について経験を基に具体的に述べる。

(分析)

　平成29年3月に示された新学習指導要領では，総則において「学校における体育・健康に関する指導を，児童(生徒)の発達の段階を考慮

して，学校の教育活動全体を通じて適切に行うことにより，健康で安全な生活と豊かなスポーツライフの実現を目指した教育の充実に努めること」としている。このことに関して，同解説・総則編では「健やかな体の育成は，心身の調和的な発達の中で図られ，心身の健康と安全や，スポーツを通じた生涯にわたる幸福で豊かな生活の実現と密接に関わるものである」とし，心身ともに健康で安全な生活と豊かなスポーツライフの実現を一体的に考える必要があるとしている。

　山形県でも，平成27年5月に策定された第6次山形県教育振興基本計画の基本方針Ⅱ「豊かな心と健やかな体を育成する」の主要施策6に「健やかな体の育成」という項目を設け，「運動部活動も含め学校体育を充実するとともに，子どもたちの運動機会を拡大し，運動やスポーツの楽しさ，喜びを体験できる取組みを推進することにより，児童生徒の体力・運動能力の向上を図ります」としている。

　以上のように，スポーツ活動は，心身の健康の保持・増進，体力・運動能力の向上といった子どもの成長のために大きな役割を果たすことが期待されている。

●作成のポイント

　序論・本論・結論の3段階構成で論じる。

　序論では，新学習指導要領の考え方や山形県教育振興基本計画の基本方針などを基に，スポーツ活動は，心身の健康の保持・増進，体力・運動能力の向上といった子どもの成長にとって重要であることを述べる。その際，あなたのこれまでのスポーツ経験の事例に基づいて具体的に論述する。特に，体力的な側面だけではなく，心身の調和的な発達という点を強調したい。250字程で論述する。

　本論では，そうした考え方に基づいて，あなたが取り組んでいきたいスポーツ活動について論述することになる。特に，ここで取り上げたスポーツ活動を通して，子どもたちにどのような資質や能力を身に付けさせたいのかを具体的に述べることが必要である。600字程で展開する。

結論では，スポーツ活動の意義についてもう一度俯瞰的に捉え，その基本となる考え方を示すとともに，スポーツに関わる経験を生かして健康で健やかな子どもを育成するという決意を述べてまとめる。150字程に収める。

【全校種・2次試験】80分・800字以内

●テーマ

「学校だからできること」

●方針と分析

(方針)

「学校だからできること」について自分の考えを述べ，それを踏まえて，実際にどのような取り組みをするかについて論述する。

(分析)

「学校だからできること」とは非常に抽象的な表現で，そこから様々なことが考えられる。考える際のポイントは，「学校」に対して何を対置するかである。学校に対し「家庭」「地域」，「塾」を対置したりすることができる。また，児童生徒として在学する「学校」に対し，社会人として生活する「社会」ということも考えられるだろう。

学校の特徴は，同年齢の児童生徒が，集団で学び生活する場で，それは，「家庭」「地域」には求めることができないものである。また，集団の大きさという点では「塾」にもない特徴であるといえるだろう。更に，指導者として教育の専門家である教師がいて，学びの環境が整い，学びに集中できる場であることは，「社会」にはない大きな特徴である。これらの視点から「学校だからできること」について考え，内容を絞り込む。

具体的な「学校だからできること」については，学習指導要領が示

すこれからの社会を担う子どもたちに身に付けさせたい資質や能力を踏まえる必要がある。平成29年3月に告示された新学習指導要領では，①何を理解しているか，何ができるか(生きて働く「知識・技能」の習得)　②理解していること，できることをどう使うか(未知の状況にも対応できる「思考力・判断力・表現力等」の育成)　③どのように社会・世界と関わり，よりよい人生を送るか(学びを人生や社会に生かそうとする「学びに向かう力・人間性等」の涵養)，の3つをバランスよく育むことが必要であるとしている。また，平成27年5月に策定された第6次山形県教育振興基本計画では，基本方針として「『いのち』を大切にし，生命をつなぐ教育」「豊かな心と健やかな体を育成する」「社会を生きぬく基盤となる確かな学力」「変化に対応し，社会で自立できる力」「社会的自立に向けた勤労観・職業観」「郷土に誇りを持ち，地域とつながる心」などを重視するとしている。

　これらを踏まえて，「学校だからできること」を具体的に考えていくようにする。

●作成のポイント

　序論・本論・結論の3段階構成で論述するとまとめやすい。

　序論では，「学校」に対して「家庭」「地域」「塾」「社会」などを対置して，「学校だからできること」を具体的に指摘する。そのうえで，指摘したことの重要性について，社会的背景や学校教育に課せられた課題，山形県の学校教育の実情などを基に論じる。ここに，200～300字程度を割いて，論じる。

　本論では，序論で指摘した「学校だからできること」を実現するための教育活動について具体的に述べる。取り上げる教育活動に関する基本的な考え方を述べたうえで，具体的な取り組みを示す。取り上げる教育活動は，学習指導，生徒指導，学級経営，保護者や地域との連携，学校運営などの分野から2つ程度を選択して述べることで，説得力のある論述となる。本論は，400～500字程度になる。

　結論は，「学校だからできること」の実現に努力し，学校教育の充

実を図っていくという決意を述べてまとめる。文字数は，100字程度
にする。

【全校種・2次試験】80分・800字以内

●テーマ

「ふるさとを愛する子どもを育てるには」

●方針と分析

(方針)

　「ふるさとを愛する子どもを育てる」ことの重要性について述べた
うえで，実際にどのような取り組みをするかについて論述する。

(分析)

　教育基本法の前文で教育の目標の1つとして「伝統と文化を尊重し，
それらをはぐくんできた我が国と郷土を愛するとともに，他国を尊重
し，国際社会の平和と発展に寄与する態度を養うこと」を掲げている。
それは，平成29年3月に告示された学習指導要領の総則においても
「伝統と文化を尊重し，それらをはぐくんできた我が国と郷土を愛す
るとともに，他国を尊重すること」と，明確に示されている。ここに，
設問が求める「ふるさとを愛する子どもを育てる」ことの重要性の背
景がある。

　平成27年5月に策定された第6次山形県教育振興基本計画でも「郷土
に誇りを持ち，地域とつながる心を育成する」という基本方針を設定
し，「郷土愛を育む教育の推進」「山形の宝の保存活用・継承」という
施策を掲げている。そこでは，県民一人一人が自らの「心の拠りどこ
ろ」を持って生きることができるよう，郷土の自然や歴史，伝統文化，
先人の業績などに対する理解を深めることは，山形の未来をひらく人
づくりを進めるうえで極めて重要なことと述べ，各学校校段階で，郷

土山形を知る学習や活動を推進することにより，郷土に誇りと愛着を持ち，地域で活躍する人，山形から離れても何らかの形で地域とつながる人を育成するという，基本的な考え方が示されている。このことに関して，「小・中・高等学校の各学校段階において，地域の自然・文化に触れる体験や地域の人々との交流など，地域の特色・資源を活かした教育活動を進めることにより，郷土を愛し，地域で活躍する人を育成していく必要があ」る，としている。これらが，具体的な教育活動を考える際の視点となる。

●作成のポイント

　序論・本論・結論の3段階構成で論述するとまとめやすい。

　序論では，「ふるさとを愛する子どもを育てる」ことの重要性について，教育基本法や学習指導要領，山形県教育振興基本計画などの記述を踏まえて論述する。また，山形県の学校教育の実情などにも触れることで，説得力のある論述となる。この序論に，200～300字程度を割く。

　本論では，「ふるさとを愛する子どもを育てる」ための具体的な教育活動について述べることになる。その視点は，先の山形県教育振興基本計画にも示されている「地域の自然・文化に触れる体験」「地域の人々との交流」など，地域の特色・資源を生かした教育活動である。それらの中から2つ程度を選択し，取り上げた教育活動に関す基本的な考え方を述べたうえで，具体的な取り組みを示す。この本論は，400～500字程度でまとめる。

　結論は，「ふるさとを愛する子どもを育てる」教育活動の推進に努力し，山形県の未来を担っていく人材を育てるという決意を述べて小論文をまとめる。文字数は，100字程度にする。

【全校種・2次試験】80分・800字以内

●テーマ

「教えることの責任とは」

●方針と分析

(方針)

　教育の重要性について述べたうえで，「教えることの責任」についての考えを論述する。そのうえで，実際にどのような「教える」という教育活動を行っていくか論じる。

(分析)

　教育基本法の第5条では，義務教育に関して「義務教育として行われる普通教育は，各個人の有する能力を伸ばしつつ社会において自立的に生きる基礎を培い，また，国家及び社会の形成者として必要とされる基本的な資質を養うことを目的として行われる」としている。ここに義務教育の基本的な役割が存在し，学校教育はその責任を果たすことが求められる。

　論文の作成にあたっては，設問の「教えること」をどう捉えるのかが重要となる。この「教えること」を単に「教育すること」と捉えるのではなく，文字通り知識や技能を教え，伝えることと解釈したい。

　一般的に，教育には「教える」部分と「育てる」部分があるとされる。この「育てる」ことに関して，新学習指導要領策定の基本的方向性を示した平成28年12月中央教育審議会の答申では「子供一人一人の興味や関心，発達や学習の課題等を踏まえ，それぞれの個性に応じた学びを引き出し，一人一人の資質・能力を高めていくことが重要となる」とし，個に応じた指導を通して一人一人の潜在的な能力を育てていくことの重要性を指摘している。

　一方「教える」ことに関して，平成29年6月に公示された学習指導要領解説総則編では，主体的・対話的で深い学びに関わって「学びの

深まりをつくりだすために，児童が考える場面と教師が教える場面を
どのように組み立てるか，といった観点で授業改善を進めることが重
要となる」としている。すなわち，教育活動を進めるに当たっては，
「教えること」と「育てること」のバランスをとることが重要なので
ある。これからの社会を担っていく資質や能力を育成するために，
「教えること」を躊躇してはならない。そこに設問のテーマである
「教えることの責任」が存在する。

●作成のポイント

　序論・本論・結論の3段階構成で論述するとまとめやすい。

　序論では，教育基本法や学習指導要領などの考え方を基に，教育の
重要性について述べる。そのうえで，教育には「教える」部分と「育
てる」部分があることを指摘し，この2つのバランスをとって教育活
動を進めることが重要であることを述べる。その際，これからの社会
を担っていく資質や能力を育成するために，「教えること」を躊躇し
てはならず，そこに設問の「教えることの責任」が存在することを強
調する。この序論に，200～300字程度を割く。

　本論では，「教える」という教育活動について具体的に述べること
になる。ただし，繰り返しの学習や小テストといった「教える」教育
活動を示すだけでなく，「教える」ことによって身に付けた知識や技
能を，どのように「育てる」教育活動に結びつけるのかということを
示す必要がある。つまり，「教えること」と「育てること」のバラン
スをとった教育活動について具体的に論じるのである。この本論は，
400～500字程度でまとめる。

　結論は，教育についてもう一度俯瞰的に捉え，教育に対する基本的
な考え方を述べるとともに，教育活動の充実に努力していくという決
意を述べてまとめる。文字数は，100字程度にする。

【全校種・2次試験】80分・800字以内

●テーマ

「探究する児童生徒を育てるには」

●方針と分析

(方針)

　まず，児童生徒に，これからの社会を担っていくことのできる資質能力は，「探究する児童生徒を育てる」ことによって身に付いていくことを述べる。次に，そのためには探究的な学習を展開することが重要であることを指摘し，実際にどのような探究的学習を行っていくか論じる。

(分析)

　学習指導要領の改訂に向けた平成28年12月の中央教育審議会の答申では，「変化の激しい社会の中でも，感性を豊かに働かせながら，よりよい人生や社会の在り方を考え，試行錯誤しながら問題を発見・解決し，新たな価値を創造していくとともに，新たな問題の発見・解決につなげていくことができる」力を身に付けさせることが重要であるとしている。ここに，自ら問題を発見し，解決していくことのできる「探究する児童生徒を育てる」ことの重要性が存在する。こうした児童生徒を育てるための学習が，総合的な学習の時間で重視されている探究的学習である。平成29年3月に告示された学習指導要領では，総合的な学習の時間の目標として「探究的な学習の過程において，課題の解決に必要な知識及び技能を身に付け，課題に関わる概念を形成し，探究的な学習のよさを理解するようにする」「探究的な学習に主体的・協働的に取り組むとともに，互いのよさを生かしながら，積極的に社会に参画しようとする態度を養う」としている。この探究的な学習における学習の過程について，学習指導要領解説の総合的な学習の時間編では，探究的な学習にするためには次のような学習過程にする

ことが重要であるとしている。

　【課題の設定】体験活動などを通して，課題を設定し課題意識をも
　　　　　　　　つ

　【情報の収集】必要な情報を取り出したり収集したりする

　【整理・分析】収集した情報を，整理したり分析したりして思考す
　　　　　　　　る

　【まとめ・表現】気付きや発見，自分の考えなどをまとめ，判断し，
　　　　　　　　　表現する

　具体的な教育活動を論述するにあたっては，探究的な学習のこうし
た過程において，どのような工夫をしていくのかを具体的に述べるこ
とが必要である。

●作成のポイント

　序論・本論・結論の3段階構成で論述するとまとめやすい。

　序論では，社会的背景や新学習指導要領の考え方などを基に，「探
究する児童生徒を育てる」ことの重要性を述べる。そのうえで，そう
した児童生徒を育てるためには，探究的な学習を取り入れる必要があ
ることを指摘する。この序論に，200〜300字程度を割く。

　本論では，取り組んでいこうと考える探究的な学習について具体的
に述べることになる。どのようにして課題を設定し課題意識を喚起す
るか，必要な情報を取り出したり収集したりするためにどのような指
導を行うのか，情報を整理したり分析したりして思考させるためにど
のような学習活動を行うか，気付きや発見，考えなどをどのように表
現させるかなどが，探究的な学習を工夫する視点である。取り上げる
教科として，総合的な学習の時間の他に，自分が専門とする教科も取
り上げたい。この本論は，400〜500字程度でまとめる。

　結論は，探究的な学習の重要性についてもう一度俯瞰的に捉え，そ
うした学習に取り組む際の基本的な考え方を述べるとともに，探究す
る児童生徒を育てるために努力していくという決意を述べてまとめ
る。文字数は，100字程度にする。

2017年度 | 論作文実施問題

【現職教員特別選考・1次試験】　80分

●テーマ

> あなたが正式採用されてからこれまでに勤務してきた学校の良さ
> を挙げ，それを山形県の学校教育にどう活かしていきたいか，1,000
> 字以内で書きなさい。
> なお，上記の趣旨に沿って，テーマ(題)は自由に設定し，記入する
> こと。

●方針と分析

(方針)

　正式採用されてからこれまでに勤務してきた学校の良さを，具体例
を挙げながら指摘する。その後，それを山形県の学校教育にどう活か
していきたいか具体的な取り組みの例を挙げながら自分の考えを述べ
る。

(分析)

　初めに山形県の学校教育の特色について絞ることで，全体の構成を
考えやすくなると思われる。例えば「第6次山形県教育振興計画」(山
形県教育委員会，平成27年5月)では10の基本方針とそれに沿った20の
施策について述べられている。この内の1つの施策に活かせるような
経験がないか，自身の勤務してきた学校の良さについて検討する。山
形県の学校教育の特色については，前述に加え「いのちの教育の指針」
(山形県教育委員会，平成17年3月)を熟読すべきである。学校の良さに
ついては，ただ一つの取り組みの概要について説明するのではなく，
その取り組みの中でも特に良いと思ったポイントを事例と共に指摘す

るなど，自身の考えが明確に伝わるように心がけたい。

●作成のポイント

　序論・本論・結論の3段落構成で論じるとよい。それぞれの段落は関連性がなければならない。段落相互の関係に矛盾がないかを確認しながら書く必要がある。

　序論では，これまで勤務してきた学校の良さとそれを山形県の学校教育におけるどの特色に活かしていくのかを簡潔に述べる。本論において詳述するので，ここで述べる学校の良さや山形の特色については，ある程度抽象的になっても構わない。字数としては100字程度が望ましい。

　本論では，まず勤務した学校の良さを具体的に説明する。良いと考えた理由や，その良さを表す事例などについて述べる。このときに述べる内容が「学校の良さ」から逸れて，「学校のあった自治体の良さ」や「ある特定の教師・学級の良さ」になってしまわないように注意が必要である。次に，その特長を山形県の学校教育におけるどのような点に活用していくのか述べる。山形県の学校教育方針を理解していることを具体的な資料名などを出すことでアピールし，その上で自身の経験との結びつきを書く。そして，具体的に実施したいと考える取り組みを述べる。過去の勤務校の特長や実践したい取り組みは複数思いつく場合が考えられるが，総花的に書くよりもそれぞれ一つずつに絞って掘り下げるのが得策である。字数は700字～800字程度を目安にする。

　結論では，本論までの内容を簡潔にまとめ，最後に教師としての決意を書いて仕上げるとよい。ここで注意すべきは，他の教師や保護者，地域の人々等への働きかけを無視しないことである。過去にどのような素晴らしい経験をしていようとも，その経験を活かすための取り組みはほとんどの場合一人では遂行できない。周囲と情報を共有し，働きかけることが肝要になるだろう。このことを踏まえた上で，自分なりの目指す教師像について述べる。字数は100～200字程度でまとめる。

【講師等特別選考・1次試験】　80分

●テーマ

複数年度に渡り，同じ学校で同じ子どもたちに向き合いながら，時間をかけて教育実践に取り組む意義と，あなたがその中で取り組みたいことについて，1,000字以内で書きなさい。
　なお，上記の趣旨に沿って，テーマ(題)は自由に設定し，記入すること。

●方針と分析

(方針)

「複数年度に渡り，同じ学校で同じ子どもたちに向き合いながら，時間をかけて教育実践に取り組む意義」について自身の意見を論じる。その後，「その中で取り組みたいこと」について論じる。

(分析)

同じ学校で同じ子どもたちに向き合うことの当然のメリットとして，児童生徒理解が深まることがある。学習指導要領などで個に応じた指導の充実が求められている中，児童生徒一人一人の特徴について熟知していることは教育実践における大きなメリットとなる。また，子どもたちと向き合うことは，ひいては保護者と向き合うこととも繋がる。複数年度にわたり保護者と接することで，深い信頼関係を築くことができる。

本論述でポイントとなるのは「複数年度に渡り，(中略)　時間をかけて」という点である。一人の教員が同じ児童生徒に接する期間の，最小単位は一年間である。本問では複数年度子どもに接することが前提であるので，「取り組みたいこと」では一年間での達成が難しいことを挙げたい。例えば実際の現場では，学習指導要領に示される学年ごとの目標が達成できないままに進級してしまう児童生徒も一定数存在している。複数年度指導する場合は，どの児童生徒のどんな学習に

遅れが出ているのかを，教師は把握した状態で新年度を迎えられる。そうすると，遅れている分野を発展させた内容を指導する際，はじめからその児童生徒に対しては他の児童生徒以上に念入りな復習が必要であることを頭に置いて指導ができるだろう。このように，複数年度指導するからこそ得られるメリットを活かした取り組みを考えたい。論述の際には，自身の講師等の経験を適宜具体例として挙げることで，説得力を持たせたい。また，先述した例のように底上げに重きを置くのではなく，児童生徒の良い部分をさらに成長させるような取り組みも重要である。

●作成のポイント

　序論・本論・結論の3段落構成で論じるとよい。それぞれの段落は関連性がなければならない。段落相互の関係に矛盾がないかを確認しながら書く必要がある。

　序論では，課題に対する自分の意見を簡潔に述べる。本論で詳述するため，ここで書く内容は抽象的なものになっても構わない。字数は100字程度でまとめる。

　本論では，まず「複数年度に渡り，同じ学校で同じ子どもたちに向き合いながら，時間をかけて教育実践に取り組む意義」について説明する。説明の際には，極力具体例を挙げたい。自身に実際複数年度に渡り指導した経験があればそれに即した意義を述べればよい。自身に一年間以上同一の児童生徒を指導した経験が無ければ，反語的に時間が足りずできなかったことについて述べるのも有用であろう。意義について説明し，次に具体的に実施したい取り組みについて述べる。字数は700～800字程度で記述する。

　結論では，今までの内容を簡潔にまとめ，最後に教師としての決意を書いて仕上げる。山形県教育委員会が示す「児童生徒への深い教育愛と教育に対する強い使命感，責任感のある方」「豊かな教養と高い専門性を身につけ，常に学び続ける姿勢をもった方」などの求める教師像に自身が合致していることをアピールしつつ，自分なりの目指す

教師像について述べたい。字数は100〜200字程度を目安とする。

【社会人特別選考・1次試験】　80分

●テーマ

これからの国際社会を生き抜く生徒を育成するために，今後どのような学力をつけさせる必要があるか，社会人としての経験を踏まえ，あなたの考えを1,000字以内で書きなさい。
なお，上記の趣旨に沿って，テーマ(題)は自由に設定し，記入すること。

●方針と分析

(方針)

「国際社会を生き抜く生徒」がどのような能力を有する生徒であるか，自分の考えを述べる。ここで「国際社会を生き抜く」ことがどのようなことか，自身の社会人としての経験を織り交ぜて書くとよいだろう。その後，「どのような学力をつけさせる必要があるか」を書く。

(分析)

「第6次山形県教育振興計画」(山形県教育委員会，平成27年5月)に示される10の基本方針の中に，「基本方針Ⅳ　変化に対応し，社会で自立できる力を育成する」がある。この方針の説明には「グローバル化が進む社会にあっては，様々な社会環境の変化に対応し，様々な人々と協働できる人材，新たな価値を主導・創造するような人材の育成が求められます」とあるように，グローバル化が進む社会に対する山形県の方針はこの項目から推察できる。この方針に分類される施策「主要施策8　変化に対応する実践的な力の育成」には，「子どもたちが社会の急激な変化や様々な課題に対応し，主体的に生きぬいていけるようにするため，実践的な語学力を身に付けさせるとともに，数学や科

学技術，ICT，環境等の課題に興味・関心を持ち，課題を自主的に解決しようとする意欲や態度を育む教育を推進します」と述べられている。従って，生徒に身に付けさせる学力の例としては，語学力の他にも数学や科学技術，ICT，環境等の課題に取り組む能力などが考えられる。自らの社会人経験を根拠にしながら，これらの中でも特に肝要であると感じる学力を一つ取り上げ論述する。

●作成のポイント

　序論・本論・結論の3段落構成で論じるとよい。それぞれの段落は関連性がなければならない。段落相互の関係に矛盾がないかを確認しながら書く必要がある。

　序論では，国際社会を生き抜く生徒に身に付けさせたい学力を簡潔に述べる。本論で具体的に詳述するため，ここで述べる学力の説明は抽象的になっても構わない。字数は100字程度を目安とする。

　本論では具体的な取り組みを述べる。まず序論で宣言した学力を「国際社会を生き抜くための学力」として重要視する理由を述べる。この理由は前述の「第6次山形県教育振興計画」内の記述や，自身の社会人経験等を根拠にして論述する。次に，それを身に付けさせるための具体的な取り組み例を挙げる。取り組みを挙げる際は，他の教師や地域の人々等との協働を意識し，取り組みが組織的なものになるよう配慮する。字数は700〜800字程度で記述する。

　結論では，今までの内容を簡潔にまとめ，最後に教師としての決意を書いて仕上げる。山形県教育委員会が示す「児童生徒への深い教育愛と教育に対する強い使命感，責任感のある方」「豊かな教養と高い専門性を身につけ，常に学び続ける姿勢をもった方」などの求める教師像に自身が合致していることをアピールしつつ，自分なりの目指す教師像について述べたい。字数は100〜200字程度でまとめる。

【スポーツ特別選考・1次試験】　80分

●テーマ

　あなたが専門として取り組んできた競技種目のすばらしさや魅力について述べ，それを教員としてどのように役立てていきたいと考えているか，1,000字以内で書きなさい。
　なお，上記の趣旨に沿って，テーマ(題)は自由に設定し，記入すること。

●方針と分析

(方針)

　まず「専門として取り組んできた競技種目のすばらしさや魅力」について具体例と共に述べる。その後に，その経験を「教員としてどのように役立てていきたい」のかを述べる。

(分析)

　スポーツ特別選考の受験者には，採用後は高い専門性を持つ競技指導者としての活躍が当然期待されている。このことは大前提であり，論述での主題とする必要性は低いと思われる。主題とすべきは，競技への取り組みから得た経験を，「競技指導者」ではなく「一人の学校教員」としてどのように役立てていくかということである。

　出題では「競技種目のすばらしさや魅力」について述べよとあるが，実際は「そのすばらしさや魅力を通じて，自身が何を得たか」までを記述することが必要となる。

　「高等学校学習指導要領」(平成21年3月)に示される，高等学校における保健体育科の目標は「心と体を一体としてとらえ，健康・安全や運動についての理解と運動の合理的，計画的な実践を通して，生涯にわたって豊かなスポーツライフを継続する資質や能力を育てるとともに健康の保持増進のための実践力の育成と体力の向上を図り，明るく豊かで活力ある生活を営む態度を育てる。」ことである。競技種目へ

の取り組みから得たものを，この目標達成にいかに役立てるかということを各自推察し，記述されたい。

　また，「山形県スポーツ推進計画『スポーツやまがたドリームプラン』」(山形県教育委員会，平成25年3月)ではスポーツ推進の基本方針として，「スポーツを実際に「する人」だけではなく，プロスポーツや地域大会の観戦等スポーツを「みる人」，そして指導者やスポーツボランティアといった「支える(育てる)人」にも着目し，県民が生涯にわたってスポーツに親しむことができる環境を整えるものとする」とし，「支えあうスポーツ」というフレーズを掲げている。「する人」としての教育のみならず，「みる人」「支える(育てる)人」としての教育という観点から論述できると説得力が増すだろう。

●作成のポイント

　序論・本論・結論の3段落構成で論じるとよい。それぞれの段落は関連性がなければならない。段落相互の関係に矛盾がないかを確認しながら書く必要がある。

　序論では，取り組んできた競技の特長と，それを教員としてどのように役立てていきたいかについて簡潔に述べる。本論で具体的に詳述するため，ここでの特長や今後の展望は抽象的なものになっても構わない。100字程度で分かりやすくまとめる。

　本論では，まず競技のすばらしさや魅力を説明する。説明の際は必ず具体例を挙げ，自身の経験をもとになぜすばらしさや魅力を感じるのか説明をする。その上で，その特長がどのように自身に還元されているのかを挙げる。次に，自身が競技種目への取り組みから得たものをどのように教員として役立てていくか説明する。この時には，必ず自身が教員として採用された後に実施したい取り組みについて具体的に述べる。字数は800字程度で，どちらかといえば後半の経験をいかに教員として役立てていくかという点に重きを置いて配分したい。

　結論では，今までの内容を簡潔にまとめ，最後に教師としての決意を書いて仕上げる。山形県教育委員会が示す「児童生徒への深い教育

愛と教育に対する強い使命感，責任感のある方」「豊かな教養と高い専門性を身につけ，常に学び続ける姿勢をもった方」などの求める教師像に自身が合致していることをアピールしつつ，自分なりの目指す教師像について述べたい。字数は100字程度でまとめる。

【全校種・2次試験】80分　800字

●テーマ

「日本人が大切にしたい文化」

●方針と分析

(方針)

「日本人が大切にしたい文化」について自分の考えを述べ，それを踏まえて，実際にどのような取り組みをするかについて考察し論述する。

(分析)

「日本人が大切にしたい文化」にはさまざまなものがあるので，どのようなことを論述するかについては，「第6次山形県教育振興基本計画」を参考にするとよい。本計画では，目指す人間像の1つとして，「『いのち』をつなぐ人」を掲げている。その内容の中に，地域には受け継ぐべき思想や考え方や文化があり，受け継がれてきた地域文化には，自分の生き方を振り返り，見つめ直す力が潜んでいる旨が詳述されている。いのちをつなぐという言葉には，生命体をつなぐという意味だけでなく，地域の人々が継承してきた文化をつなぐという意味も含められている。そこで，「日本人が大切にしたい文化」を「地域で継承されてきた文化」と設定し論述することが本問の構成として考えられる。

●作成のポイント

　本問は800字以内の字数制限があるので，序論・本論・結論の3段階構成で論述するとまとめやすいであろう。

　序論は「日本人が大切にしたい文化」を「地域で継承されてきた文化」と設定し，具体的にどのような文化を継承したいかについて論述する。200〜300字程度で述べよう。

　本論は，その継承に関する教育について，どのように取り組んでいくかを論述する。具体的な取り組みとしては，自分の担当する教科で，地域の文化を取り上げ，その重要性や意義を学びながら，児童生徒が文化を受け継いでいけるような授業を展開する。また，教育活動で地域の行事に関する体験活動や，見識者からの聞き取り調査などを行い，そこから，学習したことを発表し，クラス全体で討論するようなものでもよいであろう。なお，本計画では「基本方針Ⅶ」を「郷土に誇りを持ち，地域とつながる心を育成する」と設定し，その主要施策を示しているので，本論論述の参考にしよう。分量は400〜500字程度にするとよい。また，本計画で，舟形町西ノ前遺跡から見つかった国宝の「縄文の女神像」，稲沢番楽，山形県出身の歌人斎藤茂吉などが紹介されている。これら郷土の文化を参考にし，具体例として述べるとよいであろう。

　結論は，その教育に熱心に取り組んでいく旨を述べ，教職への熱意をアピールしたい。100字程度でまとめよう。

【全校種・2次試験】80分　800字

●テーマ

「学び続ける児童生徒を育てるために」

●方針と分析

(方針)

　学び続ける児童生徒を育てることの必要性とその取り組みについて考察し，自分の考えを論述する。

(分析)

　「第6次山形県教育振興基本計画」は目指す人間像として「学び続ける人」をその1つに掲げ，「学び続けることを通じて，知徳体を磨き，自ら考え，主体的に判断する力と，変化や困難に直面しても柔軟かつ的確に対応できる，しなやかに生き抜く人」と説明している。では，なぜこれを目指す人間像にするのか。この点について本計画では，今後変化の激しい社会になるので学び続けることが必要であり，主体的に判断する力とその変化に柔軟に対応できる力の育成が求められているからとしている。このように「学び続ける人」という人間像には，「主体性」や「柔軟性」という視点が含まれている点に注意が必要である。

　学び続ける児童生徒を育てるための取り組みとして，どのようなものが考えられるのか。本計画は「基本方針Ⅲ　社会を生きぬく基盤となる確かな学力を育成する」において，「主要施策7　個々の能力を最大限に伸ばすための環境整備と確かな学力の育成」を設定している。その内容である「コミュニケーション能力の育成」に関する主な取り組みとして，「精一杯考え合い，表現し合う授業づくりの推進」が紹介されていることや，同じく「確かな学力の育成」に関する主な取り組みとして「探究型学習」の推進があがっていることが，本小論文作成において参考になると思われる。また「基本方針Ⅳ　変化に対応し，社会で自立できる力を育成する」の中にも参考になることが記述されているので参照するとよい。

●作成のポイント

　本問は800字以内の字数制限があるので，序論・本論・結論の3段階構成で論述するとまとめやすいであろう。

　序論は「学び続ける児童生徒を育てる」ことの必要性を説明する。論拠を示し，200～300字程度で述べよう。

　本論はその具体的な取り組みをあげて説明する。自分の担当する教科や教育活動を例に，児童生徒が確かな学力を身に付け，さらに主体的に学び続けるようにするための指導計画などを盛り込み示そう。文字数は400～500字程度に収めるとよい。

　結論として，それらの教育に力を入れたいことを述べ，熱心に取り組む旨も含め，教職に対する自分の熱意をアピールしたい。100字程度でまとめよう。

【全校種・2次試験】80分　800字

●テーマ

「子どもや保護者とのコミュニケーション」

●方針と分析

(方針)

　「子どもや保護者とのコミュニケーション」を重視しなければならない理由と，そのための取り組みを考察し，論述する。

(分析)

　これまでも重視されてきたが，これからはよりいっそう子どもや保護者との間でコミュニケーションをとることが重視される。児童生徒への学習指導や生徒指導で効果をあげるためには，お互いの間に信頼関係を築く必要があり，そのためには児童生徒とコミュニケーションを密にすることが重要である。また保護者とは，学校運営に関して連携が求められ，そのためには学校への信頼を確保しなければならず，これまで以上にコミュニケーションをとる必要がある。

　山形県教育センターのホームページには「研修テキスト—保護者と

の信頼関係に基づく安心・安全な学校作りのために—」がアップされており，保護者とのコミュニケーションで注意しなければならない点が示されている。保護者がどのような情報を求めているのかを積極的に把握する必要があること。情報提供の在り方を見直すことが必要であること。また，その保護者とのよりよい関係づくりに必要なものとして，保護者の話をよく聞くこと(傾聴)が示されている。この傾聴は保護者だけでなく，児童生徒とのコミュニケーションでも重要である。その他，「第6次山形県教育振興基本計画」の「基本方針Ⅵ　魅力にあふれ，安心・元気な学校づくりを推進する」では，「主要施策11　信頼される学校づくりの推進」を掲げている。その中の「子どもとじっくり向き合う学校づくり」において，教員の担任力の向上をあげ，児童生徒一人ひとりに対するきめ細かい指導を行うため，教員のキャリアステージに応じた研修を行い，担任力を高めると説明している。そこで，こうした研修に積極的に参加し，自らの資質能力の向上に努力することを主な取り組みとして論述することが考えられる。様々な機会を通して，児童生徒や保護者とのコミュニケーションに関する能力を高め，それによって，児童生徒，保護者とのよりよい関係を育てていくよう努力することを述べたい。

●作成のポイント

　本問は800字以内の字数制限があるので，序論・本論・結論の3段階構成で論述するとまとめやすいであろう。

　序論は「子どもや保護者とのコミュニケーション」を重視しなければならない理由を説明したい。文字数は200〜300字程度で述べよう。

　本論はそのための取り組みを説明したい。文字数は400〜500字程度に収めるとよい。

　結論では，本論で述べたことに熱心に取り組む旨と教職に対する自分の熱意をアピールしたい。100字程度でまとめよう。

【全校種・2次試験】80分　800字

●テーマ

「心豊かな児童生徒を育てるために」

●方針と分析

(方針)

　「心豊かな児童生徒を育てる」必要性と，そのための取り組みを考察し，論述する。

(分析)

　「第6次山形県教育振興基本計画」は「基本方針Ⅱ　豊かな心と健やかな体を育成する」を設定し，その主要施策として「豊かな心の育成」（主要施策5）を掲げている。それには「現在の社会は，人との関わりや自然と触れ合う機会が少なくなり，価値あるものへの感受性や，他人を思いやる心が育ちにく」いとして，さまざまな取り組みを通じて，「表現力や思考力，想像力を培い，豊かな感性や人間味あふれる心，思いやりの心を育み，社会性や協調性を育成」すると説明されている。その取り組みとして，まず「読書活動の推進」が示され，学校・家庭・地域が連携した「読育」の推進について説明されている。また，「文化芸術活動の推進」も示され，具体的には，児童生徒の文化芸術活動の活性化や一流の文化芸術活動に触れる機会の提供について説明されている。さらに，「様々な体験活動・奉仕活動の充実」も示され，学校と家庭・地域が連携した体験活動の推進，地域における様々な体験活動への参加促進などが説明されている。こうした記述を参考に，自分なら具体的にどのような取り組みを行うか検討し，それについて論述していきたい。

●作成のポイント

　本問は800字以内の字数制限があるので，序論・本論・結論の3段階構成で論述するとまとめやすいであろう。

　序論は「心豊かな児童生徒を育てる」必要性を説明したい。文字数は200〜300字程度で述べよう。

　本論はそのための取り組みを説明したい。自分の教科や教育活動を通しての具体例をあげ論述しよう。文字数は400字〜500字程度が妥当であろう。

　最後に，まとめとして特に力をいれたいことや，記述したことに熱心に取り組む旨を記述し，教職に対する自分の熱意をアピールしたい。100字程度でまとめよう。

2016年度　　論作文実施問題

【社会人特別選考・1次試験】80分

●テーマ

> 子どもたちが意欲的に学ぶためには，学びの有用感を持つことが大切であると言われます。有用感のある学びのためにどのようなことが必要か，社会人としての経験を踏まえ，あなたの考えを1,000字以内で書きなさい。
>
> なお，上記の趣旨に沿って，テーマ(題)は自由に設定し，記入すること。

●方針と分析

(方針)

　有用感のある学びのためには何が必要で，その実践のために具体的にどのようなことに取り組んでいくか，社会人としての経験を踏まえて論述する。

(分析)

　「有用感」とは，役に立つという実感・手応えと解釈できる言葉である。すなわち，「学びの有用感を持つこと」とは，学習したことが役に立つという実感と言い換えることができる。「第6次山形県教育振興計画」(平成27年5月山形県教育委員会)では，全国学力・学習状況調査の結果を分析し，山形県では成績上位層の能力を十分伸ばしきれていない状況であること，算数・数学が弱いこと，基礎的・基本的な知識・技能の活用に関する問題が苦手であることを課題として指摘している。これらの課題は，子どもが学びの有用感を十分に持ち得ず，学ぶ意欲が低下することにつながる。では，この課題の解消のためには

どのような取り組みが必要か。

　近年，児童生徒の主体的学習意欲の向上，主体的学習態度の育成については，アクティブ・ラーニングの導入が注目されている。これは，平成24年8月の中央教育審議会答申で「学修者が能動的に学修することによって，認知的，倫理的，社会的能力，教養，知識，経験を含めた汎用的能力の育成を図る」能動的学修と定義される学習形態・指導方法である。具体的には，発見学習，問題解決学習，体験学習，調査学習，教室内でのグループ・ディスカッション，ディベート，グループワークなどの実践があげられている。児童生徒が学習したことを役立たせ，自発的に授業に取り組めるようなワークショップや討論型の授業を意識して具体的な取り組みを展開していくとよい。この際に，受験者自身の社会人としての経験を織り込むとよいだろう，アクティブ・ラーニングは授業や指導の実践について論述する際に取り入れやすい事柄なので，授業の実践事例に目を通し，自身による授業や指導の場面を想定して論述できるようにしておくとよい。

●作成のポイント

　序論・本論・結論の3段落構成で述べるとよい。序論では，「有用感」に関しての自身の意見を述べるとよい。ここでは「学びの有用感」が必要とされる背景として，山形県の子どもの学習上の課題等についても書くとよいだろう。

　本論では，序論で書いた自身の意見を踏まえて，実際に取り組んでいきたいことを述べる。今回は自分の社会人経験も踏まえる必要がある。経験と取り組みが関連しているかを確認しながら書かないと，高い評価を得ることはできない。経験についても，それが児童生徒にとって有用感のある学びや学習意欲の向上に結び付くかどうかに注意を払う必要がある。

　結論では，今までの内容を簡潔にまとめ，山形県の教員としての決意を書いて仕上げるとよい。この決意は，「有用感」に関するものとすること。

【現職教員特別選考・1次試験】80分

●テーマ

> あなたが児童生徒や保護者とのかかわりの中で経験してきたことを，山形県の教育にどのように生かしたいか，1,000字以内で書きなさい。
> なお，上記の趣旨に沿って，テーマ(題)は自由に設定し，記入すること。

●方針と分析

(方針)

児童生徒や保護者とのかかわりの中で経験してきたことを，山形県の教育にどのように生かすため，どのようなことに取り組みたいか具体的に論述する。

(分析)

山形県では求める教師像として，「児童生徒への深い教育愛と教育に対する強い使命感，責任感のある方」，「明るく心身ともに健康で，高い倫理観と規範意識を備えた方」，「豊かな教養と高い専門性を身につけ，常に学び続ける姿勢をもった方」，「郷土を愛し，人とのつながりを大切にして，よりよい学校や地域社会を築こうとする方」をあげている。現職教員である受験者は，このような資質能力をすでに身に付け，学校教育の現場で発揮している人材と見なされることを念頭におきたい。自身の児童生徒や保護者とのかかわりの中でこれらの資質能力を発揮したと自負できる経験を土台として，山形県の教育が目指す人間像(「いのち」をつなぐ人，学び続ける人，地域とつながる人)の育成につながるような取り組みを論述する。

●作成のポイント

　序論・本論・結論の3段落構成でまとめる。前後の内容に矛盾が生じてしまっていないかを確認しながら書き進めるとよい。序論は，児童生徒や保護者とのかかわりについて，自身の経験を絡めて述べる。山形県の教育に関しても書くとよいだろう。

　本論では，序論で述べた自分の考えを踏まえて，実際に取り組んでいきたいことを書く。今までの教員生活の中で，様々な児童生徒や保護者と接してきているはずである。中には理不尽なこともあったはずであるが，視点を変えれば，何か新しいことに気付く出来事であったともいえる。それを取り組みにあわせて書いてほしい。

　結論では今までの内容を簡潔にまとめる。最後に現職教員として，今までの経験を通してどのような決意に至り，山形県の教員として教育に取り組んでいくかという抱負を述べて締めくくる。

【その他のテーマ・1次試験】80分

●テーマ

〈スポーツ特別選考〉
　山形県の子どもたちに伝えたい「スポーツの魅力」について，1,000字以内で書きなさい。
　なお，上記の趣旨に沿って，テーマ(題)は自由に設定し，記入すること。

【全教科・2次試験】50分

●テーマ

> 子どもたちの学ぶ意欲を伸ばすためには
> ※作文の字数は800字以内です。

●方針と分析

(方針)

「学ぶ意欲」に関する自分の考えを述べ，それを踏まえて，実際にどのようなことに取り組んでいくかを論述する。

(分析)

学ぶ意欲を伸ばすとは，学び続ける姿勢を育てることと言い換えることができよう。「第6次山形県教育振興計画」(平成27年5月山形県教育委員会)に記された，山形県の教育が目指す人間像の1つに「学び続ける人」がある。これは，「学び続けることを通して，常に知徳体を磨き，自ら考え，主体的に判断する力と，変化や困難に直面しても，柔軟かつ的確に対応できる強さを身に付けた，しなやかに生きぬく人」と定義されている。主体的学習意欲の向上，主体的学習態度の育成を目指す指導として一般的には，アクティブ・ラーニングの導入が考えられるだろう。子どもたちは，取り組んでいることに対して楽しいと思えば，教師が無理に誘導しなくても，能動的に調べたり考えたりするはずである。しかし，楽しいと思う基準というのは人によって異なる。教師は可能な限り，一人一人に対応していくように指導を工夫しなければならない。様々な事例を用意し，飽きさせない工夫をし，自ら考えさせる授業を展開したい。

●作成のポイント

　序論・本論・結論の3段落構成で述べるとよい。一貫して「学ぶ意欲」に関して論じているかを確認しながら書き進めることが重要である。

　序論では，「子どもたちの学ぶ意欲」に関する自分の考えを述べる。この意欲を伸ばすにはどのようなことをすればよいのかということを考えてみるとよい。また，山形県の子どもの学習上の課題についても論じるとよい。

　本論では，序論での考えをもとにして，実際に取り組んでいきたいことを述べる。アクティブ・ラーニングをはじめ，意欲を伸ばす方法はいろいろと考えられる。だからこそ，児童生徒の状況にあわせた指導をしていかなければならない。最初に考えていた方法で最後まで通すことはできないかもしれない。状況にあわせて，臨機応変に対応する能力も教員には必要である。

　結論では今までの内容を簡潔にまとめて，山形県の教員としての決意をまとめて仕上げるとよい。今回は「学ぶ意欲」に関する論作文であるから，それに関連する決意を書くこと。

【全教科・2次試験】50分

●テーマ

> 　自分が子どもたちのためにできること
> ※作文の字数は800字以内です。

●方針と分析

(方針)

　「子どもたちのためにできること」に関する自分の意見を述べ，それをもとにして，実際に取り組んでいきたいことを論述する。

(分析)

　山形県が求める教師像の1つに、「児童生徒への深い教育愛と教育に対する強い使命感，責任感のある方」がある。本問は，山形県の教員として現在の子どもたちの課題を理解し，それに取り組んでいく姿勢を問うものといえる。「第6次山形県教育振興計画」(平成27年5月山形県教育委員会)では山形県の教育を取り巻く課題として様々なものをあげているが，児童生徒に直接かかわるものとしては，「自分や他人の「いのち」を尊重し，生命を継承する教育の推進」，「人間性を高めるための読書活動の充実」，「健やかな体の育成」，「個々の能力を最大限伸ばす」，「一人ひとりの勤労観・職業観の育成」などがある。また，教職員間や外部の関係機関等と連携した取り組みが中心となる課題もある。それらの課題を踏まえ，自分が教師としてどのような子どもを育成したいのか，そのためにどのようなことに取り組んでいくのかを論述する。この部分については，上記の計画にもある山形県の教育が目指す人間像(「いのち」をつなぐ人，学び続ける人，地域とつながる人)を参照するとよいだろう。

●作成のポイント

　序論・本論・結論の3段落構成に分けて考える。序論では，「子どもたちのためにできること」について自分の考えを述べる。山形県の子どもたちを取り巻く現状や課題についても論じると，論が深まると考えられる。本論で述べる自身の取り組みと矛盾が生じないように気を付けたい。

　本論では，実際に取り組んでいきたいことを述べる。指導方法は様々考えられるが，共通していることは，絶えず児童生徒の様子を把握し，当初の計画を適宜軌道修正する柔軟さを必要とすることである。児童生徒のことを考えずに自分の当初の計画に固執してしまっては，本当の教育とはいえないはずである。常に児童生徒の視点に立って，どのようなことに疑問を持っているのか，どのようなところでつまずいているのかなどを確認しながら指導していくことが大切である。

結論では，今までの内容を簡潔にまとめ，山形県の教員としてどのような決意で取り組むかを述べて仕上げるとよい。今回は「子どもたちのためにできること」が中心課題であるから，それに関する決意を書く。

【全教科・2次試験】50分

●テーマ

今の子どもたちに必要な力とは何か。それをどう育てるか
※作文の字数は800字以内です。

●方針と分析

(方針)

「今の子どもたちに必要な力」について自身の考えを述べ，その力を育てるために取り組んでいきたいことについて具体的に論述する。

(分析)

子どもたちにとって必要な力は様々である。現行の学習指導要領で示される「生きる力」もひとことで表現するのは難しい。もちろん，知，徳，体のバランスを考えていかなければならないが，具体的な方策は児童生徒一人一人の個性を見極めたうえで行っていかなければならない。記述の方向性を決めるに当たって参考にしたいのは，「第6次山形県教育振興計画」(平成27年5月山形県教育委員会)にある山形県の教育が目指す人間像「「いのち」をつなぐ人」，「学び続ける人」，「地域とつながる人」，およびこれら全体を貫く基本姿勢となる「広い視野と高い志を持って」である。この人間像は山形県の教育を取り巻く課題を踏まえて打ち出されたものなので，「今の子どもたちに必要な力とは何か」の解に最も近いものであると思われる。この中で自分が最も大事と思う人間像に焦点を当て，必要とされる力を明らかにし，

その力を育てるための具体的な方策について論述するとよい。

●作成のポイント

　序論，本論，結論の3段落構成で論じるとよい。序論では，課題に対する自身の考えを述べる。児童生徒を取り巻く現状や課題を絡めて書くと，何が必要か，そしてどのようなことに取り組むべきかがはっきりしてくるであろう。本論や結論との関連性を意識しながら書くことが大切である。

　本論では序論で述べた自身の考えをもとにして，実際に取り組んでいくことを述べる。課題が抽象的なものであるので，ポイントをしぼって書かないとまとまりのない文章になってしまう。明確にどのようなことに取り組みたいのか，なぜそれをやっていきたいのか，それをすることでどのような結果になるかを論じる。児童生徒には自分で考えて，自分で行動をするという積極的な態度を身に付けてほしいものである。それを実現するには，どのようなことをすればいいのかを考えてみるとよい。

　結論では今までの内容を簡潔にまとめ，山形県の教員としての決意を最後に書いて仕上げるとよい。今までの内容と矛盾がないようにすることと，「必要な力」に関する決意であることを意識して書き上げる。

【全教科・2次試験】50分

●テーマ

> 　子どもたちに社会で自立できる力を育てるには
> ※作文の字数は800字以内です。

●方針と分析

(方針)

　「社会で自立できる力」に関しての自身の考えを述べ，その力を育てるために実際に取り組んでいきたいことを論述する。

(分析)

　「第6次山形県教育振興計画」(平成27年5月山形県教育委員会)に掲げられた「今後5年間に取り組む施策」の基本方針の1つに「変化に対応し，社会で自立できる力を育成する」がある。それによると，「グローバル化が進む社会にあっては，様々な社会環境の変化に対応し，様々な人々と協働できる人材，新たな価値を主導・創造するような人材の育成が求められ」ていることを背景として，「様々な分野に興味・関心を有する子どもの裾野を拡大するとともに，実践力を磨き，変化に対応し，社会で自立できる力を育成」するとしている。そして主要施策に「社会的自立に向けた勤労観・職業観の育成」をあげ，体系的なキャリア教育や若者の県内定着・県内回帰を促進するとしている。このことから，キャリア教育の視点で論じることが考えられよう。各学校段階において適切なキャリア教育の在り方があるので，受験校種におけるキャリア教育の具体的な事例などを参考に，取り組みたいことを述べるとよい。

●作成のポイント

　序論・本論・結論の3段落構成で論じるとよい。序論では「社会で自立できる力」についての自身の考えを述べる。本論との関連性を意識しながら書くことが大切である。

　本論では序論で述べたことを踏まえて，実際に取り組んでいきたいことを述べる。キャリア教育を中心に，子どもたちが将来，よき職業人・社会人として自立するため，職業を通じて社会の一員として役割を果たすことの意義を理解し，社会的自立に向け必要な基盤となる能力や態度を身に付けることをねらいとした取り組みを提示したい。キャリア教育は地域の企業や団体等との連携のもとで行われることも多

いが，注意すべきは，あの産業界ともこの専門家ともと理想論のもとに大風呂敷を広げるのではなく，実現の可能性が十分にある取り組みとすることである。

　結論では，今までの内容を簡潔にまとめ，山形県の教員としての決意を最後に書いて仕上げるとよい。今までの内容と矛盾がないようにすることと，「社会で自立できる力を育てる」ことに関する決意を書くということを意識して書き上げる。

2015年度　　論作文実施問題

【社会人特別選考・1次試験】　　80分

●テーマ

> 　今求められている「社会を生き抜く力」を，学校教育でどのよう
> にして身につけさせていくか，社会人としての経験をふまえて，あ
> なたの考えを1000字以内で書きなさい。
> 　なお，上記の趣旨に沿って，テーマ(題)は自由に設定し，原稿用紙
> の所定の欄に記入すること。

●方針と分析

(方針)

　今求められている「社会を生き抜く力」を，学校教育でどのように
して身につけさせていくか，社会人としての経験を踏まえて述べる。

(分析)

　「社会を生き抜く力」は，平成25年6月に閣議決定された「第2期教
育振興基本計画」の「教育行政の4つの基本的方向性」の一つにあげ
られている。「社会を生き抜く力」とは「多様で変化の激しい社会の
中で個人の自立と協働を図るための主体的・能動的な力」としている。
そして，「自立」の実現には「一人ひとりが多様な個性・能力を伸ば
し，充実した人生を主体的に切り開いていくことのできる生涯学習社
会」を構築すること，「協働」の実現には，「個人や社会の多様性を尊
重し，それぞれの強みを生かして，ともに支え合い，高めあい，社会
に参画することのできる生涯学習社会」の構築を必要としている。

●作成のポイント

　前半は，受験者の社会人としての経験を中心に，後半は，受験者が学校教育のなかでどのような取組をしようと考えているかを中心に述べる。それぞれ450字程度とし，最後の100字で，教師を目指す受験者の決意なり抱負を述べてまとめとするとよい。

　前半は受験者の社会人としての経験のなかで，どういう人材が必要だと感じたかを述べる。そしてそれは「社会を生き抜く力」と関連しているから，関連部分を強調したい。

　後半では，学校教育での取組について述べる。学校教育は大きく教科指導と生活指導にわけることができる。そのそれぞれについて，自分は何を大事にしたいか。子どもに何を伝えたいかを述べる。

　最後に，自分はどういう子どもを育てたいか，あるいは，どういう教師になりたいかということを述べて，まとめとする。

【現職教員特別選考・1次試験】　80分

●テーマ

　担任として必要な力量について，あなたの経験をふまえて，1000字以内で書きなさい。
　なお，上記の趣旨に沿って，テーマ(題)は自由に設定し，原稿用紙の所定の欄に記入すること。

●方針と分析

(方針)
　担任として必要な力量について，自身の経験を踏まえて述べる。
(分析)
　山形県の「第5次山形県教育振興計画 後期プラン」では，教員の資質・能力の向上を課題としており，その中でも「担任力」の育成に力

点を置いている。さらに，平成24年には『「担任力」の育成に向けて』というリーフレットを作成している。その中で担任力を「学習指導力・生徒指導力・特別支援教育力の3つを統合して，授業を核とした学級・学年・教科経営を行っていく力」と定義している。特別支援教育力とは，「児童生徒一人一人の教育的ニーズに応じた適切な対応を通して，それぞれのよさを伸ばす力」であり，これは障害のある者と障害のない者がともに学ぶ仕組みである「インクルーシブ教育システム」を考慮にいれたものと思われる。学校では生活面と学習面を一体的に捉えたきめ細かな指導が求められているため，その具体的内容を意識した論文を作成したい。

●作成のポイント

　論文作成にあたって，材料としては分析で述べた山形県の「担任力」についての考え方，そして自身の教員としての経験があげられる。論文作成方法の一つとして，前半では自身の教員としての経験を述べ，その中で感じたこと，考えたことを述べる。後半では，これからの教員としての取組のなかで，何を大切にするのか，どういう取組をしたいのかについて述べることが考えられる。字数としては前半，後半とも500字を目安としたい。

　前半では，特に児童生徒理解に絞って，自身の経験を述べるとよいだろう。授業や学級活動の中で児童生徒に対してどうはたらきかけたか，その結果，児童生徒はどう変わったかをまとめるとよい。

　後半では，前半を踏まえ，さらに自身の「担任力」を向上させるためにどのような取組を行いたいかを述べる。自身の研究結果を現場でどのように反映させたいかといった構想まで踏み込めれば，なおよいだろう。

　最後に，山形県の教員を志望するにあたっての決意なり抱負を述べてまとめとしよう。

【スポーツ特別選考・1次試験】　80分

●テーマ

あなたはスポーツを通してどのような人間を育てたいと考えているか，1000字以内で書きなさい。

なお，上記の趣旨に沿って，テーマ(題)は自由に設定し，原稿用紙の所定の欄に記入すること。

●方針と分析

(方針)

スポーツを通してどのような人間を育てたいか，まとめる。

(分析)

スポーツ特別選考では定番的なテーマであるため，準備した受験生は論じやすい内容であろう。

学校教育活動において，スポーツを通した教育活動は2つ考えられる。一つは全ての児童生徒がスポーツに親しむことで，体力の増進とともに心身の健康の向上を図ること。また，さまざまなスポーツに親しむことで，生涯にわたってスポーツに親しむ素地をつくることがあげられる。もう一つは部活動など，特定のスポーツでより高度な水準や技能の習得を目指すことで，好ましい人間関係を育成するといったことがあげられる。

スポーツ特別選考対象者は国際大会で日本代表として出場したもの，国体など全国レベルの大会で3位以上の成績をあげたものなので，その種目に関しては非常に高度な技能を有していることはいうまでもない。ただし，その技能を後進に伝えることだけを求められているわけでもない。児童生徒がトップアスリート特有の悩みや壁にあたったとき，適切な助言を行うことで，児童生徒がその悩みなどを克服し，技術的・人間的にさらに向上させることが求められる。以上のことを踏まえながら，論文を作成するとよいだろう。

●作成のポイント

　まず，自分が親しんできたスポーツとそこから学んだことについて述べる。自分がなぜそのスポーツをするようになったのか。仲間や指導者，親や地域の人とのかかわり等はどうだったのか。より高度な試合や交流のなかで学んだことは何か。そして，自分がスポーツ全体を通じて学んだことは何かをまとめるとよい。

　そして，教員としてスポーツを通してどのような人間を育てたいかについて述べる。児童生徒に対して，スポーツに親しみ，体力を向上させ，心身の健康の向上を図る教育活動，そして高水準を目指す児童生徒に支援を行うこと等があげられるだろう。最後に，自分がどのような教員になりたいかを述べてまとめるとよい。

【全教科・2次試験】

●テーマ

　下の作文のテーマ，校種及び受検番号を原稿用紙のそれぞれの空欄に書きなさい。
　本文は，原稿用紙の1行目から書き始めなさい。(800字以内)
　作文のテーマ「学ぶ喜びを伝える授業」

●方針と分析

(方針)

　「学ぶ喜びを伝える授業」について，800字以内でまとめる。

(分析)

　「学ぶ喜び」を素直に読んだ場合，論語の「学びて時に之を習ふ，また説ばしからずや」等をイメージした受験生もいるだろう。ただし，「学ぶこと」そのものに喜びを見つけること，それを児童生徒に伝えることは非常に難しいと思われる。したがって，「学んで理解する」

ことで自身の成長を実感でき，喜びとする，と考えたほうが書きやすいだろう。小学校学習指導要領解説でも「分かる喜びや学ぶ意義を実感できない授業は児童にとって苦痛であり，児童の劣等意識を助長し，情緒の不安定をもたらし，様々な問題行動を生じさせる原因となることも考えられる」とある。裏を返せば，分かる喜びや学ぶ意義を実感できる授業は，児童生徒にとって「喜び」を感じることができる授業になり得ると考えられる。

　また，山形県教育センターでは「ユニバーサルデザインの視点を取り入れた授業づくり」が研究されており，ユニバーサルデザインの視点を取り入れた授業づくりについて「すべての児童生徒がわかる喜びや学ぶ意義を実感できるために，配慮を要する児童生徒には『ないと困る支援』で，他の児童生徒にも『有効な支援』を，学級の実態，教科の特性，指導場面などに合わせて工夫した授業づくり」としている。ただし，以上のことは新しい考えではなく，現場にいるすべての教員が課題としていることであろう。以上のことを踏まえて，作文を作成するとよい。

●作成のポイント

　作文なので，自身の考えたことを伝えることを第一とし，論拠や形式にこだわる必要はない。論点は「学ぶ喜び」とは何か，それをどのようにして児童生徒に伝えるかであり，この2点を実際の授業を想定しながら具体的に書けばよい。そして，最後に教員を目指すことについての決意や抱負を書いてまとめよう。

【全教科・2次試験】

●テーマ

下の作文のテーマ，校種及び受検番号を原稿用紙のそれぞれの空欄に書きなさい。

本文は，原稿用紙の1行目から書き始めなさい。(800字以内)

作文のテーマ「一番心に残っている授業」

●方針と分析

(方針)

「一番心に残っている授業」について，800字以内でまとめる。

(分析)

「一番心に残っている授業」であるから，良い意味にも悪い意味にもとれる。どちらにせよ，児童生徒時代の自身にとって大きなインパクトを残したことは間違いない。そして，自身が理想とする授業をイメージする際，その「一番心に残っている授業」が手本(反面教師)となっていることも間違いないだろう。また，客観的に見て「良い授業」が心に残る授業とは限らない。むしろ，不器用でもその教員のその授業に対する熱意などが，児童生徒にインパクトを残すことも考えられる。その意味では，授業とは授業者の人格を現すものといえる。

ここで必要なのは，その授業がなぜ「一番心に残っ」たかを検討する力であろう。心に残った授業を頭の中で再現し，詳細を分析するとよい。心に残る原因は教員だけでなく，学級の雰囲気，前時の授業との関係なども考えられる。そして，その授業の長所・短所を考え，改善点などを考えるとよい。授業のスキルの改善だけにとらわれると，かえって熱意が伝わりにくくなり，授業としてはインパクトがなくなるおそれもある。そういったことをイメージしながら，作文を構成するとよいだろう。

●作成のポイント

　作文なので，自身の考えたことを伝えることを第一とし，論拠や形式にこだわる必要はない。一番心に残った授業の概要とその理由をまとめること。そして，教員を志望する自身にとって，その授業をどのように活かすかも記すとよい。最後に教員を目指すにあたっての決意や抱負を書いてまとめよう。

【全教科・2次試験】

●テーマ

> 下の作文のテーマ，校種及び受検番号を原稿用紙のそれぞれの空欄に書きなさい。
> 本文は，原稿用紙の1行目から書き始めなさい。(800字以内)
> 作文のテーマ「人から学ぶということ，人に教えるということ」

●方針と分析

(方針)

　「人から学ぶということ，人に教えるということ」について，800字以内でまとめる。

(分析)

　「学ぶ」ということはどういうことなのか，また「教える」ということはどういうことなのか。これは教員が日々自分に問い直していることであろう。英語でも「To teach is to learn.」と，教えることと学ぶことを同義として捉えられていることもある。教員は授業などを通して，児童生徒に「教え」ている。しかし同時に，「自分の教えたことは正しいか」「教え方は適切か」「児童生徒は内容をきちんと理解しているか」といったことを「学んでいる」。また，教員は児童生徒に「教える」ため，教材研究などで多くの時間を費やして「学んでいる」

だろうし，教え方が適切でなかったら修正するなどの工夫もしている
だろう。そういったことを踏まえ，作文を構成するとよい。

●作成のポイント

　作文なので，自身の考えたことを伝えることを第一とし，論拠や形
式にこだわる必要はない。分析でも述べたように「学ぶ」ことも大変
だが，「教える」ことは学ぶ以上に手間のかかることでもある。そう
いったことについて，自身がどのように考えているのか。また，教員
として，「学ぶ」「教える」ことについて，どのように取り組んでいく
のかまとめるとよい。

【全教科・2次試験】

●テーマ

> 　下の作文のテーマ，校種及び受検番号を原稿用紙のそれぞれの空
> 欄に書きなさい。
> 本文は，原稿用紙の1行目から書き始めなさい。(800字以内)
> 作文のテーマ「先輩の教師から学びたいこと」

●方針と分析

(方針)

　「先輩の教師から学びたいこと」について，800字以内でまとめる。

(分析)

　本問は自己分析にも関連する。自身が教員として学習・研究したこ
とを学校などで発揮することになるが，当然，疑問点なども多いだろ
う。そのような疑問点などについて，先輩の教員の言動や助言を参考
にする必要がある。したがって，「先輩の教師から学びたいこと」の
内容で，教員としての学習・研究レベル，さらには理想とする教師像

などを垣間見ることができるだろう。学校では新任教員もベテラン教員も「先生」と呼ばれ，人間として，教育者として一定レベル以上の資質が求められる。そのような心構えなどについても問われることなので，慎重に検討したい。なお，先輩の教員の言動や助言から新たな気づきが生まれることもある。しかし，本問では「学びたい」という内容について問われているので，ここでは考慮する必要はない。

●作成のポイント

　作文なので，自身の考えたことを伝えることを第一とし，論拠や形式にこだわる必要はない。学びたいことを，どのように学ぶのか。具体的に示す必要があるだろう。紙幅があれば，理想とする教員像を内容に織り込みながら，まとめるとよい。最後に教員を目指すにあたっての決意や抱負を書いてまとめよう。

2014年度　論作文実施問題

【社会人特別選考・1次試験】

●テーマ

「教育を取り巻く社会情勢が大きく変化する中，社会人としての経験を教育にどう活かすか」について，自分自身の経験をもとに1,000字以内で書きなさい。
※試験時間は80分である。

●方針と分析

(方針)

　教育を取り巻く社会情勢が大きく変化する中で，社会人としての経験を教育にどう活かすかについて，自身の経験を踏まえて書く。

(分析)

　社会人としての経験は多くある人ほど，どの経験をテーマにするか悩むだろう。選別の1つの方法として，自分の「社会人の経験」を児童生徒に話すことで，児童生徒たちにどのように影響を与えるかをイメージすることがあげられるだろう。ただの自慢話ではなく，苦しかった経験や他では聞けないような貴重な経験を話すことで，児童生徒たちの考え方が変わったり，夢や希望を持つことができたりすることがあるだろう。そして，そこからどう行動すれば，さらに効果的になるのかを考えてみるとよい。また，児童生徒だけでなく，学校組織や学校間連携，地域連携に活かせるものはないかを考えてみることも大切である。例えば，社会人生活でプロジェクトに参加した人であれば，組織体制構築やチームワークづくりにおいて，参考になるだろう。

●作成のポイント

　作成の際に気をつけたいのは，論文を読む相手は，自身が社会人時代に所属した業界について全く知識がない人間ということである。つまり，業界用語や業界の常識についてはわかりやすく説明する，一般的な事項に置き換えるといった作業が必要になる。「これぐらいは知っているだろう」と判断するのは，非常に危険である。作成した文を他業界の友人などにチェックしてもらう等の対策などが必要であろう。

　まず，序論では生かしたい経験について述べる。自身が所属していた業界の概要，経験するきっかけ，経験した内容などをまとめるとよい。文章量は250字を目安にするとよい。

　本論は序論を受け，実際に取り組む内容について述べる。問題文にはないが，具体的な内容が求められていることが予想されるので，教育現場においてどの点でそのように活用できるのかをまとめる。文章量は500字を目安とする。

　結論では，今までの内容をまとめた上で，自分がどのような教師になりたいかをまとめる。ただし，序論や本論で述べた内容に関連した決意であることが望ましい。文章量は250字を目安にするとよい。

【現職教員特別選考・1次試験】

●テーマ

　「自分自身の経験をもとに，『教職員のチームワークや同僚性の大切さ』について考えること」を1,000字以内で書きなさい。
　※試験時間は80分である。

●方針と分析

(方針)

　自分自身の経験をもとに,『教職員のチームワークや同僚性の大切さ』について考えることを述べる。

(分析)

　他の教師との連携については,上手くいったこともあれば,思うように進まなかった経験もあるだろう。それらの経験の中で,どういうことをしていけば,また,どういう考えを持てばいいのかを論じてみるとよい。「大切さ」とあるから,なぜチームワークが必要なのかも論じる必要がある。何か問題が起きた場合,一人の教師では解決できないこともある。その場合,他の教師との情報の共有がしっかりとできるかできないかでその後の状況が変わってくるのは言うまでもない。この部分も考えてみる必要がある。

●作成のポイント

　序論では,「教職員のチームワークや同僚性の大切さ」について述べる。学校組織について,自身で研究したことに加えて自身の経験の概略を述べることが考えられる。文章量は250字を目安にするとよい。

　本論では,序論の内容を受け,自身の経験の詳細を述べる。成功事例,失敗事例どちらでもよいが,失敗事例のほうが,文章が書きやすいと思われる。失敗事例の場合はなぜ失敗したのかを分析し,その改善点を提示することが考えられる。文章量は500字を目安にするとよい。

　結論では,今までの内容をまとめた上で,自分がどのような教師になりたいかをまとめる。ただし,序論や本論で述べた内容に関連した決意であることが望ましい。文章量は250字を目安にするとよい。

【栄養教諭任用替え・1次試験】

●テーマ

「栄養教諭として果たすべき役割」について，1,000字以内で書きなさい。
※試験時間は80分である。

●方針と分析

(方針)

「栄養教諭として果たすべき役割」について述べる。

(分析)

学校教育法では，栄養教諭は児童生徒の栄養の指導と管理をつかさどる教員と位置づけている(第37条第13項)。そして，第5次山形県教育振興計画を参照すると，主に方針1「『いのち』を大切にし，豊かな心と健やかな体を育てる」と関連すると思われる。

栄養教諭の役割を考える際，栄養に関して，現代の子どもたちを取り巻く環境を考えてみる。朝ごはんを食べない，偏食などがあげられる。しかし，なぜこれらのことがよくないことなのかを，しっかりと考えたことのある児童生徒がどれぐらいいるだろうか。栄養教諭は，児童生徒に食べることの大切さや，栄養をしっかりと摂取することの大切さをしっかりと児童生徒に考えさせる必要がある。それを達成するため，取り組むべき内容は何かを考えてみるとよい。データを提示することやさまざまな事例の紹介，場合によって他の教師との連携をすることがあげられる。

●作成のポイント

序論では，栄養教諭の役割について，その概略を述べる。本論で具体的な内容を述べるので，関連を意識しながら述べること。文章量は

250字を目安にするとよい。

本論では，序論の内容を受け，具体次的な内容を述べる。分析でも述べたように，朝食や偏食について述べるのであれば，どのようにどの時間に行うか述べるとよい。述べる際は5W1Hを意識すること。どの校種にするか，自身で設定するとよいだろう。文章量は500字を目安にする。

結論では，今までの内容をまとめた上で，自分がどのような教師になりたいかをまとめる。ただし，序論や本論で述べた内容に関連した決意であることが望ましい。文章量は250字を目安にするとよい。

【全校種・2次試験】

●テーマ

① 「子どもの立場に立って物事を考えるということ」
② 「教育において『待つ』ということ」
③ 「児童生徒から信頼される教師であるために大切なこと」
④ 「児童生徒に夢や希望を持たせるためにあなたが取り組みたいこと」
※文字数は800字以内である。

●方針と分析

(方針)

それぞれのテーマについて，自身が思うこと・感じることを述べる。

(分析)

いずれも，教師と児童の関係をテーマにした題目である。教師と児童の関係は，学校教育の基本の1つとも言えるが，特に，第5次山形県教育振興計画の方針4「学校と地域を元気にする」とかかわりが深い

と思われる。児童生徒が「行きたい」と思うような学校づくりにどのように取り組むか等，幅広い視野で考えてみたい。具体的な分析は以下の通り。

① ここでは，大人の視点で子どもに接したらどうなるのかを考えてみるとよい。「子どもは子どもの考え，大人は大人の考え」と思ったら信頼関係が生まれないだろう。ここでは当然ながら，大人である教師が子どもに合わせなければならない。子どもの立場に立って物事を考えることでどのようなことが起こるかを考え，これを実行するために，どのような取り組みをすべきか等をまとめる。

② まずなぜ，『待つ』ことが大切なのか，待つことの問題点は何かを考えてみたい。例えば，児童生徒が考慮している時間は，教師から見れば「待つ」であっても，児童生徒から見れば「考える」であることが多い。そこには，思考力養成のヒントがあるのかもしれない。それを時間の都合で切り捨ててしまうのはどうなのであろうか。もちろん，時間は有限なので，時間を制限することはやむを得ないが，限られた時間内であっても，一生懸命考えている児童生徒を「待つ」という教師の姿勢はとても大切なことであろう。

③ 児童生徒と教師の間に信頼関係がなければ，本音を感じることができず，その結果，重大なことを見逃してしまうことも考えられる。教師が児童生徒をおさえつけるような態度では信頼関係は生まれない。児童生徒がいけないことをしたら注意をするのは当然であるが，基本的には児童生徒の考えをしっかりと受け止め，応えることが必要であろう。受け止めているだけでは，児童生徒は，果たしてこの教師は自分たちの思いを理解してくれているのだろうか，と疑問に思うからである。

④ 今の子どもは，昔の子どもに比べて夢や憧れを抱かなくなったと言われている。それは時代のせいだけではなく，それを知る機会が少ないことも考えられる。その対策の1つとしてあげられるのが体験学習，つまり実際に仕事をしている人の話を聞いたり，仕事を体験したりすることで，今まで漠然としたものが具体化してくること

も考えられる。そして，体験後は，感動したこと等を発表やレポートなどの作業も必要である。そういったことを，児童生徒が自主的に行えるように，複数の手段を教師が用意することが，児童生徒の夢や希望を持たせることを支える方法の1つといえよう。

●作成のポイント

　以下で作成のポイントについて述べるが，本問は作文なので，自身の思ったことや感じたことを中心に述べること。内容を重視し，あまり構成に気をつかわなくてもよいことを意識したい。

　序論では，それぞれのテーマの背景や状況を踏まえ，自身はどう感じているかを述べる。具体的な内容は本論で述べるため，本論との連結に注意したい。文章量は200字を目安にするとよい。

　本論では，序論で述べた考えや取り組みの具体的な内容を述べる。例えば「子どもが話しやすい環境をつくる」と序論で述べたのであれば，具体的にどのような取り組みをすることによって，それが達成されると考えているかを述べる。また，自身が序論で思った(感じた)理由について述べることも考えられる。文章量は400字を目安にするとよい。

　結論では，今までの内容をまとめた上で，自分がどのような教師になりたいかをまとめる。ただし，序論や本論で述べた内容に関連した決意であることが望ましい。文章量は200字を目安にするとよい。

2013年度　　論作文実施問題

【全校種・2次試験】800字以内

●テーマ

- 「豊かな気持ちになれたとき」
- 「あなたが理想とする教室の風景」
- 「温かさと厳しさ」
- 「生徒の心に自尊感情を育てるには」

●方針と分析

(方針)

　それぞれの課題に対する自分の考えを述べ，それに関連した具体的な行動や体験談を述べ，最後に教師としての自分の決意を述べて，文章を仕上げるとよい。

(分析)

　4つの課題に共通することは，「心の豊かさ」である。豊かな心は，自分中心の考えでは育っていかないものである。相手の気持ちを考え，あるいは相手の立場になって考えるということを常に行っていくことで，豊かな心を育むことができるのである。さらに，豊かな心は，自分に自信を持つこと，時として自分の意見をはっきり言うことも大事である。一生懸命にお互いのことを考えて，通じ合ったときは豊かな気持ちにもなれるだろう。そのような教室にするためには，まず教師自身が児童生徒をしっかりと見つめて，些細な変化も見逃さないという姿勢が求められる。

●作成のポイント

　序論では，各課題における自分の考えを述べる。作文は自分の意見がはっきり述べられているかが評価の分かれ目になる。よって，明確に書く必要がある。本論との関連性を意識することも忘れないこと。150字程度で書くとよい。

　本論では，序論で述べた自分の意見に沿って，論を展開していく。具体的には，自分の体験談や事実を述べて，そこから，自分はどのようなことを得たのかを述べるのである。ただし，何でも書けばよいというものではない。テーマに沿っているか，教員採用試験の小論文としての内容になっているかを確認する必要がある。本論の部分は400字から500字で書くとよい。

　結論は，序論と本論で述べた内容をまとめる。ここで，新しい話題を提示しないこと。まとまりのない文章になってしまう。最後に教師としての自分の決意を述べる。150字程度で書くこと。

2012年度　論作文実施問題

●テーマ

【社会人特別選考・1次試験】

> あなたが子どもたちに身につけさせたい『生きる力』

【現職教員特別選考・1次試験】

> 山形県の教員として取り組んでみたい教育課題とその解決方法

【全校種・2次試験】

> 教師になることへの期待と覚悟

> 子どもと向き合うときに大切にしたいこと

> 地域に愛着をもつ児童生徒を育てるには

> 子ども同士のかかわりを深めるためには

●方針と分析

(方針)

　各課題に対する自分の考えを述べたうえで，自分の考えに基づいて実際に取り組んでいくことを書いていく。

(分析)

　1・2次試験のいずれのテーマにおいても共通することは，教師は児童生徒の実態を把握することに努めなければならないということだろう。そして，常に変化し続ける児童生徒の様子をしっかり理解する必要がある。当然ながら，一方的な指導では児童生徒は心を開いてくれないのだ。

　教師は児童生徒に対して日々，真剣に向き合うことが求められている。そのためには，児童生徒の話をしっかりと日頃から聞くという姿勢を持っていなければならない。また，教師間の連携も必要になってくる。つまり，キーワードは「コミュニケーション能力」といえるだろう。これがなければ保護者との信頼関係の構築も難しいことを前提に置くべきだろう。

　ちなみに1次試験は1000字以内，2次試験は800字以内の文字数制限があるので注意が必要だ。

●作成のポイント

　まず序論では，テーマに対する自分の意見を明らかにする。ここで明確に示すことが本論で述べる，自分が取り組んでいきたいプランの根拠になる，つまり説得力が増す効果がある。

　本論では，序論で示した自分の意見を踏まえた具体的な取り組みを書いていこう。「個々の児童生徒の把握」だけではなく，把握する方法までしっかり書くべきだ。これは，どの課題であっても共通して述べられることである。そこから，各課題に対応するより細かな取り組みを考えてみるとよい。

　児童生徒と休み時間にコミュニケーションを図ることで信頼関係を築く，他の教師と協議・連携を密に行う，児童生徒の話をしっかりと

聞く時間を設けることなどが考えられるが，自分が述べた意見に基づいたうえで理想的な行動案を書くことが大事である。矛盾が生じないように気を付けたい。

　結論では，今までの内容に関してのまとめを書くのだが，自分が最も強調したい内容を書く。そして，自分の決意を書いて，文章を仕上げるとよい。

●論文執筆のプロセス例

序論
・それぞれの課題に対して自分の考えを述べる
・後に書く本論につながる内容であるか確認すること

本論
・具体的な取り組みを書く
・序論との関連性を考えて書くこと
・全体の3分の2程度は費やす

結論
・まとめとして自分の最も伝えたいことを書くこと
・最後に教員としての自分の決意を述べる
・新しい話題を唐突に出さないように気を付ける

2011年度　論作文実施問題

【全校種】①

●テーマ

子どもたちに大切にして欲しいと思うこと

●テーマの分析

　子どもたちに最も大切にして欲しいもの，それは「いのち」である。だが小学校生の低・中学年児にそのことを求めてもなかなか難しいだろう。この発達段階の児童にとっては，「いのち」の重要性どころか，それ自体の認識が薄いのだから。むしろ，大切に思う例として，身近な「友だち」が挙げられる。このように，志望校種の児童生徒をきちんと特定して述べるとよい。

　ちなみにテーマ文中の「思うこと」とは，教員採用試験の試験論文として出されていることを前提とすれば，「感想」ではなく「あなたは教師としてどう考え行動するか」を問われていることに注意すべきだ。

●論点

　前文で，志望校種の子どもに大切にして欲しいものは何かを挙げ，それを挙げた理由も述べる。さらにここで「生きる力」と結びつけつつ，どのような指導をするかその考えを明らかにする。

　本文では，前文で述べた考え(=結論)をどのようにして実践するか，2つの観点から具体的に述べるようにする。たとえば高校生に「いのちの大切さ」をどのように教えるか，だが小学生なら「友だちの大切さ」についての指導となるだろう。文章は具体的に，かつ論理的に

「私だったらこうする」と述べるようにしたいところ。この本文の文字数は，全体の3分の2相当をあてる。

　最終段落は，このテーマに対するあなた自身が取り組むべき課題を取り上げ，その解明に対してどのように取り組むかを簡潔に述べる。

【全校種】②

●テーマ

相手の痛みがわかる子どもを育てるには

●テーマの分析

　なぜ相手の痛みがわかる子どもの育成を図る必要があるのか，その点について掘り下げてみよう。学習指導要領の理念であり今日的教育課題である「生きる力」の中には，「豊かな人間性」の育成が含まれている。この「豊かな人間性」の内容は「自らを律しつつ，他人とともに協調し，他人を思いやる心や感動する心」と定義づけられている。そこに「相手の痛みがわかる」が包括されているのである。

　注意したいのは，相手の痛みがわかる子どもを育てる理由が「学習指導要領の柱に生きる力があるから」ではもちろんなく，教師として考えを述べるのである。

●論点

　なぜ相手の痛みが分からなければいけないのかを述べる。さらにこの指導をするのにあなたはどのような考えを持っているか，基本的な結論を述べる。

　本文では，前文で述べた基本的な結論についての実践方法を，2つの観点から具体的に記述する。「授業の中で誤答をした子を軽蔑したり，他の児童生徒と話し合いができず，自己主張ばかりする子への対

応」などが例として想定できる。志望校種の児童生徒の発達段階を必ず踏まえるようにすること。

　最終段落は，このテーマに対するあなた自身の課題を取り上げ，その課題の解決にどのように取り組むかを簡潔に述べるようにしたい。全体の文字量は，前文：本文：結文をそれぞれ1：4：1で構成する。

【全校種】③

●テーマ

10年後になっていたいあなたの教師像

●テーマの分析

　このテーマでは「理想とする教師像」が問われている。「10年」という数字はひとつの目安で，3年後→5年後→10年後のショートスパンの積み重ねで，それぞれの結果としてどうなっていたいかなどを執筆したい。

　ちなみに中央教育審議会答申の「優れた教師の条件」には，次の3要素が示されている。
① 教職に対する強い情熱
② 教育の専門家としての確かな力量
③ 総合的な人間力
これを参考に筆者の理想像を明らかにしておくこと。

●論点

　前文でまずテーマに対しての回答と，その根拠も合わせて述べる。さらに，その目的達成のためにどのように行動するか，その結論を最初に明らかにして，文章全体の道筋を示す。

　全体の3分の2の文量をあてるべき本文では，前文で述べた結論をど

のように実践するかを，2つの観点から具体的に述べる。結論が上記の②に該当するのであるなら，その「確かな力量」を備えるためにどうするかを考える。「子どもが夢中に取り組める授業や，成就感を抱かせる授業をどう展開するか」などだ。論述の際には具体的に，かつ主語・述語・目的語をあいまいにしないようにしたい。そうしないと論点がぼやけてしまう。

　最終の段落は，このテーマに対してあなたが抱える(または想定される)課題を挙げ，それをクリアにする取り組みを説明し，文章をまとめよう。

【全校種】④

●テーマ

人のために役に立つ喜びを知ったとき

●テーマの分析

　小・中学校には道徳の時間があり，高等学校には「奉仕活動の時間」が推進されている(一部地域では義務化)。だがこのような時間で奉仕活動をすれば，「人のために役に立つ喜び」を知るかといえば，そうとは言いきれない。まずどのようにしてその喜びを体験させるかがポイントである。

　そうはいっても，教師が勝手に児童生徒を校外に連れ出し，老人ホームを訪問させることは許されない。前年度末に編成した教育課程で定めたものが基準となるので，その範囲でどのように行うかを考えよう。

　そしてこのテーマの最終目的は，「子どもが奉仕する喜びを知ったあとで，あなたは教師としてどうするか」だ。子どもたちが自主的に奉仕活動に参加する人間づくりを問われている。学習指導要領の「生

きる力」と絡ませながら考えるようにしたい。

●論点

　この論文は三段構成で展開し，まず前文で「人のために役に立つ喜び」は子どもの人間形成にどのような影響を与えるか，あなたの考えを述べる。さらに，志望校種の教師としてこの喜びを体験させ，さらに自主的な奉仕活動ができる教育をどのように推進するか，ここでその信念を明らかにする。

　続いての本文では，自主的な奉仕活動の推進の仕方について，具体的に2点述べる。例としてはすばらしい活動をしても見過ごされて終わってしまうことがあるので「日常生活のなかで教師が児童生徒の行動に対して発見・賞賛すること」，もう1点は曲解されてねたみになってはならないので「子ども同士の受け止め方の指導」などである。

　最終段落は，このテーマに対するあなたの課題とその解決策に対しての取り組みを簡潔に述べるとよいだろう。

2010年度　論作文実施問題

【全校種】①

●テーマ

信頼される教師とは

●テーマの分析

なぜ教師は信頼されなければならないのであろうか。信頼関係ができていないで，どのような教育ができるかを考えるとよい。

子どもはどのような教師を信頼するのであろうか。筆者が中校生(あるいは高校生)だったときのことを思い返してみるとよい。間違えてならないことは，われら教師の職責は「信頼を得る」ことではない。信頼は「結果」として得られるので「目的」ではないのである。信頼するかしないかは児童生徒が決めるからである。

さらに，子どもが教師を信頼するしないを判断する基準は，発達段階によって大きく異なる。小学生と高校生とが同じであるとは考えられない。また同じ小学生でも低学年児と高学年児とでも違うし，同じ学年でも価値観には個人差がある。こう考えたらきりがないが，このことを承知して述べることである。

ではどのような教師を信頼するであろうか。教師に求められる資質能力は，次の2点に集約できる。

① 子どもが満足する授業ができる。
② 子どもときちんと向き合える。

●論点

前文ではまず，なぜ教師は信頼されなければならないのか。その理

由を述べる。さらに結論として，筆者は信頼できる教師と評価される
よう，何をするかを述べる。これこそ筆者の教育への信念なのである。
　本文では，結論の裏付けを具体的に述べる。それは筆者の努力する
姿なのである。上記の①を2点について述べるのもよい。また①と②
について述べるのもよい。この本文の字数は全体の3分の2をあてるの
が妥当である。
　最終段落では，教師としてこのテーマに関係ある己の研修課題を述
べるとよい。中学生が満足する授業ができるかなどである。課題解明
への姿勢を述べるのである。

【全校種】②

●テーマ

元気な学校を作るためには

●テーマの分析

　なぜこのテーマが問われたのであろうか。あたりまえのことを，い
まなぜあえてであろうかと疑問を抱くであろう。その理由をプラス志
向で考えるのである。この「元気」も校種によって違う。高校生にと
って，「元気な学校」は小学校のそれとは異なるはずである。
　一人の教師として，あなたは何をするかと問うている。すなわち学
級担任か教科担当教員として，することを述べるのである。ともする
とこのような設問であると，校長でなければできないことを述べてし
まう。そうあってはならないのである。
　何をどのようにかを，「私ならこのように」と具体的に述べ，そこ
に筆者の豊かな人間性を醸し出すことが望まれる。少なくとも「この
ようにすべきである」などの評論であってはならない。

●論点

　　まず，筆者の考える「元気な学校」とはどのような学校であるかを
はっきりさせる。なぜそのような学校が求められるのかも述べる。そ
のために教師として筆者は何をするか，その基本的な考え方を述べる。
ここまでが前文である。

　　次の本文は，基本的な考えの具現化である。すなわち具体的に何を
するかを2点について述べる。その1つが授業という集団教育を活発化
させるのであれば，他は一人一人を活性化させるという個に応じた指
導とするなどである。

　　この本文の字数は，全体の3分の2をあてるとよい。

　　最終段落は，このテーマに関する筆者の研修課題を取り上げるとよ
い。子どもの心の揺れなどを読み取るなど，心理学などの課題解明も
あろう。

【全校種】③

●テーマ

心を育てる学校にするためには

●テーマの分析

　　この「心」とは何であろうか。中央教育審議会答申に「新しい時代
を拓く心を育てるために」(平成10年6月30日発表)がある。そこに載っ
ているいくつかを挙げる。

　　①　「生きる力」を身につけ，新しい時代を切り拓く積極的な心
　　②　「生きる力」の核となる正義感・倫理観や思いやりの心
これらには，「豊かな人間性」「柔らかな感性」「人権を尊重する心」
などもある。

　　このような「心」はいつの時代でも求められており，不易の教育課

題なのである。それがここでは学校教育として求められている。すなわち「心を育てる教育」の必要性をどのように考えるかである。そして，その教育をどのように行うかである。

　また，ここで求められているのは，「あなたならどうするか」である。評論になってはならないのである。さらに，子どもの発達段階をふまえての展開であり，筆者の豊かな人間性をにじませることである。

●論点

　「心」とはなんであろうか。まず定義付けをする。その必要性もである。さらに，一人の教師としてどうするのか，その結論を述べる。これが前文である。

　本文は結論の具現化である。具体的に何をするかを2点挙げる。教科科目と特別活動という場で分けるのもよい。個人と集団とするのもよいであろう。

　最終段落は，このテーマに関する筆者の研修課題を挙げるのもよい。心理学の研鑽などであろうか。

【全校種】④

●テーマ

楽しい授業を作るためには

●テーマの分析

　なぜ「楽しい授業」にするのか。あたりまえのようではあるが，授業は楽しければよいのであろうかと考えると疑問が湧く。小学校の低・中学年児であれば，授業は楽しくなければならない。だが中学生となると「楽しい」の意味が大きく変わるはずである。

　このように考えると，このテーマの場合は冒頭で志望校種を明らか

にし，そこで筆者ならどうするかを述べると書きやすいのではなかろうか。

　小学校低学年児であれば，自己満足的な楽しさもある。ところが中・高学年児になると仲間意識が増大し，仲間の中の己の存在を求める。中学生になると授業でも積極的な発言を極力伏せるようになる。さらに高校生は個に埋没してしまう。そのような中で，教師としての筆者は何をするかである。

　授業とは教科科目に限らず，特別活動もあれば小中学校なら道徳もある。

●論点

　志望校種を明らかにし，そこでの子どもの楽しい授業とはどのようなものであるかを述べる。またなぜそのように言えるかの理由も同時にである。そして，筆者なら楽しい授業にするためにどうするか，その基本的な考え方をここで述べる。それは面接試験で同様な質問を受けたらどう答えるかなどにも共通する。

　本文は基本的な考え方を，具体的に2点を挙げる。国語の授業と，修学旅行の事前学習というように，学習の場を替えるのもよい。また国語の授業で2つの方法を示してもよい。この本文の字数は，全体の3分の2にするのが妥当である。

　最終段落は，このテーマに関する筆者の研修課題を取り上げ，課題解明にどのように努力するかを簡潔に述べる。子どもが楽しむ授業の創意工夫などである。

【全校種】⑤

●テーマ

子どもたちの聞く力を育むためには

●テーマの分析

「聞く力」をなぜ育む必要があるのか。「聞く力」と「話す力」の両者によって「言語能力」を構成し，新しい学習指導要領すべてに踏襲されている。この「言語能力」はコミュニケーション能力の基盤となるもので，今日的教育課題である。

「聞く力」は相手の立場に立ち，相手の言いたいことを真摯に聞く態度である。ともすると自分の主張はするが，相手の話をきちんと最後まで聞こうとしない態度が見られる今日である。その自己中心的な言動が，小・中・高校のどの段階の子どもにもみられるのである。

この現実を受けて言語能力の育成が求められているのである。この育成の基本姿勢は「正解は一つではないので異なる意見を聞く。なぜそうなるかを理解し，自分の意見も理由をつけて説明し，協力して課題解明に努める」といえよう。

●論点

まず，テーマが求めている「聞く力」とはどのような力であるかを明確に示す。そして，なぜ言語活動の充実が求められているかを述べる。これは今日的教育課題として問われているが，言語活動能力は社会人としては当然備えていなければならない不易なものでもある。流行としての教育課題としてのみ，受け止めてはならない。

さらに，言語活動能力の育成にいかに取り組むかの結論をここで述べる。

本文では，前文で述べた結論を具体的にどのように実践するかの2点を挙げる。教科と特別活動の授業とするなどである。この具体的な方策には，子どもの発達段階を踏まえ，さらに筆者の豊かな個性を示す。この本文の字数は全体の3分の2をあてるのがよい。

最終段落では，このテーマに関する筆者の研修課題を挙げ，課題解明にどのように努力するかを簡潔に述べるとよい。聞く態度が身をもって示せるか，などである。

【社会人特別選考】

●テーマ

　自分自身の経験をもとに，「今，学校に求められていること」について，1,000字以内で書きなさい。
　なお，上記の趣旨に沿って，テーマ(題)は自由に設定し，原稿用紙の所定の欄に記入すること。

●テーマの分析

　企業に勤務した経験から，「今，学校に求められていること」は何かを述べるのである。またそれはどのような理由，あるいは根拠で挙げたかを明らかにする。ここでは経験談を問うているのではない。論文は論理的でなければならないのである。

　「学校に求められていること」を学校経営や校長に対する要望と読み取ってはならない。

　これは教員採用試験論文であるから評論文や批判文ではなく，近未来に教師として何をするかを述べるのである。

　考えられることを，いくつか挙げる。

1　児童生徒に対する教育課題
　①　コミュニケーション能力の育成
　②　明確な意志表示能力の育成
　③　忍耐力や探究力の育成
　④　向上心や創意工夫する意欲の高揚
　⑤　明確な目標を持たせ，目標達成への努力　その他
2　学校体制に関すること
　①　開かれた学校
　②　信頼される学校や教師
　③　魅力ある授業
　④　保護者や地域住民との連携　その他

●論点

　冒頭に「テーマ(課題)」を明記する。

　前文では，挙げたテーマが筆者の経験とどのように結びつくかを述べる。このテーマを挙げた理由を述べる。さらに，このテーマに対して教師として何をするかの結論もここで示す。

　本文は，先に述べた結論を得るための具体的な方策を，志望校種の子らの発達段階をふまえて述べる。具体策は異なる2つの視点とする。テーマが①に関することで中学生であれば，仲間意識を育むよう教科の授業と特別活動で，何をするかを述べるなどである。当然のことながら，筆者の豊かな人間性をにじみ出しての具体的な方策である。

　この本文の字数は，全体の3分の2をあてるとよい。

　最終段落は，テーマに関する筆者の研修課題を示し，課題解明にどのように取り組むかを簡潔に述べるとよい。企業経験の教材化の難しさを知るなどであろう。内容の伴わぬ決意表明では，論文としての形態から逸脱しているといえよう。

2009年度　論作文実施問題

【全校種】①

●テーマ

今，子どもたちの意欲を育むために

●テーマの分析

　面接試験でこれを問われたら，どのように答えるかを考えるとよい。教員採用試験論文は，面接での回答の文章化なのである。

　この「今」とか「育むため」とは，近未来にあなたが教師となったときのことであり，評論であってはならない。

　今日の学校教育での基本理念は，「生きる力」の育成である。平成15年10月の中央教育審議会答申で，「生きる力」として「自分で課題を見つけ，自ら学ぶ，主体的に判断し，行動し，よりよく問題を解決する資質能力」とある。これは学習だけではなく，子どもたち自身の生活の意欲を持たせることでもある。この「生きる力」を育むために，あなたは何をするかと問うているのである。

●論点

　まず前文で，この意欲を学習だけにするか生活も含めるかをはっきりさせる。その結論としてどうするかを，ここで明らかにする。

　次の本文は，結論の具現化である。意欲を高めるための具体的な方策を，あなたの志望校種をふまえて2例挙げる。学習と生活とするか，あるいは学習意欲について個人指導と集団指導にするかなどである。校種の子どもの発達段階によって，その方策は大きく異なることは当然である。字数は全体の3分の2をあてる。

　最終段落はこの設問に関するあなたの研修課題を挙げる。そこには，発達段階とか個の理解が適切にできるかなどがあろう。この課題解明にいかに努力するかを簡潔に述べるとよい。

【全校種】②

●テーマ

児童・生徒にとって魅力ある学級とは

●テーマの分析

　この設問は，あなたの志望校種での「魅力ある学級」である。となると高校教員志望者にとっては書きにくいであろう。またこの設問は，「学級」であって「教師」ではない。

　小学生にとっての「魅力ある学級」は，低学年児と中学年児および高学年児ではそれぞれ幾分かは異なる。

○低学年児…発達段階がまだ自己中心的な行為が中心であり，自分の意志が貫ける学級

○中学年児…徒党時代といわれる年齢である。のびのびと活動できる雰囲気のある学級

○高学年児…2次性徴がみられる年齢である。自分を認めてくれる仲間のいる学級

　これが中学生になると個を尊重してくれる学級ではなかろうか。相手が教師であれクラスメイトであれ，一方的に指示が出されることを嫌う。高校生になると学級に魅力というものを求めなくなる。期待をしなくなるのである。

　設問は「魅力ある学級とは」であるが，これは評論を求めているのではない。「あなたは教師として，魅力ある学級になるようどのように努力するか」なのである。

●論点

　前文では，志望校種の子どもにとっての「魅力ある学級」とは，どのような学級であるかを述べる。そしてそうなるようあなたはどのように努力するかを，結論として述べる。

　次の本文では，結論の具現化である。具体的にどうするかを2例挙げる。これは過去に何をしたかではなく，近未来に何をするかである。字数は全体の3分の2をあてる。

　最終段落はこの設問に関するあなたの研修課題を挙げる。子どもの思いが適切に判断できるかなどがあろう。この課題解明にいかに努力するかを簡潔に述べるとよい。

【全校種】③

●テーマ

教師として一番大切にしたいこと

●テーマの分析

　設問の「教師として」は小学校から高校までのすべての教師である。そこで共通して言えることは何であろうか。また設問に「大切にしたいこと」とある。だがこの問いの回答は願望と解するのではなく，教師としてどうするかを述べるのである。教員採用試験論文であることを忘れてはならない。

　中央教育審議会答申には，平成9年7月に「教員に求められる資質能力」があり，17年10月には「優れた教師の条件」がある。これらを参考にしてあなたの考えをまとめるとよい。

　「優れた教師の条件」にある3要素を挙げる。
①「教職に対する強い情熱」…仕事に対する使命感や誇り，子どもに対する愛情や責任感，それに教師の学び続ける向上心を持つ

②「教育の専門家としての確かな力量」…子ども理解力，児童生徒指導力，集団指導の力，学級作りの力，学習指導・授業作りの力，教材解釈の力などからなるもの
③「総合的な人間力」…豊かな人間性や社会性，常識と教養，対人関係力，人格的資質を備えていること。また教職員全体と同僚として協力していくこと

●論点

前文で，あなが最も大切であるとすることを挙げる。なぜそれが大切であるかの理由もである。そしてこの大切なことをあなたならどうするのか。その結論を述べる。

次の本文では，この結論の具現化である。あなたの志望校種をはっきりさせ，子どもたちに何をどうするかを2例述べるのである。②であるとするなら，生徒(あるいは児童)理解力と授業力などである。「私はこのようにする」と具体的に述べ，字数は全体の3分の2をあてる。

最終段落はこの設問に関するあなたの研修課題を挙げる。生徒(あるいは児童)理解力としたが，これにはほど遠いものがあるなどである。課題解明にどのように努力するかを簡潔に述べる。

【全校種】④

●テーマ

卒業までに教えるべきこと

●テーマの分析

この設問は志望校種によって異なるはずである。その校種の子たちにあなたは「少なくともこれだけは教える」としていることはなにか。「べきこと」としているが，教員採用試験論文として，「私ならこのよ

うにする」とあなたの取り組み方を述べるのである。

「生きる力」の育成で筋を通すなら，

① 　小学生には，友だちはいいものだとする「仲間づくりの基本」を教える。

② 　中学生には，聞き上手に話し上手を中心とした「コミュニケーション能力」を育成する。

③ 　高校生には「自立する」いう強い意志を持たせる。

●論点

まず前文で志望校種を示し，その校種を卒業する児童生徒に教えておきたいことを述べる。それを挙げた理由もである。そしてどのように教えるかの結論を述べる。

火の本文は，結論の具現化である。どのように教えるかを2例挙げる。②であるなら「聞き上手」と「話し上手」であろう。③なら「まずよく聞き，そして自分で判断する」と「決断し行動することで前に進む」などである。この本文の字数に，全休の3分の2をあてる。

最終段落には，この設問に関するあなたの研修課題を挙げる。生徒(あるいは児童)を納得させる教え方などである。この課題解明にどのように努力するかを簡潔に述べる。

【社会人特別選考】

●テーマ

社会に出たときに求められる力とその力をつけるための方策について，1,000字以内で書きなさい。

●テーマの分析

「社会に出たとき求められる力」とは何であろうか。①社会人とし

ての使命感　②専門的知識能力　③豊かな人間性　④健康と体力　などが挙げられよう。社会人特選としての設問であるから，社会人経験と結びつけての理由も付加しうる。

　教員採用試験論文としての設問であるから，志望校種の教師としてどのように関わるかを述べることである。だが，社会人としての経験は思い出話を求めているのではない。経験を学校教育にどう活かすかである。ここではどのような経験をしたかではなく，教師として何が出来るかを問うているのである。

　テーマ(題)の設定を求めているが，手順としてはまず仮題を挙げ，書き終えてから本題を設定するとよい。本題は総括としての一言でなければならない。

●論点

　前文では，設問の求める「社会に出たとき求められる力」とは何かを述べ，その理由も挙げる。この「求められる力」はあなたが考える最も重要な力である。この理由は社会人としての経験から出たとにおわせるが，簡潔にする。そして学校教育では何をしたらよいか，その結論もここで述べる。

　本文は志望校種の教師の一人として，何をするかを具体的に2例挙げる。個人指導と集団指導もあろう。教科科目の授業の中での考えを実践させる場を2例とするのもよい。この具体的論述に，社会人としての経験を活かすことである。

　具体的といっても小学生と高校生とでは異なる。発達段階をどのように押さえ，あなたの豊かな個性を滲ませるのかである。

　最終段落ではこの設問に関するあなた自身の研修課題を示す。そしてその課題解明にどう努力するかを簡潔に述べるとよい。

2008年度　論作文実施問題

【全校種】

●テーマ

> よい教師とは

●テーマの分析

　よい教師とは，率直に言うと，学校という組織の中で，教育方針に沿った，学校・学級運営がスムーズに行え，生徒は勿論の事，保護者からも人望のある教師。校則という規則を遵守させる立場の教師が我が国，学校教育の指導要領に沿った教育ができないようであればその資質が先ず，問われるであろう。この課題には多種多様の捉え方があると思われるが，ここに何点か例を挙げる。結論は，生徒にとってよい教師が原則である。

　ア．声が大きいこと。

　イ．歯切れのよい言葉で表現力が豊かであること。

　ウ．極力，授業においては，標準語を話すよう心掛けること。

　エ．児童・生徒に対し，平等・公平な言動と態度で接すること。

　オ．教師としてのプライドを常に持ち，常に清潔な身なりで教壇に立つこと。

　カ．身体的負担がある場合は別であるが，椅子に腰掛けたり，黒板に持たれかかったり，教卓に肘をついたり，不適当な姿勢で授業をしない。

　キ．言動には気を配り，同和問題に係わる発言は，厳に慎む。

　ク．授業時間に遅れない。

　ケ．教科指導計画案に沿った授業を展開するよう努めること。

コ．生徒より早く帰宅しないこと。

サ．生徒の個人情報に関する資料を持ち帰らないこと。

シ．生徒との信頼関係・保護者との信頼関係を損なわないこと。

ス．時には保護者の教育が必要であるが，単独で行動しないこと。

セ．保護者と，私的に飲食や行動をともにしないこと。

ソ．保護者より，物をむやみに受け取らないこと。

以上の3点ぐらいに焦点をあて，序論(3割)・本論(5割)・結論(2割)程度にまとめ，簡潔に記述表現をすること。

●論点

何を持って「よい教師とは」という課題が設けられているか原点に返って考える必要がある。この論点は教師の教師たるモラルの不足が叫ばれる今日，それにより，生徒の学力の低下や，荒れる学校，少子化にもかかわらず，登校拒否の増加，進路意識の不足している子どもたちの増加。これらを抑止する為の「望まれる教師の発掘」に対しての課題と認識すべきである。

●テーマ

学校教育の可能性

●テーマの分析

漠然とした課題であるがゆえ，自分の思うテーマの意図を明確に説明する必用性を要する。簡単に解釈すると「可能性」の意味は　①見込み　②潜在的な発展性　③確立　等がそれにあたり，この場合の解釈として相応しいのは，学校教育というタイトル面から考えると地域社会との連携の角度と，多種多様のものを利用し教育に結びつけていく見込み的な解釈が適当かと思う。この2点の何れかを選択し，序論に於いて，先に述べたようにそれを明確に記述説明する必要がある。

　この2点を同時進行のような観点で展開していくと論点の焦点が絞れず，読者に対し，何を訴えたいのか混乱をきたす為，避けるべきである。前者の地域社会との連携により，よりよい学校づくりを選択するのが後者に比べ比較的論じやすい。本論で，具体的な例をいくつか挙げ，それが如何に学校教育の現場に今後の発展と関連していくかを論じ，結論として，それを推進していく方法論を自分の考えで述べるようにまとめる。後者について論じるのであれば，ものづくりの観点により，生徒の創作意欲の育成や，興味付け等の内容で論じ，将来の展望に結び付けていくようにまとめていくと良いであろう。文字数にも関係してくるが，字数があまりにも少ない場合は，本論の例の削除により，調整をするよう心掛ければ，結論を含め，小論文として簡潔且つ，まとまりのある文章を展開する事ができるであろう。

●論点

　テーマの分析でも述べたように，地域社会との連携による学校教育との関連性を重視し論じること。その中から，働く喜びや奉仕の精神の向上が狙いになるよう論じることである。後者においては，昨今，ものづくりに力を入れた教育が盛んに行われている現状や，パソコン・ゲーム等の現代的な事例を本論で展開し，新たな教育の分野として提案的事項として論じていくことも，読者が興味をそそり，適切な本題に沿った展開になることであろう。

●テーマ

教育の魅力

●テーマの分析

　教育の必要性を序論にて書き出しとし，本論にて，今日，教育が存在しない世の中と，現代のように教育が存在する世の中の大きな違いを本論で論じ，その結果，永遠に多少なりとも変化し続ける教育のあり方を，現代も含め論じていくことにより，新鮮な将来的に教育活用できる発想を，魅力という記述で表記している事に着目する。魅力の問いに普通であれば経験に伴う事柄からしか思い浮かばないが，経験の中で，更に高度な希望に結びつく内容に直面したとき，それ以上の欲望が誰にでもわいてくる。それを単に夢物語で終わらせるか，研究により，現実のものとするかが「教育の魅力」そのものであり，魅力は将来の展望に大きな役割を果たしていることを結論としてまとめると分かり易い。

●論点

　時代の変遷に伴い，寺小屋と呼ばれる学校の始まりから，現代までの教育の流れがあったからこそ，今がある。そのメリット・デメリットの比較を論じ，人々の生活を豊かな将来の発展の為，先ず，人間教育に重点をおき，心の豊かさを育成し，更に，専門分野の教科学習面を充実してこそ，善悪の区別のできる立派な大人へと成長していく魅力こそが本来の「教育の魅力」である。

2007年度　論作文実施問題

【全校種】

●テーマ

子どもたちに一つだけ伝えたいこと

●テーマの分析

　面接試験で同じことを問われたら，どのように答えるかを考えると よい。

　あなた自身の経験したことであろうか。それとも本で読んだり，他人から聞いたことであろうか。なぜそれを伝えたいのか。テーマにある「伝えたい」とはあなた個人の感情ではある。その感情を聞かされる立場の児童生徒はどのように受け止めるかである。そこまで考えなければ，あるいは子どもたちにとってはいい迷惑となってしまう。すなわち語るあなたに，はっきりした論理を持たなければならないということである。あなたの自慢話を聞かされたのでは，小学生でも黙って聞いてはいないであろう。

●論点

　前文（字数は全体の6分の1）で，どのようなことを伝えたいのかを明らかにする。そしてその理由もである。あなたのこの20数年間という貴重な時間の中で得たものの中から，一つを選び出すのである。それなりの理由があるはずである。

　本文（字数は全体の3分の2）では，まず志望校種を明らかにする。その校種の子どもにどのように伝えるかである。語り伝えることもあろう。また，態度を示すことによって

教えていくこともできる。また一方的な伝授ではなく，気づかせるという間接方法もある。教材として使用する方法も考えられる。これらを2例を具体的に示すのである。「私はこのようにする」とである。

　結文（字数は全体の6分の1）では，教師としてこの「伝える」という指導を行うのに必要な資質能力があろう。その資質能力を身に付ける研修課題を挙げ，どう解明するかを簡潔に述べる。

2006年度　論作文実施問題

【全校種】①

●テーマ

私の宝物

●テーマの分析

このような抽象的なテーマであっても，この論文は教員採用試験で課されていることを忘れてはならない。教員採用試験での論文は，受験者が教員として適任者であるかどうかを見極めるのを目的としているので，回答は「教師の一人として，ここようにする」になる。

今回のこの「私の宝物」も，教員として論ずるのであるから，①「私の宝物は目の前にいる子どもたちである」とするのもよいであろう。また②「私の宝物は，旅で得た経験である」とか③「私の宝物は私自身の健康である」など数多くある。その中から1つを選び出すのである。例えば①としたら，その宝物をどのように守り，そして磨くかを述べるのである。③としたら，その宝物を子どものためにどのように役立てるかを述べるのである。その子どもとは学校にいる児童生徒のことである。

●論点

まず「私の宝物」を，論述しやすいような土俵に引き込むのである。それが先の①～③などである。どうしてそれをもって「宝物」であるとするかも触れておくとよい。①とするなら，生涯を学校教育のささげる理由は子どもが好きだからであるとするのもよい。その子たちの限りない可能性にかける夢を持っているとする。ここまでが前文であ

る。

　本文は起承転結の承と転で，全体の3分の2の字数を当てる。子たち
の努力にいかに手を貸すかである。この「子」の発達段階はっきりさ
せる。小学生と高校生とでは，手の貸し様は大きく異なるからである。
この承は授業を通してとし，転は総合的学習においてでもよい。教師
として，宝物をどのように磨いていくかを具体的に述べる。

　最終段落は己の抱えた多くの研修課題のうちからこのテーマに関す
るものを一つ取り上げる。その課題にどのように取り組むかを簡潔に
述べる。児童や生徒の心理理解がまだ完全に修得できていないを取り
上げるのもよい。それらの研修に残りしくない時間を有効に使ってい
くとする。

【全校種】②

●テーマ

友達に助けられたこと

●テーマの分析

　「助けられた」に意味も様々である。回答しやすいように解釈すれ
ばよい。例えば「友情のすばらしさを教えられた」もあろう。「学習
の行き詰まりを解消してもらった」「悩みを聞いてアドバイスをして
くれた」等があろう。この経験を，今度は教師としてどのように役立
てるかである。教員採用試験論文であるから，「教師としてどうする
か」を述べるのである。

　己の経験を子どものために役立てるとしても，子どもが小学生の場
合と高校生とでは活かし方は大きく異なる。論述には，発達段階をふ
まえていなければならない。志望校種に焦点を絞ることである。

●論点

　前文では，例えば「友だちに助けられたこと」なら簡潔にしかも，そこで教えられたことは何かを述べる。その経験を教師としてどのように活かすかの基本的な考えを示す。小学校6年生のとき，算数が混乱して分からなくなったのを友だちが気づき，教えてくれたことを今でも思い出すとする。「教えて」となぜ言えなかったは記憶にないが，そっと教えられたことの感謝の気持ちを表現するとよい。「助けてやればよい」ではなく，教えられる子の立場を考えなければということを学んだのであるとする。

　本文は起承転結の承と転で，全体の3分の2の字数を当てる。己の貴重な経験を，教師として活かすのである。この論文の対象となる「子」の発達段階をはっきりさせる。小学生と高校生とでは，対応の仕方は大きく異なるからである。承では授業の中での助け合える場面を具体的に述べる。転では総合的学習においては，共同作業の中での自主的な助け合いの場を見出していくなどである。

　最終段落は己の抱えた多くの研修課題のうちからこのテーマに関するものを一つ取り上げる。その課題にどのように取り組むかを簡潔に述べる。高校生になると他人とのかかわりを嫌うようになる。現在の高校生の心理がまだ十分に理解できていないとし，残り少ない時間を有効に使っていくとする。

【全校種】③

●テーマ

自分のふるさとを誇りに思うとき

●テーマの分析

　山形県でのテーマであるから，この土地のことを取り上げるとよい。

自然界に関すること，地域の伝統のこと，県民の人柄などがあろう。山形県を己のふるさととしていない人は，このすばらしい土地をわがふるさとにすることを夢見ているとする。

　山形県の教育目標は月刊誌「教職課程」の11月臨時増刊号に載っている。これらも参考にするとよい。

●論点

　山形県のどのような点を誇りと思っているのか，まずそのことをはっきり述べる。その理由もである。山形県の教員を志望する以上は，それなりの理由があるはずである。このことは面接でも問われるであろう。

　さらに，この好きなふるさとでどのような教育をと考えているのか，夢に描くものなどを挙げる。例えば「天候の厳しい土地柄でもあるので，たくましさの宿る子どもの育成に尽力する」などとする。

　本文は全体の3分の2程度の字数を当てる。それは起承転結の承と転で，先の夢の実現のための具体策である。発達段階によって具体的な取り組み方が異なるので，ここで志望校種を明らかにする。小学校なら，承で東北道駅伝と称して校庭を走って体力づくりに挑戦させる。転では食育の徹底を図るためにそれぞれ食べ物に好き嫌いをなくす目標を掲げて，努力させるなどである。

　最終段落は己の抱えた多くの研修課題のうちからこのテーマに関するものを一つ取り上げる。その課題にどのように取り組むかを簡潔に述べる。小学生にあった地域のほこりの教材化がまだまだで，さらに県内の情報の収集が必要であるなどで，残り少ない時間を有効に使っていくとするなどである。

2005年度　論作文実施問題

【小学校】

●テーマ

子どもの側に立つということ

●テーマの分析

　このテーマは「あなたは児童理解をどのようにするか」と問うているのである。このような問いかけだとつい評論になりがちである。この論作文は教員採用試験で課されるのであれば、「あなたならどうするか」と問われていると読みとらなければならない。

　ここ数年12歳児による事件が多発している。なぜ12歳なのか。学級崩壊は低学年のみではないであろう。なぜあのような問題が起こるのかを考えるのである。今日の教師に求められる資質能力の一つに、この「子どもの側に立って考えることができる」がある。

●論点

　前文（全体の6分の1程度の字数）では、まず「子ども側に立つ」とはどのようなことか、なぜそれが必要なのかを述べる。次の本文で「私はこのようにして、子どもの側に立って考え行動する」を述べるのだが、ここではそのための信念を明らかにする。

　本文（全体の3分の2程度の字数）では、前文の信念の具現化である。起承転結の承と転に当たる。その一つが一人一人の児童の話を時間を掛けて聞くのもよい。たとえ口数の減った高学年児でも、聞いてもらいたい話はたくさんあるはずである。もう1点は言葉にならない子の話を聞くとするのもあろう。どちらにしても、「私はこのようにする」

という児童理解の具体的な方策を述べるのである。

結文（全体の6分の1程度の字数）では己自身の評価をする。教師としては未熟であるのは当然で，これからいかなる努力をするかを述べる。決意表明で終わってはならない。

【中高】

●テーマ

ほめられて嬉しかったこと

●テーマの分析

このテーマはただ思い出話を求めているのではない。褒められて嬉しかったという経験を，今度は教師という立場で高校生に味合わせるのである。ここでも「私ならこのようにする」まで述べる。

●論点

前文（全体の6分の1程度の字数）では，教師が「褒める」と子どもはどう受け止めるのかを述べる。特に高校生であると，どのような受け止め方をするのかである。ここに「嬉しかった」という経験を加えるとよい。高校生は小中学生とは異なる配慮が必要であろう。

本文（全体の3分の2程度の字数）は起承転結の承と転に当たる。その一つはみんなの前で褒めることの重要さがある。「私ならこのようにする」であるが，相手が高校生であるがための配慮を忘れてはならない。もう1点はそっと褒めることであろう。高校生になると，人前で褒められることを嫌がる者もいる。肩をたたいて共に喜ぶことが，生徒にとってたまらないのではなかろうか。

結文（全体の6分の1程度の字数）では己自身の評価をする。教師としては未熟で，高校生心理を十分心得ているとはいえないであろう。

これからいかなる努力をするかを述べるのである。ここで単なる決意
表明しても，努力する姿は見えないのである。

2004年度　論作文実施問題

［全校種］50分・800字

●テーマ

「読ませたい本」

●テーマの分析

　このテーマは教員採用試験として課されたものであるから，学校教育という場においての課題である。また「児童生徒」となっているが，書き手の志望校種が小学校であるならば，児童に絞って，その発達段階を抑えて論述する。小学生といっても低学年児，中学年児，高学年児とその変容は大きい。どの段階での「読ませたい本」かも明確にする。

●論点

　前文（字数は全体の6分の1程度）では，なぜ小学生にとって読書が必要かを述べる。次に低中高のどれかの段階にしぼり，そこで読書を通して何を求めさせるか，またその理由も明らかにする。

　本文（字数は全体の3分の2程度で2段落とする）では読ませたい本を2冊挙げる。例えば中学年児にも様々な分野にわたって読ませたい本があろう。歴史的なものもあるし創造の世界に関するものもある。その多くの分野を2つを選び，それぞれ1冊ずつ推薦し理由も述べる。取り上げた本の名と著者名は必要であるが発行社名は不要である。

　結文では，書き手と本との思い出話を軽く触れるのもよいであろう。ただし自慢話は聞きたくない。そして現在はどのような読書傾向にあるか，なぜその方向に向いているかを述べることによって，あなたの教員になろうという姿勢を示すことができる。

2003年度　　論作文実施問題

［全校種］50分・800字

●テーマ

> 「遊びから学んだこと」

●テーマの分析

　あなたも遊びから学んだことは，数多くあるに違いない。その中で子どもを導く教師として貴重な経験を，ここでは求めているのである。すなわち，子どもたちに是非伝えたいこと，あるいは子どもたちにも是非経験してもらいたいことである。ということは，このテーマは単なる経験談を求めているのではないということである。子どもたちに伝えるにしても経験してもらうにしても，教師の一人としてどうするかを問うているのである。あなたはどのような教師になれるかを示して欲しいというのが，このテーマの出題意図なのである。

　800字という字数が与えられると，ともすると思い出話に花が咲いてしまう。このテーマの中心課題は経験談の紹介ではない。教員採用試験での論文であるから，あなたの教師としての資質能力を知ろうとして課しているのである。そのことが分かっていれば，この紙面上に教師としてのあなたの姿を見せることである。私はこのような教師でありたいという理想像をそこに描き出すのである。

●論点

　前文に遊んだ経験で得たことを簡潔に述べる。そしてその経験から学んだことは何かを述べる。このことを全体の6分の1の字数を費やす。前にも述べたが，経験談となると書きやすいがために長々と述べてし

まいがちであるが，出題者はそのようなことは求めていない。次の本文で教師として授業等の中で活用できる様な経験であり，またつながるような論述でなければならない。

　本文は全体の字数の3分の2程度がよい。全体が800字であるなら2分節が適当であろう。遊びの中でよく学ぶことに，「一人一人皆違うのだ」ということがある。遊びたいということは共通していても，いざ何をとなると意見が割れてしまう。これは個性はまちまちなのだということを学ぶ機会でもある。また遊びは大まかなルールで行うが，時折ルールの解釈違いでトラブルに発展することもある。また審判がいるわけでもない遊びなので，争いが起こることもある。このようなトラブルでけんかに発展することもある。だがある子は遊びは楽しくなければと，笑い流してしなう。人間関係の難しさも学べると同時に，笑って過ごせるという気持ちの大きさのすばらしさを学ぶこともある。

　これらをどのように教育の上で役立たせるかである。その方法は教師としてのあなたのの資質能力につながる。子どもたちに経験したことを話すのは簡単であるが，それではあまりにもありふれているし，読み手に感動を与えない。前述の学んだ「個性」にしても「気持ちの持ち方」にしても，それらを発達段階に即した導き方をするのである。対象が小学生ならどうするか。高校生ならと教師であるあなたならではの配慮を示すのである。

　遊びといっても，日常の会話でもよい。友だちとの普段の会話の中にも，学ぶことは多くあるはずである。学び取る感覚も教師には貴重なのである。教職を希望する以上，現在でも学ぶ姿勢がなければならない。結文の6分の1の字数をつかってその努力を述べるのである。

面接試験　実施問題

2024年度

※校種等共通の携行品

　受験票，筆記用具(三角定規，コンパスを含む)，内履き，下足袋。

　(注)必要に応じて，熱中症予防のため飲み物等を準備すること。

〈面接における評価の観点〉

○面接(1次選考及び2次選考の個人面接)

　「教師としての姿勢」，「広い教養と豊かな感性」，「高い倫理観」，「教育への理解」，「教師としての指導力」等

※集団討議は廃止

◆実技試験(1次選考)

▼中高英語／特支中学部英語　面接官2人(2人とも日本人)　3分

【課題】

□英語による面接および集団討論

・3人1グループでそれぞれ名前の代わりにA, B, Cと書かれたカードが机に置いてあり，試験中は，アルファベットで指名される。

〈内容〉

□簡単な挨拶「元気ですか？」など。

□1対1の質問「新しく挑戦してみたいことについて」Aから順に話す。

□もし自分が中学生に戻ったら何をしたいか(順番に当てられる)。

□4コマ漫画(コボちゃんなど)の描写

・一人一人行う。

・40秒準備時間，1分で口頭描写。

・漫画は裏返しの状態で配布され，表にして良いタイミングなど指示される。

・漫画の内容はそれぞれ異なる。漫画の中には日本語で登場人物のセ

リフなども書かれている。

〈評価の観点〉

①考えをまとめ，英語で的確に表現する力。

②英語で積極的に発言し，相手の意向を理解して適切に応じる力。

▼中学技術／特支中学部技術

※当日指示される。

〈持ち物〉作業衣

▼中学音楽／特支中学部音楽　6分

【課題1】

□新曲視唱

※この曲を20秒間見てから歌い始めなさい。

※出だしの音，または，ハ長調のⅠの和音をピアノで弾いてもよい。

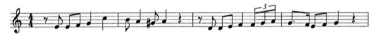

【課題2】

□新曲視奏

※この楽譜を20秒間見てから演奏しなさい。

【課題3】

□歌唱指揮

　中学校学習指導要領(平成29年3月告示)による歌唱共通教材のうちから任意の1曲を選び，歌いながら指揮する。

※伴奏なし。

【課題4】

□歌唱共通教材ピアノ伴奏

　中学校学習指導要領(平成29年3月告示)による歌唱共通教材のうちから任意の1曲を選び，伴奏譜によるピアノ演奏をすること。

※演奏譜は特に指定しない。

【課題5】

□随意選択演奏(歌唱又は器楽)

○歌唱…任意の1曲を歌う。自分で伴奏しながらも可。

○器楽…任意楽器で任意の1曲を演奏する。

※伴奏なし。

　なお，演奏する随意曲の楽譜と同じものを実技試験当日に提出すること。

〈評価の観点〉

①音程，音符・休符等のリズムの正確さ。

②正確に，途中止まらずに音楽的に演奏しているか。

③曲想を生かした指揮や歌唱ができているか。

④曲想を生かした伴奏をしているか。

⑤音楽性と演奏技能。

〈持ち物〉楽譜(随意曲の楽譜は提出)，楽器(ピアノ以外の楽器を使用する場合)

▼中学美術／特支中学部美術　100分

【課題】

□絵画分野

○水彩画

〈評価の観点〉

○水彩の基礎的な表現能力

　デッサン力と水彩に関する技能の基礎的な表現の能力を身につけている。

〈持ち物〉鉛筆，消しゴム，はさみ，カッターナイフ，直定規，三角定規，コンパス，実習衣，パレット，水彩絵の具(水彩色鉛筆・水溶性パステルなどの固形タイプ及びアクリル絵の具は不可)，画筆，筆洗，筆ふき用スポンジ(布も可)

▼中高保体／特支中学部保体

【課題】

□次の5領域から2領域を選択

□陸上競技

○50ハードル走(台数4台(雨天時3台))

・インターバル

　男子8.0m，8.5mから選択

　女子7.0m，7.5mから選択

・高さ

　男子0.914m

　女子0.762m

〈評価の観点〉

①スピード感

②リズム感

③フォーム

□器械運動…下記の5つの技を組み合わせて演技する。

・倒立前転

・伸膝前転
・ロンダート
・前方倒立回転跳び
・後転倒立
〈評価の観点〉
①技の安定性
②技の滑らかさ
③演技の構成
□球技…バレーボール，バスケットボール，サッカーのうち1種目
○バレーボール
・パス
　オーバーハンドパス
　アンダーハンドパス
・スパイク
・サーブ
・ネットの高さ
　男子2m30cm
　女子2m10cm
〈評価の観点〉
①パスの技術
②スパイクの技術
③サーブの技術
○バスケットボール
・パス
　ドリブル
　シュート
・ドリブルシュート
・ゴール下のシュート
〈評価の観点〉
①各動作の技術

②各動作の連携

③体の使い方

○サッカー

・ドリブル

・トラップ

・シュート

〈評価の観点〉

①ドリブルの技術

②ラップの技術

③シュートの技術

□武道…柔道，剣道のうち1種目

○柔道

・基本動作(受け身)

・基本となる技

　投げ技(手技，足技，腰技から選択)

　固め技の連絡(各自選択)

〈評価の観点〉

①受け身の技術

②投げ技の技術

③固め技の技術

○剣道

・基本動作・基本の打突(切り返し・基本の打突)

・しかけ技(二段技，引き技等)

・基本動作(切り返し)

・しかけ技と応じ技

・立ち合い

〈評価の観点〉

①切り返しの技術

②しかけ技と応じ技の技術

③立ち合いの技術

□ダンス…音楽を聞いてテーマを考えた後に，ダンスを創作して発表する。

〈評価の観点〉

①テーマの設定

②テーマにふさわしい動き

③作品の構成内容としてのまとまり

〈持ち物〉運動着，運動靴，武道を選択する者はその用具

▼中高家庭／特支中学部家庭

【課題】

□食物調理

○カスタードプディング

○マセドアンサラダ

〈評価の観点〉

①調理に関する基礎的・基本的な知識・技能を有しているか。

②調理に必要な手順や時間を考えて計画性もって取り組んでいるか。

③実技試験への取り組み状況からみられる教科指導への意欲。

□被服製作

○巾着袋(まち付き)の標本

〈評価の観点〉

①被服製作に関する基礎的・基本的な知識・技能を有しているか。

②製作に必要な手順や時間を考えて計画性もって取り組んでいるか。

③実技試験への取り組み状況からみられる教科指導への意欲。

〈持ち物〉実習衣

▼養護教諭

【課題】

□救急処置

○踵骨骨折への対応(固定法等)

〈評価の観点〉

①救急処置の知識に関する観点
②救急処置の技能に関する観点
③ショックが伴うものとしての対応に関する観点
〈持ち物〉運動着，運動靴(内履き)

◆個人面接Ⅰ・個人面接Ⅱ(2次選考)　面接官2〜3人　15〜20分
　※個人面接は2回行われる。
　▼小学校
〈面接Ⅰ〉面接官3人　受験者1人　15分
【質問内容】
□志望動機。
□子どもと一緒に考えたいニュースは。
□プログラミング教育について。
□個別最適な学びとは。
【場面指導】
□小学3年生の担任で，授業中に静かになりません。あなたはどう対
　応しますか。
〈面接Ⅱ〉面接官2人　受験者1人　15分
【質問内容】
□希望勤務地について。
□推薦で受験した理由。
□ストレス解消法。
□山形県の新採教員への待遇について。

　▼高校英語
〈面接Ⅰ〉面接官3人　受験者1人　15分
【質問内容】
□教員を目指す理由は。
　→「恩師が肯定的な指導をしてくれたおかげで達成感を感じること

　　　ができ，それによって新しいことに挑戦できた。それを今度は自
　　　分が教員として子供たちを支える指導をしたい」と述べたところ，
　　　面接官から，「恩師からどのような声がけがありましたか？」と
　　　具体的に聞かれた。

□「教員として頑張りたいこと」として，「生徒が国際交流に興味を持
　つことのできる活動に取り組みたい」とあるが，もし英語が苦手で，
　そのような活動が難しい生徒がいた場合どうするか。

□「教員への適性」として，自分の挫折の経験から，「頑張っているけ
　れども成果が出ない生徒たちに親身になって指導できる」と述べて
　いるが，具体的にどのような指導ができるか。
　→「挫折の経験も今後の人生における糧になると話したい」と伝え
　　たところ，「今後の人生における糧とは具体的にどのようなこと
　　ですか」と聞かれた。

□性暴力や，交通違反，飲酒運転といった教員の不祥事が相次いでい
　るが，それについてどう思うか。

□不祥事はなぜ起こると思うか。
　→「日々の業務の多忙で心の余裕がなくなったり，ストレスを感じ
　　るから」と答えたところ，「あなたのストレス対処法はなんです
　　か」と聞かれた。

□合理的配慮をあなたは教員としてどう実現したいか。

□ChatGPTなどの生成AIが普及している中，英語教育の意義はなんだ
　と思うか。
　→「自分の考えを書いたり伝えたりするのは人間特有の能力なので，
　　英語教育の意義もそこにあると思う」と答えたところ，「国語科
　　でそれは実現できれば良いのではないですか。」と聞かれた。

・エントリーシートに書いた内容に対しての質問が多かった。

【場面指導】

□高校1年生のある生徒が友達とお昼ご飯を食べず，毎日1人で図書
　館に行って本を読んでいる。あなたはどう対応するか。
　→その生徒は「本を読むのが好きだからこうしているのだ」と答え

るが，実際には他に理由がありそうだ。あなたはどう対応するか。

→その生徒の保護者から「うちの子どもが学校で仲間外れにされている」と電話がかかってきた。保護者，生徒，そして学校の他の職員に対してどう対応，取り組みを行っていくか。

→実は，生徒がお昼図書館に一人でいた原因は，保護者がお弁当を作ってくれないことにあった。どう対応するか。

□進学校と呼ばれる学校では，受験に向けた英語教育が行われ，学習指導要領に示す英語教育の目標が果たされていないと指摘する人もいるが，あなたはそれについてどう思うか。

〈面接Ⅱ〉面接官2人　受験者1人　15分

【質問内容】

□賞罰の有無(履歴書内容の確認)。

□大学在学中とのことだが，教員免許に必要な単位は順調に取っているか。

□大学ではどんな研究をしているか。

□就職してから，健康面での不安はあるか。

□赴任地の希望はあるか。

□大学院へ進学予定はあるか。

□他の企業や自治体を受けているか。

□教育実習にはいつ行ったか。

→教育実習で大変だったことや印象に残っていることは何か。

□教育実習の指導教官に言われたアドバイスで印象的だったものは何か。

□教員の不祥事についてどう思うか。

→教員の不祥事はなぜ起こると思うか。

□どんな時にストレスを感じやすいか。

→ストレス対処法は何か。

▼中学社会

〈面接Ⅰ〉面接官2人　受験者1人　17分

【質問内容】

□教育実習で印象に残っていることは。

□魅力のある社会科の授業とは。

□教員の不祥事はなぜ起こるのか。また，あなた自身が気をつけることは。

□部活動が地域に移行されていくことについてのあなたの考えは。

□どのようなことにストレスを感じるか。またストレス対処法は。

〈面接Ⅱ〉面接官3人 受験者1人 17分

【質問内容】

□社会科の授業におけるICTの活用法は。

□SNSの使用にはどのようなことを伝えるか。

□ブラック校則についてあなたの考えは。

【場面指導】

□Aさんは勝手に授業中に話し始めたり，立ち歩いたりしてしまう。学級内の生徒もAさんを迷惑がり，避け始めた。Aさんと他の生徒にどのような指導をしていくか。

◆実技試験(2次試験)

▼小学校教諭／特支小学校教諭

※次の音楽又は英語の中から1つを選択(小学校英語志願者は英語を選択)する。

【音楽課題】

□小学校学習指導要領(平成29年3月告示)〔第5学年及び第6学年〕による歌唱共通教材のうちから任意の1曲を選び，伴奏譜によるピアノ演奏をすること。なお，ピアノ演奏の伴奏譜は特に指定しない。

〈評価の観点〉

演奏の正確さや適切な音楽表現ができているか。

【英語課題】受験者1人 面接官2人 約5分

□英語による簡単な自己紹介(30秒程度)と日常会話。

〈質問例〉
・What is the best movie you have ever seen?
・Who is your favorite singer?
・What kind of music do you like to listen to?
・What do you usually eat for lunch?
・Please tell us your name.
・Please introduce yourself.
・When do you feel happy?

〈評価の観点〉
①初歩的な英語を用いて自分のことを聞き手に正しく伝える力
②英語の質問を聞いて適切に応じる力
③コミュニケーションを図ろうとする意欲・態度

◆適性検査(2次選考)　20分
【内容】
□YG性格検査
・試験時間: 20分
・問題数:100問程度
・マークシートに当てはまる数字を塗りつぶす方式。
・5分ごとに時間と目安の問題数がアナウンスされる。

2023年度

※校種等共通の携行品
　受験票，筆記用具(三角定規，コンパスを含む)，内履き，下足袋，不織布マスク。
(注)必要に応じて，熱中症予防のため飲み物等を準備すること。
〈面接における評価の観点〉

○面接(1次選考及び2次選考の個人面接)

「教師としての姿勢」,「広い教養と豊かな感性」,「高い倫理観」,「教育への理解」,「教師としての指導力」等

◆実技試験(1次選考)

▼中高英語／特支中学部英語

※面接官2人(2人とも日本人)　受験者3人　20分

【課題】

□英語による集団面接

〈内容〉

□もし自分が中学生に戻ったら何をしたいか(順番に当てられる)。

□4コマの絵の説明(3人それぞれ違う絵)。

□中学生のアウトプット能力を増やすための方法(ディスカッション)。

□質問は全て英語。

▼中学技術／特支中学部技術

※当日指示される。

〈持ち物〉作業衣

▼中学音楽／特支中学部音楽

【課題1】

□新曲視唱

※この曲を20秒間見てから歌い始めなさい。

※出だしの音,または,イ長調のⅠの和音をピアノで弾いてもよい。

【課題2】
□新曲視奏
※この楽譜を20秒間見てから演奏しなさい。

【課題3】
□ピアノ演奏

　中学校学習指導要領(平成29年3月告示)による歌唱共通教材のうちから任意の1曲を選び，伴奏譜によるピアノ演奏をする。
※演奏譜は特に指定しない。

【課題4】
□ピアノ演奏と同様に任意の1曲(別の曲でも可)を選び，指揮をしながら歌う。
※伴奏なし。

【課題5】
□随意曲(歌曲又は器楽曲のうちの任意の1曲)を伴奏なしで演奏すること。ただし，歌曲を選択した者は，自分で伴奏しながら歌うことも可とする。なお，演奏する随意曲の楽譜と同じものを実技試験当日に提出すること(試験終了後返却)。

〈持ち物〉楽譜(随意曲の楽譜は提出)，楽器(ピアノ以外の楽器を使用する場合)

▼中学美術／特支中学部美術

※当日指示される。

〈持ち物〉鉛筆，消しゴム，はさみ，カッターナイフ，直定規，三角
　定規，コンパス，実習衣，パレット，水彩絵の具(水彩色鉛筆・水
　溶性パステルなどの固形タイプ及びアクリル絵の具は不可)，画筆，
　筆洗，筆ふき用スポンジ(布も可)

▼中高保体／特支中学部保体

【課題】

□次の5領域から2領域を選択

○陸上競技…ハードル

○器械運動…マット

○球技…バレーボール，バスケットボール，サッカーのうち1種目

○武道…柔道，剣道のうち1種目

○ダンス…創作ダンス

〈持ち物〉運動着，運動靴，武道を選択する者はその用具。

※感染予防対策として，水泳は中止。

▼中高家庭／特支中学部家庭

※当日指示される。

〈持ち物〉実習衣

▼養護教諭

※当日指示される。

〈持ち物〉運動着，運動靴(内履き)

◆集団討議(1次選考)

　※感染予防対策として，中止。

◆模擬授業(2次選考)

　※感染予防対策として，中止。

◆個人面接Ⅰ・個人面接Ⅱ(2次選考)　面接官2～3人　15～20分

　※個人面接は2回行われる。

　▼小学校

〈面接Ⅰ〉面接官3人　受験者1人　20分

【質問内容】

□なぜ山形県を志望したのか。

□魅力ある教材とはどんなものか。具体的に一つ述べよ。

□どんな授業を行いたいと考えているか。また，その授業を通して児童にどのような力を身に付けさせていきたいか。

□理想の教師像は何か。

□子どもを理解する際に大切にしていることは何か。

□教員は世間知らずと言われるが，なぜだと思うか。

□最近のニュースで子どもたちに伝えたいことは何か。

□教育実習で感銘を受けたことは何か。

□ICTの活用方法についてこれまで学んできたか。

□社会に開かれた教育課程で大切なことは何か。

□HPに子どもたちの様子を上げる際，注意する点は何か。

□プログラミング教育が始まった経緯を述べよ。

□小学5年生で，掃除の時間に真面目にやっている子と遊んでいる子がいた。あなたはどうするか。

〈面接Ⅱ〉面接官2人　受験者1人　20分

【質問内容】

□なぜ山形県を志望したのか。

□親は山形県で教員をやりたいと伝えた時，何と言っていたか。

□コミュニケーション力があるとはどういうことか。

□お互いが納得できるルールとは具体的に何か。

□教育方針が異なる教員と話し合う時どうするか。共通点がないくらい異なっていた場合で，一つの方向性を決めなければならない場合はどうするか。

□どんな時にストレスを感じるか。

□教員は思うようにうまくいかないときが多くあるが，どうするか。

□児童生徒や保護者から信頼される教員とはどのような教員か。

□信頼される教員になれた際，どんなことをしてみたいか。

□規範意識やルールについて，児童にどのように指導していくか。

□不祥事とは何か。

□不祥事を起こさないために，あなたはどのようなことに取り組むか。

□なぜ研究と修養に努める必要があるのか。

□子どもの腕や足にあざが見られた時どうするか。

□合格して学校に配属された際，教員の中で最年少となるがどうしたいか。

▼中学英語

〈面接Ⅰ〉面接官2人　受験者1人　20分

【質問内容】

□山形県を志望する理由は。

□英語教員を目指した理由は。

□山形県以外の自治体は受けているか。

□挫折経験とその乗り越え方は。

□山形県を含め複数の自治体に受かった場合どうするか。

□民間の会社は受けているか。

□生徒が挫折を経験したら，どのように声をかけるか。

□教育実習で印象に残っていることは。

□英語教育の意義をどのように生徒に伝えるか。

□ストレスには強いか。

□教育現場で起きている問題で関心のあることは。

□異性の生徒に2人きりで話がしたいと言われた場合どうするか。

〈面接Ⅱ〉面接官3人　受験者1人　20分
【質問内容】
□これからの英語教育は何が重要か。
□なぜ山形県なのか。
□教師になって5年後，どのようになっていたいか。
□山形県の印象は。
□中学校の役割は何か。
□小学校と中学校の英語教育の違いは何か。
□どんな生徒を育てたいか。
□生徒指導において何を重要視するか。
□グループワークで話に加わらない生徒がいた場合どうするか。また，その生徒が「私が話しても誰も聞いてくれない」と言ってきた場合どう対応するか。
□グループ活動に参加しない生徒が大勢いる場合どうするか。

▼中学保体
〈面接Ⅰ〉面接官3人　15分
【質問内容】
□運動する子どもとそうでない子の二極化や，体力低下の原因は何だと考えるか(エントリーシートの内容)。
□体力向上のためにできることは何か。
□運動が嫌いな子にはどう対応するか。
□運動とスポーツの違い。
□体育とスポーツの違い。
□担任力とは何か。また，その中で自分が不足しているものは何だと思うか。
□ボランティア活動の経験はあるか。
□教育の中で大切にしている言葉はあるか。
□社会人として知識を深めるために行っていることは何か。
□カリキュラムマネジメントをどう捉えているか。

□クラス，学級を良くするために大事にしていることは何か。

【場面指導】

□中学校2年生の担任として

「Aさんが学校に持ち込み禁止の物を持ち込み，ゲームをしていました。それをみたBさんがあなたに教えてくれました。Aさんは『周りに迷惑をかけているわけではないから，いいだろう』と言いました。その結果，AさんとBさんの仲がこじれてしまいました。」

上記事項に対してどのように対応するか。

〈面接Ⅱ〉面接官2人　15分

【質問内容】

□履歴書に間違い，変更点などはないか。

□希望の勤務地域はあるか。

□具体的な競技をあげて，運動嫌いな子にどのような手立てをしていくか。

□粘り強く堅実にという長所を具体的に説明せよ(エントリーシートから)。

□校長先生の印象に残っている言葉。

□部活の体罰について。

□バスケをしている教員(私の専門がバスケだったため)は，体罰をしたり厳しいというイメージがあるが，どうか。

□体罰をしない自信はあるか。

□いじめがないようにするには担任としてどうしたらいいか。

□職場には尊敬できない人・先輩や，苦手な人がいると思うが，あなたはどう接していくか。

□体育の授業での魅力ある授業とはどういった授業か。

◆実技試験(2次試験)

▼小学校教諭／特支小学校教諭

※次の音楽又は英語の中から1つを選択(小学校英語志願者は英語を選

択)する。

【音楽課題】

小学校学習指導要領(平成29年3月告示)〔第5学年及び第6学年〕による歌唱共通教材のうちから任意の1曲を選び,伴奏譜によるピアノ演奏をすること。なお,ピアノ演奏の伴奏譜は特に指定しない。

【英語課題】

英語による簡単な自己紹介と日常会話。

□受験者1人　面接官2人

□試験時間：約5分

〈質問例〉

・Who is your favorite singer?

・What kind of music do you like to listen to?

・What do you usually eat for lunch?

・Please tell us your name.

・Please introduce yourself.

・When do you feel happy?

〈評価の観点〉

① 初歩的な英語を用いて自分のことを聞き手に正しく伝える力

② 英語の質問を聞いて適切に応じる力

③ コミュニケーションを図ろうとする意欲・態度

◆適性検査(2次選考)　20分

【内容】

□YG性格検査

・試験時間：20分

・問題数：100問程度

・マークシートに当てはまる数字を塗りつぶす方式。

・5分ごとに時間と目安の問題数がアナウンスされる。

2022年度

※校種等共通の携行品

受験票，筆記用具(三角定規，コンパスを含む)，内履き，下足袋，マスク。

(注)必要に応じて，熱中症予防のため飲み物等を準備すること。

〈面接における評価の観点〉

○面接(1次選考及び2次選考の個人面接)

「教師としての姿勢」，「広い教養と豊かな感性」，「高い倫理観」，「教育への理解」等

◆実技試験(1次選考)

▼中高英語／特支中学部英語

【課題】

□英語による面接

▼中学技術／特支技術

※当日指示される。

▼中学音楽／特支音楽

【課題1】

□新曲視唱

※この曲を20秒間見てから歌い始めなさい。

※出だしの音，または，ハ長調のⅠの和音をピアノで弾いてもよい。

【課題2】

□新曲視奏

※この楽譜を20秒間見てから演奏しなさい。

【課題3】

□ピアノ演奏

　中学校学習指導要領(平成29年3月告示)による歌唱共通教材のうちから任意の1曲を選び，伴奏譜によるピアノ演奏をする。

※演奏譜は特に指定しない。

【課題4】

□ピアノ演奏と同様に任意の1曲(別の曲でも可)を選び，指揮をしながら歌う。

※伴奏なし。

【課題5】

□随意曲(歌曲又は器楽曲のうちの任意の1曲)を伴奏なしで演奏すること。ただし，歌曲を選択した者は，自分で伴奏しながら歌うことも可とする。なお，演奏する随意曲の楽譜と同じものを実技試験当日に提出すること(試験終了後返却)。

〈持ち物〉楽譜(随意曲の楽譜は提出)，楽器(ピアノ以外の楽器を使用する場合)

▼中学美術／特支美術

※当日指示される。

〈持ち物〉鉛筆，消しゴム，はさみ，カッターナイフ，直定規，三角
定規，コンパス，実習衣，パレット，水彩絵の具(水彩色鉛筆・水
溶性パステルなどの固形タイプ及びアクリル絵の具は不可)，画筆，
筆洗，筆ふき用スポンジ(布も可)

▼中高保体／特支中学部保体

【課題】

□次の5領域から2領域選択

○陸上競技

○器械運動

○球技…バレーボール，バスケットボール，サッカーのうち1種目

○武道…柔道，剣道のうち1種目

○ダンス

〈持ち物〉運動着及び運動靴，武道を選択する者はその用具。

※コロナ感染防止対策のため，水泳は中止。

▼中高家庭／特支中学部家庭

※当日指示される。

〈持ち物〉実習衣

▼養護教諭

【課題】

□「嘔吐物の処理方法」

教室で嘔吐した生徒がいる。(当事者は教室にいない)

その現場には数人の生徒がいる。

嘔吐物処理をしなさい。

※制限時間2分30秒。

〈実技会場にあるもの〉

手袋，次亜塩素酸ナトリウム液(霧吹き)，ペーパータオル
・1人ずつ個室で実施。
・試験官2名
・課題提示後30秒以内に実技開始。
・実技中，補足説明可。
・実技終了直後，「どのような消毒液を使うか」の口頭質問あり。
・時間制限があるが，課題自体はそこまで難しくないため，落ち着いて実施してほしい。
〈持ち物〉運動着及び運動靴(内履き)

▼養護教諭
【課題】
□気持ちが悪いときの体位をとる。
□意識が朦朧としているときの体位をとる。
□エピペン®を自己注射する。
※実施時間3分。
・試験官2名。

◆集団討議(1次選考)
　※感染予防対策として，中止。

◆模擬授業(2次選考)
　※感染予防対策として，中止。

◆個人面接Ⅰ・個人面接Ⅱ(2次選考) 面接官2～3人　15分
　※個人面接は2回行われる。
　▼中学国語

〈面接Ⅰ〉面接官2人　15分
【質問内容】
□志望動機。
□ICTについて。
□履歴書の内容について。
□教員の不祥事について，なぜなくならないと思うか。
□やる気のない生徒にどう接するか。
□保護者対応。誰にも言わないで，と相談されたらどうするか。
〈面接Ⅱ〉面接官3人　15分
【質問内容】
□志望動機，教師に向いていると思う所，教師になったらやりたいこ
　とを簡単にまとめて述べよ。
□郷土愛を育むためにどうするか。
□生徒につけさせたい力。
□最近呼んだ本。
□次の首相は誰になってほしいか。
□教師の多忙化についてどう思うか。

▼中学保体
〈面接Ⅰ・Ⅱ〉面接官(面接Ⅰは3人，面接Ⅱは2人)　各15分
【質問内容】
□ワークライフバランスについてどう考えるか。
□趣味は何か。
□座右の銘は何か。
□教育実習で学んだこと。
□ヤングケアラーの子達をどう支えていくか。
□新学習指導要領で重視したいこと。
□最近気になるニュースで生徒に伝えたいものは何か。
□専門性を高めるためにしていることはあるか。
　・エントリーシートの内容がほとんど。

・個人面接の試験官は，5人中4人男，1人女。
・男の人1人がやや圧迫ぎみ。
・マスク着用，距離は遠め。5mくらい離れていた。
・優しめの面接官。

▼特支
〈面接Ⅰ〉面接官3人　15分
【質問内容】
□なぜ今，東京で働いているのに山形を受験したのか。
□志望理由に挙げている恩師とはどのような先生だったか。
□特支とはいつどのように関わったことがきっかけか。
□これまでの教員経験で学んだこと。
　　→(上記4つ　エントリーシートを見ながら)
□教育の使命とは。
□叱ると怒るは違うか，その理由。
□反抗的な児童がいたらどうするか。
□大切にしている言葉。
□子どもたちに考えさせたいニュース。
□学力の他に学校で教えたいこと。
□ネット依存について。
〈面接Ⅱ〉面接官2人　15分
【質問内容】
□これまでの勤務校の概要。
□賞罰の確認，勤務地の希望。
□特支で規範意識を育てるには。
□なぜ山形を希望したか。
□これまでの分掌や担任した学年。
□これまでの教員経験で辛かったことや苦しかったこと。
□苦労した保護者対応のケース。
□実勤務時間はどのくらいか。

□座右の銘。

▼養護教諭
〈面接Ⅰ〉面接官3人　15分
【質問内容】
□志望理由。
□学校における医療ケアとは。
□山形県の教員になりたい理由。
□山形県教育振興計画の「いのちをつなぐ」の解釈と養護教諭として
　どのように取り組むか。
□保護者からのクレームの対応。
□どのようなスキルアップを考えているか。
□どんな連携が必要か。
□情報機器に関する指導。
〈面接Ⅱ〉面接官2人　15分
【質問内容】
□大学，専門学校への進学の経緯。
□希望の勤務地。
□他の自治体の受験状況。
□看護師・保健師ではなく，なぜ養護教諭か。
□養護実習での学び。
□長所や養護教諭への適正について。
□親は進路についてどう考えているか。
□学生時代の生徒会活動について。

▼養護教諭
〈面接Ⅰ〉面接官3人　15分
【質問内容】
□養護教諭にしかできないことは何か。
□どんな保健室経営がしたいか。

□子どもの豊かな情報を育むための関わりは何か。
・専門的内容で,〈面接Ⅱ〉より難しかった。
〈面接Ⅱ〉面接官2人　15分
【質問内容】
□長所は何か。
□自分のしているコロナ対策は何か。
□なぜ教員に倫理観が必要か。
□ワークライフバランスはどう保つか。
・事務的確認(例：希望勤務地)が中心で,一般的内容で,〈面接Ⅰ〉より答えやすかった。

◆実技試験(2次試験)
　▼小学校教諭／特支小学校教諭
　※次の音楽又は英語の中から1つを選択(小学校英語志願者は英語を選択)する。
　【音楽課題】
　　小学校学習指導要領(平成29年告示)〔第5学年及び第6学年〕による歌唱共通教材のうちから任意の1曲を選び,伴奏譜によるピアノ演奏をすること。ピアノ演奏の伴奏譜は,特に指定しない。
　【英語課題】
　　英語による簡単な自己紹介と日常会話。

◆適性検査(2次選考)　20分
　【内容】
　□YG性格検査
　・時間内に記入が終わらない場合は,終わるまで時間が追加される。
　・102問のマークシート。
　・自分の考え方に最も適するものをマーク。
　・性格検査で,とてもあてはまる・ややあてはまる・どちらともいえ

ない・ややあてはまらない・全くあてはまらない，の5択から選ぶ
ものなど。

2021年度

※必要に応じて，熱中症予防のため飲み物等を準備すること。
〈面接・実技における評価の観点〉
○集団討論・個人面接
　「教師としての姿勢」「広い教養と豊かな感性」「高い倫理観」「教育
への理解」等
○模擬授業等
　「構成力」「表現力」「対応力」等
○実技試験
　「基本的な実技能力」「特技の程度」等

◆実技試験(1次選考)
　▼中高英語／特支英語
　【課題】
　□英語による面接
　※形式は，集団。マスク着用で3人。試験監督は2人。
　〈ステップ1〉簡単な英語の応答
　　Who do you trust the most?
　　→Why?
　〈ステップ2〉イラストを英語で描写
　　新聞の4コマ漫画を英語で描写する。
　　準備時間は1分，描写も1分。
　・英検の準一級の2次試験対策では不十分。
　・漫画の4コマの，独特の難しさがある。

〈ステップ3〉ディスカッション

　異文化を理解させるために，どんな授業をするか。

　試験監督が話始めのきっかけを与え，あとは他の受験者と議論を進める。

▼中学技術／特支中学部

※当日指示される。

〈持ち物〉作業衣

▼中高音楽

【課題1】

□新曲視唱

　この曲を20秒間見てから歌い始めなさい。

　出だしの音，または，イ短調のⅠの和音をピアノで弾いてもよい。

【課題2】

□新曲視奏

　この楽譜を20秒間見てから演奏しなさい。

【課題3】

□ピアノ演奏

　中学校学習指導要領(平成29年3月告示)による歌唱共通教材のうちから任意の1曲を選び，伴奏譜によるピアノ演奏をする。

※演奏譜は特に指定しない。

【課題4】

□ピアノ演奏と同様に任意の1曲(別の曲でも可)を選び，指揮をしながら歌う。

※伴奏なし。

【課題5】

□随意曲(歌曲又は器楽曲のうちの任意の1曲)を伴奏なしで演奏すること。ただし，歌曲を選択した者は，自分で伴奏しながら歌うことも可。なお，演奏する随意曲の楽譜と同じものを実技試験当日に提出すること(試験終了後返却)。

〈持ち物〉楽譜(随意曲の楽譜は提出)，楽器(ピアノ以外の楽器を使用する場合)

▼中高美術／特支美術

※当日指示される。

〈持ち物〉鉛筆，消しゴム，はさみ，カッターナイフ，直定規，三角定規，コンパス，画筆，水彩絵の具(水彩色鉛筆・水溶性パステルなどの固形タイプ及びアクリル絵の具は不可)，パレット，筆ふき用スポンジ(布も可)，筆洗，実習衣

▼中高保体／特支保体

【課題】

□次の5領域から2領域選択

○陸上競技

○器械運動

○球技…バレーボール，バスケットボール，サッカーのうち1種目

○武道…柔道，剣道のうち1種目

○ダンス

〈持ち物〉運動着及び運動靴，武道を選択する者はその用具。

※感染予防対策として，「剣道」を選択した者は，面マスクを持参し，シールドについては必要に応じて着用する。

※コロナ感染防止対策のため，水泳は中止。

▼中高家庭／特支家庭

※当日指示される。

〈持ち物〉実習衣

▼養護教諭

※当日指示される。

〈持ち物〉運動着及び運動靴(内履き)

▼養護教諭

【課題】

□「嘔吐物の処理方法」

※1人ずつ個室で実施。

※課題提示後30秒以内に実技開始。

※実技実施時間は2分30秒以内。

※実技中，補足説明可。

※実技終了直後，「どのような消毒液を使うか」の口頭質問あり。

・時間制限があるが，課題自体はそこまで難しくないため，落ちついて実施してほしい。

▼養護教諭
【課題】
□教室で嘔吐した生徒がいる。(当事者は教室にいない)
　その現場には数人の生徒がいる。嘔吐物処理をしなさい。
※制限時間2分30秒。
※実技会場にあるもの：手袋，次亜塩素酸ナトリウム液(霧吹き)，ペーパータオル

◆集団討議(1次選考)
※感染予防対策として，中止。

◆模擬授業(2次選考)
※感染予防対策として，中止。

◆個人面接Ⅰ・個人面接Ⅱ(2次選考)　面接官2～3人　15分
※個人面接は2回行われる。

▼中学国語
〈面接Ⅰ〉面接官3人　15分
【質問内容】
□エントリーシートに書いてある項目をそれぞれ詳しく説明せよ(志望理由→頑張りたいこと→長所・適性)。
□国語の教員として山形の中学生に何を伝えたいか。
□自分(教師)の力で直接影響を与えるならば，小学校の教員の方が良いのではないか。
□エントリーシートに適性として書いた「試行錯誤を怠らない」とは具体的にどういうことか。

□自分自身の感性を広げるために行っていることはなにか。

□自民党総裁選が行われているが，日本のリーダーに必要な資質とは何で，候補者の中では誰になってほしいか。

□特別な支援が必要な子供に関わるにあたり気を付けたいことはなにか。

〈面接Ⅱ〉面接官2人　15分

【質問内容】

□他県の教採や企業の選考は受けているか。

□履歴書の賞罰無しという記載は間違いないか。

□勤務地の希望はあるか。

□履歴書に在宅とあるが，今後(教採後)の予定は。

□大学時代どのような教育関係の事業に関わったのか。

□エントリーシートに書いた「困難を抱える子供たち」とは，具体的にどんな困難があったのか。

□努力したいこととして「対話すること」をエントリーシートに書いているが，何故対話が必要だと思うのか。

□困難を抱える子供たちと関わってきて，実際現場でどんなことが活かせるか。

□(前間で，学ぶ意味など無いと率直に言われて即答できなかった経験を話したので)今その時に戻れるなら，その子にどんなことを話すか。

□教員の不祥事は何故起きるか。

□(前間で，ストレスを処理できないことを原因の一つに挙げたので)自分自身はストレスをどう解消しているか。

□コミュニケーションは得意か。何故教員同士の報連相が必要か。

▼中学国語

〈面接Ⅰ〉面接官2人　15分

【質問内容】

□志望動機。

□ICTについて。

□履歴書の内容について。

□教員の不祥事について，なぜなくならないと思うか。

□やる気のない生徒にどう接するか。

□保護者対応。

　　→誰にも言わないでと相談されたらどうするか。

〈面接Ⅱ〉面接官3人　15分

【質問内容】

□志望動機，教師に向いてると思う所，教師になったらやりたいことを簡単にまとめて述べよ。

□郷土愛をはぐくむためにどうするか。

□生徒につけさせたい力はどのようなものか。

□最近読んだ本はどんな本か。

□次の首相は誰になってほしいか。

□教師の多忙化についてどう思うか。

▼中学英語

〈面接Ⅰ〉面接官3人　15分

【質問内容】

□主体性をどう育むか。

□生徒につけたい力はどのようなことか。

□子供に伝えたいニュース，伝えたくないニュースはなにか。

□豊かな人間性を育むには，どのようにすればよいか。

□反抗的な生徒もいるが，どうするか。

□信頼される教員になるにはどうするか。

□教師として成長するためにすること，していることはあるか。

□長所を伸ばした方がいいと思うか，短所を改善した方がいいと思うか。

□深い学びとはなにか。

　　→具体的には。

□今の教育と昔の教育との違いはどのようなことか。

・エントリーシートから多く質問された。

・「他には」「学習指導はわかったけれど，生徒指導面ではどうか」などと，結構圧迫ぎみだった。

〈面接Ⅱ〉面接官2人　15分

【質問内容】

□賞罰はないか。

□不祥事についてどう思うか。

□勤務時間が多いが，どう思うか。どうしたらいいか。

□チームの一員として，あなたができることはなにか。

□同僚性を育む上で，大事にしたいことはどんなことか。

□学校には先生方以外にも様々な人がいる。大事にしたいことはなにか。

・エントリーシートから多く質問された。

・面接Ⅰとは違い，やさしい面接官だった。

▼養護教諭

〈面接Ⅰ〉面接官3人　15分

【質問内容】

□志望理由。

□学校における医療ケアとはどのようなことか。

□山形県の教員になりたい理由はなにか。

□山形県教育振興計画の「いのちをつなぐ」の解釈と，養護教諭としてそのことにどのように取り組むか。

□保護者からのクレームに対して，どのように対処するか。

□どのようなスキルアップを考えているか。

□どんな連携が必要か。

□情報機器に関する指導はどうするか。

〈面接Ⅱ〉面接官2人　15分

【質問内容】

□大学，専門学校への進学の経緯。

□希望の勤務地。

□他の自治体の受験状況。

□看護師・保健師ではなくなぜ養護教諭か。

□養護実習での学び。

□長所や養護教諭への適性について。

□親は進路についてどう考えているか。

□学生時代の生徒会活動について。

▼特別支援学校

〈面接Ⅰ〉面接官3人　15分

【質問内容】

□なぜ今，東京で働いているのに山形を受験したのか。

□志望理由にあげている恩師とはどのような先生だったか。

□特支とはいつどのように関わったことがきっかけか。

□これまでの教員経験で学んだことはどのようなことか。

□教育の使命とはどのようなことか。

□叱ると怒るはちがうか，その理由はなにか。

□反抗的な児童がいたらどうするか。

□大切にしている言葉はなにか。

□子供たちに考えさせたいニュースはあるか。

□学力の他に学校で教えたいことはなにか。

□ネット依存についてどのように考えるか。

〈面接Ⅱ〉面接官2人　15分

【質問内容】

□これまでの勤務校の概要。

□賞罰の確認，勤務地の希望。

□特支で規範意識を育てるにはどのようにすればよいか。

□なぜ山形を希望したか。

□これまでの分掌や担任した学年はどのようなものか。

□これまでの教員経験で辛かったことや苦しかったことはあるか。
□苦労した保護者対応のケースはあるか。
□実勤務時間はどのくらいか。
□座右の銘はなにか。

◆実技試験(2次試験)
　▼小学校教諭／特支小学校教諭
　※次の音楽又は英語の中から1つを選択(小学校英語志願者は英語を選
　　択)する。
　【音楽課題】
　　小学校5・6学年学習指導要領による歌唱共通教材のうちから任意の
　　1曲を選び，伴奏譜によるピアノ演奏。ピアノ演奏の伴奏譜は，特
　　に指定しない。
　【英語課題】
　　英語による簡単な自己紹介と日常会話とする。

◆適性検査(2次選考)　20分
　※100問程度の性格診断のようなもの。
　・ある文章について当てはまる程度を答えるもの。
　・二つの文章があり，どちらにより近いか答えるもの。
　・二つの職場の条件があり，どちらがより嫌か答えるもの。
　・サークルのリーダーという設定で，後輩のリーダーを指名するにあ
　　たり次のような人物のうち誰を指名するか。また誰が最初に候補か
　　ら外れたか。
　・タクシーに乗っていたら，目の前の車が急停車したため自分の乗っ
　　ていたタクシーの運転手が急ブレーキを踏んだ。タクシー運転手が
　　とる言動としてもっともらしいのはどれで，またもし自分が運転手
　　であればどの言動をとるか。

・複数の木の絵の中から，最も好きなものと嫌いなものを一つずつ選ぶ。
・こんなとき，どうしているかというような質問をマークする。
・スピードが求められる。
・鉛筆持参がよい。
・時間内に記入が終わらない場合は，終わるまで時間が追加される。

2020年度

※必要に応じて，熱中症予防のため飲み物等を準備すること。
〈面接・実技における評価の観点〉
○集団討論・個人面接
　「教師としての姿勢」「広い教養と豊かな感性」「高い倫理観」「教育への理解」
○模擬授業等
　「構成力」「表現力」「対応力」
○実技試験
　「基本的な実技能力」「特技の程度」
◆実技試験(1次選考)
　▼小学校全科／特支小学部
　【課題】
　□水泳25m(水中からのスタート)
　・プールの真ん中のレーン(4〜6レーンぐらい)で練習可能だった。
　・準備ができた人から本番だった。
　・泳いだ距離，タイム，フォームなどを見て，採点している。
　〈持ち物〉水着，水泳帽子

　▼中高英語／特支英語
　□英語による面接

▼中学技術／特支中学部
※当日指示される。
〈持ち物〉作業衣

▼中高家庭／特支家庭
【裁縫課題】
□下記の指示により，縦29cm・横26cmの布を用いて，幼児向けエプ
　ロンの標本を製作し，提出しなさい。大きさ・形は出来上がり図の
　とおりとする。
〈製作上の留意点〉
1　エプロンの周囲はすべて三つ折り(幅1.5cm×2)にする。
2　胸元，脇，袖ぐりの部分を三つ折りにし，ミシンをかける。
3　すその部分を三つ折りにし，半分をなみ縫い(針目の間隔は0.4cm程
　度)，もう半分をまつり縫い(針目の間隔は0.5cm程度，表針目の大き
　さは0.1cm程度)にする。
4　ひもを通し，ひもの両端をそれぞれ結ぶ。
5　試験時間は，後片付けを含めて30分とする。

〈出来上がり図〉

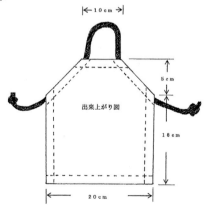

237

【調理課題】

□下記の指示により，きゅうりを指定の切り方にし，提出しなさい。
また，「かきたま汁」を調理し，提出しなさい。

〈調理の条件〉

1　熱源は1人1つとする。

2　盛りつけの器は，準備されているものを使うこと。

3　計量はすべて，計量カップまたは計量スプーンを使うこと

4　試験時間は，後片付けを含めて30分とする。

きゅうりの切り方

　以下の指示に従い，きゅうりを切りなさい。

① 　きゅうりを半分にし，そのうちの1つを長さ5cmのななめ切
りにしなさい。

② 　ななめ切りにしたきゅうりの半分をせん切りにしなさい。

③ 　半分にしたきゅうりのもう一方を半分に切り，厚さ0.2cm以
下の小口切りにしなさい。

④ 　残ったきゅうりを縦半分に切り，一方を厚さ0.2cm以下の半
月切りにしなさい。

かきたま汁(2人分)

〈材料〉

卵1個，ねぎ3g，こんぶ5g，かつおぶし5g，水400mL，塩2g，
しょうゆ3g，片栗粉3g

〈調理の留意点〉

・こんぶとかつおぶしでだし汁をとる。

・ねぎは小口切りにしてちらす。

・2人分調理し，お椀に盛り，2人分を提出する。

〈持ち物〉実習着

〈受験者のアドバイス・感想〉

・高校・家庭の受験者4名で1グループだった。

▼中高音楽

【課題1】

□新曲視唱

　この曲を20秒間見てから歌い始めなさい。

　出だしの音，または，イ短調のⅠの和音をピアノで弾いてもよい。

【課題2】

□新曲視奏

　この楽譜を20秒間見てから演奏しなさい。

【課題3】

□ピアノ演奏

　中学校学習指導要領(平成29年3月告示)による歌唱共通教材のうちから任意の1曲を選び，伴奏譜によるピアノ演奏をする。

※演奏譜は特に指定しない。

【課題4】

□ピアノ演奏と同様に任意の1曲(別の曲でも可)を選び，指揮をしながら歌う。

※伴奏なし。

【課題5】

□随意曲(歌曲又は器楽曲のうちの任意の1曲)を伴奏なしで演奏すること。ただし，歌曲を選択した者は，自分で伴奏しながら歌うことも可。なお，演奏する随意曲の楽譜と同じものを実技試験当日に提出すること(試験終了後返却)。

〈持ち物〉楽譜(随意曲の楽譜は提出)，楽器(ピアノ以外の楽器を使用する場合)

▼中高保体／特支保体

【課題】

□水泳50m

□選択2領域〔陸上競技／器械運動／球技／武道／ダンス〕

○球技…選択1種目〔バレーボール／バスケットボール／サッカー〕

○武道…選択1種目〔柔道／剣道〕

〈持ち物〉水着，水泳帽子，運動着及び運動靴，武道を選択する者はその用具

▼高校保体

【課題】

□水泳

・自由形25m→平泳ぎ25m

□マット運動(器械運動)

・伸膝前転，倒立前転，後転倒立，ロンダート，前方倒立回転

□ハードル走(陸上競技)

・50m

▼中高美術／特支美術

※当日指示される。

〈持ち物〉鉛筆，消しゴム，はさみ，カッターナイフ，直定規，三角定規，コンパス，画筆，水彩絵の具(固形タイプは不可)，パレット，筆ふき用スポンジ(布も可)，筆洗，実習着

▼養護教諭

※当日指示される。

〈持ち物〉運動着及び運動靴(内履き)

▼養護教諭

【課題】

□手首の骨折を疑われる生徒がいます。固定を行いなさい。冷却と問診は不要。

※課題が書かれた紙を渡され，紙を置いた時点から10分タイマーではかられる。

※生徒役の人は図の状態で座っている。

※用意されている物品はシーネと弾性包帯，三角巾がそれぞれ1つずつのみ。

・落ち着いて課題を読む(課題の紙は回収される)。

◆集団討論(1次選考)　面接官2～3人　受験者4～6人　30～40分

▼全科

【テーマ】

□「主体的・対話的で深い学び」の実現が求められています。そうした状況の中で，「社会に出たときに役に立つから学ぶ」という考え方を持つ児童生徒もいます。「学び」の意義について，教員として児童生徒にどのように伝えたいと考えますか。自分自身の体験を踏まえながら話し合ってください。

□教職員や学校に関わる多様な人材が，それぞれの専門性を生かし，子どもたちに必要な資質・能力を確実に身につけさせることができるようにするために，「チームとしての学校」が求められています。「チームとしての学校」の在り方について，具体的な例をあげながら話し合ってください。

□現在，「いじめ」が社会的な問題になっており，本県でも，平成30年度の認知件数が前年度比1.7倍で，かつ過去最多となっています。「いじめ防止」のための有効な手立てについて，具体的な例をあげながら話し合ってください。

▼小学校全科

【テーマ】

□教員や学校に関わる多様な人材がそれぞれの専門性を生かし，子どもたちに必要な資質・能力を確実に身につけさせることができるようにするために「チーム学校」が求められています。「チーム学校」の在り方について，具体的な例をあげながら話し合ってください。

・特に司会を決めずに自分たちで進めていく形だった。

・よく人の話を聞く態度が1番に求められると思う。

▼小学校全科

【テーマ】

□教職員や学校に関わる多様な人材が，それぞれの専門性を生かし，子どもたちに必要な資質・能力を確実に身につけさせることができるようにするため，「チームとしての学校」が求められています。「チームとしての学校」の在り方について，具体的な例をあげなが

ら話し合ってください。

▼高校数学
【テーマ】
□「学び」の意義について，教員として児童生徒にどのように伝えたいと考えますか，自分自身の体験をふまえて話し合って下さい。
・特に質問はなく，話し合いが終われば終了。
・進行等は，受験者で決めて良い。

▼高校家庭
【テーマ】
□現在，「いじめ」が社会的な問題になっており，本県でも，平成30年度の認知件数が前年度比1.71倍で，かつ過去最多となっています。「いじめ防止」のための有効な手立てについて，具体的な例をあげながら話し合ってください。
・面接官は見ているだけ，受験者にA〜Dが割りふられ，その記号で呼び合う(「Aさん」など)。

▼高校保体
【テーマ】
□いじめを減らすための，具体的な取り組みについて。

▼養護教諭
【テーマ】
□近年「チーム学校」が重要となってきています。このことについて考えを話し合ってください。

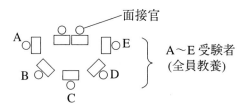

面接官

A～E 受験者
(全員教養)

◆模擬授業(2次選考)　面接官3人　受験者1人
〈共通条件〉
※面接委員3名のうちA，Bの表示のある2名を児童生徒に見立てて進め
　る(ただし，特支高等部，養護教諭は，面接委員3名のうちAの表示
　のある1名を生徒に見立てて進める)。
※特支小学部志願者も通常学級を想定して行う。
※板書は，必ず取り入れる(養護教諭については，指示は特にない)。
※構想の時間は3分以内。模擬授業等の時間は約9分である。
※余白はメモに使ってよい。

▼小学校・特支小学部
【課題】
□あなたは小学校4年生の担任です。国語の『書くこと』の学習で，
　『学校のよい取組みをしょうかい(紹介)する新聞をつくろう』をテー
　マに授業を進めていきます。授業が始まると，Aさんは「あいさつ
　運動について書きたいけど，どのように書けば伝わるかな。」Bさん
　は「学校のどんな取組みを書いたらよいか，なかなか浮かんでこな
　いな。」とつぶやいています。
　　このような場面で，相手や目的を意識し，集めた材料をもとに伝
　えたいことを明確にして書かせるためにどのような指導をします
　か。
　　一方的な指導にならないように，児童の考えや思いを引き出しな

がら進めてください。
〈受験者のアドバイス・感想〉
・事前に今回は課題が決定していた。
・質問時間が3分あった。

▼中学校・特支中学部
【課題】
□あなたは中学校3年生の担任です。学級活動の中で，SNS(ソーシャ
　ル・ネットワーキング・サービス)を中学生が利用することの是非
　について話し合っていると，Aさんから「SNSは便利であり，勉強
　にも役立つ。」との意見が出され，Bさんからは「SNSは中毒性や危
　険性があり，受験に向けて勉強を頑張らなければならない私達には
　不要だ。高校生になったら利用すれば良い。」との意見が出されま
　した。それぞれの意見に，学級の半分ずつの生徒が同調し，対立す
　る状況になりました。
　　生徒の話をさらに引き出し，かつ自分の経験も織り交ぜながら，
　話し合いを進めてください。

▼高等学校
【課題】
□あなたは高等学校1年生の担任です。総合的な学習の時間において，
　「私の地元の魅力」をテーマとした調べ学習を行うため，1時間目の
　本時は，個々の生徒が課題を設定するためのオリエンテーションを
　行います。
　　まず，生徒がテーマを踏まえ，主体的に課題設定できるよう，動
　機づけとなるような話を3分程度で行い，その後，生徒の話を引き
　出したり，質問に答えたりしながら，課題設定に向けた授業を展開
　してください。
　　なお，テーマの「私の地元の魅力」の「地元」については，自由
　に設定してかまいません。

▼高校家庭

【課題】

□総合的な学習の時間：「地元の魅力しらべ」の課題設定の時間，動
　機づけとなるような話を取り入れる。

・面接官のうち2人が生徒役。Aさんがおそらく真面目な生徒役だが，
　Bさんも普通に授業に参加してくれるのでやりづらくはない。

・終わった後に質問があった(どんな点に留意して進めましたか)。

▼特支高等部

【課題】

□あなたは特別支援学校高等部の保健理療科を担当する教諭です。基
　礎保健理療における「東洋医学の意義」について，生徒の学びの意
　欲を高めるための指導を行うことになりました。

　　あなたは，どのような指導を行いますか。一方的な指導にならな
　いように，生徒の考えや思いを引き出しながら進めてください。

▼養護教諭

【課題】

□あなたは中学校の養護教諭です。猛暑により，全国各地で熱中症患
　者が激増していることを受け，2年生を対象に学級活動の中で，夏
　休み中の熱中症予防について指導することになりました。

　　あなたは，どのような指導を行いますか。生徒の話を引き出した
　り，質問に答えたりしながら，指導を進めてください。

▼養護教諭

【課題】

□夏休み中の熱中症予防について。

・生徒役の人は発問に答えてくれる。自分から質問してくることもあ
　る。

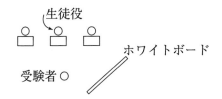

生徒役

受験者○

ホワイトボード

▼栄養教諭

【課題】

□あなたは，小学校の栄養教諭です。5年生の学級では，自分の体型
　が気になり，ダイエットのために，ごはんやパンなどの炭水化物を
　食べようとしない児童が増えています。この状況を受け，5年生の
　担任から，小学生に必要な食物エネルギーについて，学級全体への
　指導を依頼されました。

　　あなたは児童にどのような指導をしますか。児童に対して一方的
　な話にならないように，児童の意見も引き出しながら進めてくださ
　い。

◆個人面接1・個人面接2(2次選考)　　面接官2〜3人　　15分

▼小学校全科

【質問内容】

□エントリーシートにそったこと。

□チーム学校，不登校，いじめ問題などについて。

・威圧的でなく普通にあなたを知りたいというスタンスだった。コミ
　ュニケーションを図れれば大丈夫だった。

▼小学校全科

【質問内容・1次】

□確かな学力とは。

□グループワークをする上で気をつけることは。

□ボランティアを通して学んだことは。

□教師として必要な資質・能力など。

・面接官3人から順番に質問された。

【質問内容・2次】

□他県への受験，どちらも合格したらどうするか。

□働き方改革や不祥事について。

・事務的なことの質問もあった。

・話題となっていることも聞かれた。

▼高校家庭

【質問内容・1次】

□志望動機

□コンプライアンス

□目指す学級の姿について

・面接官2人のうち，1人は中年の男性，もう1人は中年の女性だった。
　特に女性が優しくにこやかで，うなずきながら聞いてくれた。

【質問内容・2次】

□気になっているニュース

□山形の良いところ

・面接官3人は全員男性で，1次よりも重い雰囲気で，少ししかめっ面
　のように見える方もいた。

▼養護教諭

【質問内容・2次】

□志望理由

□あなたの育てたい児童生徒にするために具体的にどう取り組むか。

□保護者からの信頼を得るために，どうするか。

□いのちの大切さを教えるためにどうするか。

□山形県の教育課題は何か。

□家庭との連携はどうやってとっていくか。

□朝，顔色が悪い子どもがいたらどのように対応するか。

◆実技試験(2次選考)
　▼小学校・特支小学部
【音楽課題】
□伴奏譜によるピアノ演奏
※小学校5，6学年学習指導要領による歌唱共通教材のうちから任意の
　1曲を選ぶ。
※ピアノ演奏の伴奏譜は，特に指定しない。
・7～8分練習できた。
・練習のオルガンはとても小さい(2～3オクターブぐらい)。
・本番は受験生10人ぐらいが部屋に入って順番に弾く。
【英語課題】
□英語による簡単な自己紹介(30秒)
□日常会話
・簡単な質問に答える。

◆適性検査(2次選考)
・2種類の検査があった。
・0.5mm以上の黒ボールペンが必要，忘れた人は貸し出される。

2019年度

※必要に応じて，熱中症予防のための飲み物等を準備すること。
＜面接・実技における評価の観点＞
○集団討議・個人面接
　「教師としての姿勢」「広い教養と豊かな感性」「高い倫理観」「教育

への理解」

○模擬授業等

「構成力」「表現力」「対応力」

○小論文・作文

「課題把握」「文章構成・表現」

○実技試験

「基本的な実技能力」「特技の程度」

◆実技試験(一次選考)

▼小学校全科／特支小学部

【課題】

□水泳25m…選択1種目〔自由形／平泳ぎ／背泳ぎ〕(水中からスタート)

※タイム計測あり

□器械運動…選択1種目〔マット運動／鉄棒運動〕

〈マット運動の内容〉

1. 側方倒立回転

2. 開脚前転

〈鉄棒運動の内容〉

1. 逆上り

2. 空中前(後)回り

<持ち物>：水着，水泳帽子，運動着及び運動靴(内履き)

<受験者のアドバイス，感想>

[水泳]

・タイム計測があった

・ほとんどの人がクロールを選択していた。

・25m泳ぎきれたかをチェックされ，次にフォーム等もチェックされ
ているようだった。

[マット運動]

・ほとんどの人がマットを選択し，鉄棒を選択する人は少なかった。

▼中高英語／特支英語
□英語による面接

▼中学技術／特支中学部
□Ⅰ．材料と加工に関する技術(70分)…木材加工
□Ⅱ．エネルギー変換に関する技術(70分)…電気回路の設計と製作
＜持ち物＞：作業衣
【課題文】
Ⅰ．材料と加工に関する技術「小物入れの製作」(70分)
　次の条件で，図のような寸法の小物入れを条件に基づいて製作したい。
〈条件〉
　＊材料は，杉板材(15×160×350)1枚と底板用ベニヤ板1枚(4×225×300)とする。
　＊接合は，釘接合とする。ただし，二枚組つぎ，三枚組つぎ部は，釘を打たなくてもよい。
　＊使用工具等は，さしがね・直角定規・両刃のこぎり・かんな・げんのう・のみ・四ツ目ぎり・くぎ抜き・釘しめ・クランプ・あて木・かんな台とする。
1　寸法どおりの小物入れになるよう材料取りをしなさい。
2　寸法どおりの小物入れを製作しなさい。

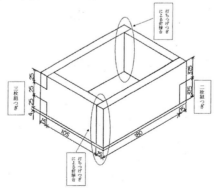

Ⅱ．エネルギー変換に関する技術「マルチ報知器の製作」(70分)

　授業で，1つの電気回路で，温度変化によってブザーが鳴る報知器と暗くなるとブザーが鳴る報知器を作りたい。

　下記条件により，図1の設計図どおりの電気回路を完成させなさい。

〈条件〉

　＊部品が入っている皿から，正しい部品を選んで製作すること。

　＊部品は，基板上にバランスよく配置すること。

　＊ジャンパ線による配線は，裏面で行うこと。その際，裏面を見て，生徒が回路図をイメージできるように工夫すること。

　＊電池ボックス，ブザーは，リード線のみはんだ付けをすること。

　＊使用工具等は，ニッパ，ラジオペンチ，はんだごて，はんだごて台，回路計とする。

※動作確認が必要な場合は，必要な部品を用いて，図2，図3を参考に行うこと。

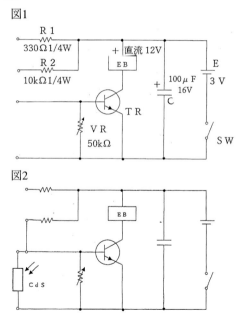

図1

図2

図3

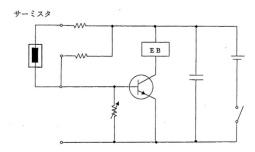

▼中高家庭／特支家庭

□裁縫

□調理(30分)

【持ち物】実習衣

【課題・裁縫】

□下記の指示により，弁当袋(まち付き巾着)の標本を作り，提出しなさい。

〈製作上の留意点〉

1　大きさ，形は下図のとおりとする。

2　袋口は，中折り1cm，できあがり幅2cmの三つ折りとする。また袋口の片方はミシン縫い，もう片方は布幅の半分をなみ縫い，残りをまつり縫いとする。

※なみ縫いの針目は0.4〜0.5cmとする。

※まつり縫いは，針目の間隔は0.5cm程度，表針目は0.1cm程度とする。

3　ミシンの針目は0.2cm程度とする。

4　口あき部分は図のとおり，2cm＋3cm＝5cmとする。

5　マチは10cmとする。

6　試験時間は30分とする。

7　縫い代は1cm程度とする。

8　最後にひもを通す。

【できあがり図】

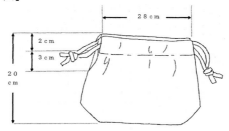

【課題・調理】

□下記の指示により，「マセドアンサラダ」「牛奶豆腐」を調理し，提
　出しなさい。

〈調理の条件〉

1　熱源は1人1個とする。

2　盛りつけの器は，準備されているものを使うこと。

3　計量はすべて，計量カップまたは計量スプーンを使うこと。

4　試験時間は，後片付けを含めて30分とする。

マセドアンサラダ

〈材料〉

①	じゃがいも	50g
②	きゅうり	30g
③	にんじん	20g
④	サラダ菜	1枚
⑤	マヨネーズソース	16g
⑤	塩	少々
⑦	こしょう	少々

〈調理の留意点〉

　・じゃがいも，きゅうり，にんじんは1cm程度のさいの目切
　　りにすること。

牛奶豆腐 ^{ニュウナイトウフ}

〈材料〉

　① 粉寒天　　1g

　② 牛乳　　100mL

　③ 砂糖　　18g

　④ 水　　　適量

　⑤ 香料　　少々

シロップ

　① 砂糖　　27g

　② 水　　　適量

〈調理の留意点〉

　・牛奶豆腐 ^{ニュウナイトウフ} は，器2皿分を作り，1～1.5cm間隔のひし形に切り，

　　シロップをかけて2つとも提出する。

▼中高音楽

【課題1】

□新曲視唱

＊この曲を20秒間見てから歌い始めなさい。

＊出だしの音，または，イ短調のⅠの和音をピアノで弾いてもよい。

平成31年度　教採　新曲視唱問題

【課題2】

□新曲視奏

＊この楽譜を20秒間見てから演奏しなさい。

平成31年度　教採　新曲視奏問題

【課題3】

□ピアノ演奏

　中学校学習指導要領(平成20年3月告示)による歌唱共通教材のうちから任意の1曲を選び，伴奏譜によるピアノ演奏をする。

※演奏譜は特に指定しない。

【課題4】

□ピアノ演奏と同様に任意の1曲(別の曲でも可)を選び，指揮をしながら歌う。

※伴奏なし。

【課題5】

□随意曲(歌曲又は器楽曲のうちの任意の1曲)を伴奏なしで演奏すること。ただし，歌曲を選択した者は，自分で伴奏しながら歌うことも可。なお，演奏する随意曲の楽譜と同じものを実技試験当日に提出すること(試験終了後返却)。

＜持ち物＞：楽譜(随意曲の楽譜は提出)，楽器(ピアノ以外の楽器を使用する場合)

▼中高保体／特支保体

【課題】

□水泳50m

□選択2領域〔陸上競技／器械運動／球技／武道／ダンス〕

　○球技…選択1種目〔バレーボール／バスケットボール／サッカーボール〕

　○武道…選択1種目〔柔道／剣道〕

＜持ち物＞

○水着，水泳帽子

○運動着，運動靴

○武道を選択する者はその用具

▼中高美術／特支美術

□水墨画

□立体構成

※当日指示される。

＜持ち物＞

　鉛筆，消しゴム，はさみ，カッターナイフ，直定規，三角定規，コンパス，画筆，水彩絵の具(固形タイプは不可)，パレット，筆ふき用スポンジ(布も可)，筆洗，実習衣

▼養護教諭

□救急処置

※当日指示される

＜持ち物＞

○運動着，スラックス

▼高校書道

□毛筆

□硬筆

※当日指示される

＜持ち物＞

　毛筆用具一式(漢字・仮名用の大筆・小筆数本，墨液，全紙用下敷を含む)，鉛筆，30cm定規，消しゴム，黒色ボールペン

◆集団討論(一次選考)　面接官2人　受験者3〜5人　時間25〜30分
　▼全科
【テーマ】
□国際化社会における学校教育の取り組みについて
　社会や経済の国際化が進み，世界各地の動きは，私たちの日常生活にも大きな影響を及ぼしています。
　児童生徒が，将来こうした国際化した社会で生きていくために，学校教育でどのような取り組みを行うことが大切であるか，話し合ってください。
□自己肯定感
　内閣府の「我が国と諸外国の若者の意識に関する調査」によると，日本の子どもたちの，自分自身への満足度は，諸外国に比べて低い状況にあります。
　将来の社会を担う児童生徒が，他者とのかかわりの中で，自己肯定感を育んでいくために，学校教育でどのような取り組みを行うことが大切であるか，話し合ってください。
□コミュニティーの一員の育成
　地域の人や自然，文化とかかわりを持ち，コミュニティーの一員として，地域が抱える課題の解決に向けて主体的に取り組む人を育てていくために，学校教育でどのような取り組みを行うことが大切であるか，話し合ってください。

＜受験者のアドバイス・感想＞
・1グループ5人(呼び名A〜E)で行った。

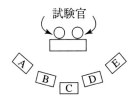

・集団討論のテーマが書かれた紙を渡され3分ほど考える時間があり，

　　その後25分間討論を行った。
・30分間，試験官は口をはさまない。受験者のみで話を進める。
・誰かがまとめる役をやらないと話が進まないので，積極的に話すのがポイント。話せていない受験者に気を配りながら進めるとよい。

◆模擬授業(二次選考)　面接委員3人　受験者1人　時間15分程度
【課題・共通条件】
1．生徒役
　　＊面接委員3名のうち〔下記指定委員〕を児童／生徒に見立てて進める。
　　＊特別支援学校志願者も普通学級を想定して行う。
　　〔指定委員〕
　　　小学校・特支小学部…A，Bの表示のある面接委員(2名)
　　　中学校・特支中学部…A，Bの表示のある面接委員(2名)
　　　高等学校………………A，Bの表示のある面接委員(2名)
　　　養護教諭………………A　　の表示のある面接委員(1名)
　　　栄養教諭………………A，Bの表示のある面接委員(2名)
2．板書
　　＊小学校・特支小学部／中学校・特支中学部…必ず取り入れる。
　　＊高等学校，栄養教諭…必要に応じて取り入れてもよい。
　　＊養護教諭…指示は特にない。
3．時間配分
　　構想時間…3分以内，模擬授業等…約9分
4．メモ　余白を使ってよい。

【課題・場面指定】
▼小学校・特支小学部
□あなたは小学校4年生の学級担任です。
　　最近，学級では，児童の言葉遣いが乱暴になっており，「うざい」

「消えろ」などを仲間同士で平気で言い合う姿が見られます。言葉遣いについてのアンケートを実施したところ，3分の2の児童が仲間の言葉で傷ついた経験があると書いてありました。

それを受け，このような状況を改善するために，あなたは，学級全体に向けてどのような指導をしますか。

一方的にならないように，児童の考えや思いを引き出しながら進めてください。

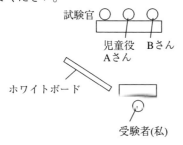

▼中学校・特支中学部
□あなたは中学校2年生の学級担任です。

3年生が部活動を引退し，2年生を中心として部活動に取り組む時期になってから，Aさんは「家に帰ると疲れてすぐ寝てしまう」，Bさんは「課題に集中して取り組めない」などと，学習と部活動の両立の難しさに悩んでいる生徒が多く見られることに気づきました。

しっかりと両立している生徒もいる中で，こうした悩みを抱えている生徒たちに対して，あなたは，どのようなアドバイスをしますか。生徒の話を引き出し，かつ自分の経験を織り交ぜながら話を進めてください。

▼高等学校
□あなたは高等学校の教員です。

あなたの専門とする教科または科目について，どのようにして生徒たちの興味や関心，学びの意欲を高めていこうと考えていますか。

入学したばかりの1年生に対する授業開きの場面を想定し，生徒の話を引き出しながら，授業を行ってください。

▼養護教諭

□あなたは，中学校の養護教諭をしています。

1年生のAんが，「具合が悪いので，次の授業の時間は休ませてください。」と保健室にやってきました。

他の生徒からは，Aさんが，成績が伸びないことに悩んでいることや，次の授業で提出する課題ができていないことを聞いていました。

あなたは，Aさんにどのような話をしますか。Aさんの気持ちを引き出しながら，話をしてください。

▼栄養教諭

□あなたは，小学校の栄養教諭です。

1年生の学級には，食物アレルギーにより，給食の一部を別メニューで食べているAさんがいます。閉じクラスのBさんは，なぜAさんが違うメニューを食べているのか，疑問に思っているようです。そこで，1年生の担任から，食物アレルギーについて学級全体に指導をしてほしいと依頼がありました。

これを受け，あなたは児童にどのような指導をしますか。一方的な話にならないように，児童の意見を引き出しながら進めてください。

＜受験者のアドバイス・感想＞

[小学校・特支小学校]

・試験官の内2人が児童役になり，「うざい」「消えろ」と言う側，言われる側を演じる。残りの1人はタイムキーパー。

・はじめに構想3分，その後10分授業(打ち切りでもOK)

・最後に試験官から「この後どうする予定ですか？」と質問され，それに答えて終了。

◆個人面接1・個人面接2(二次選考)　面接官2〜3人　時間15分
　※個人面接は2回行われる。
　▼小学校全科
　◇面接1　面接官2〜3人　時間15分
　【質問内容】
　□面接表をかいているが，もう1度自分で短くまとめて話しなさい。
　□ボランティアから学んだこと。
　□小学生に伝えたい言葉。
　□どんな授業をしていくか。
　　→授業の中で一番大切にしたいのは何か。
　　→具体的な取組は？
　□どんな学級をつくりたいか。
　　→そのために授業と学級経営をどう取り組むか。
　□山形県の教育課題は何だと思うか。
　□教員の教養とは何だと考えるか。
　□なぜ本県を希望したか。
　□講師先の子どもについて。
　□新学習指導要領について。
　□ワークライフバランスについて。
　□叱ることについて。

　◇面接2　面接官2〜3人　時間15分
　【質問内容】
　□他の自治体は受けているか。
　□県どこでも出勤可能か(勤務地)。
　□履歴書賞罰欄が空欄だが本当に何もないか。
　□ワークライフバランスについてどう思うか。
　□教育公務員には高い倫理性が求められるがその理由は何故か。
　□教員の不祥事についてどのように考えるか。
　　→不祥事はなかなか無くならない。どういった取組が必要か。

□ストレス発散法はあるか。
□担任力
□子どもたちに，何を教えたいか。
□足の不自由な子どもに対しての対応の仕方。
□山形の良さを全校に伝えます。何を伝えますか。
□エントリーシートからの質問

＜受験者のアドバイス・感想＞
・面接1では志願書を見ながら質問を受け，終始笑顔で楽しい面接だった。
・面接2では，圧迫面接でこわかった。
・「子どもたちに，何を教えたいか。」の質問に，「協力・達成感」と答えると，「いのち」と言いなさいと言われた。

◆実技試験(二次選考)
▼小学校・特支小学部
【課題；音楽】
□伴奏譜によるピアノ演奏
□無伴奏による歌唱
＜共通条件＞
＊小学校5，6学年学習指導要領による歌唱共通教材のうちから任意の1曲を選ぶ。
＊ピアノ演奏と歌唱の曲は，同じでもよい。
＊調は特に指定しない。

【課題－英語】
□英語による簡単な自己紹介(30秒)
□日常会話※面接官2人

＜受験者のアドバイス・感想＞

[歌唱]

＊アカペラで歌唱(5，6学年共通教材の中から1つ選ぶ)。

＊8人で1つのグループに分けられ，グループごとに入室。試験官2人＋グループ全員の前で歌うのはとても恥ずかしかった。

[英語]

・30秒程度で英語で自己紹介→面接官からの英語の質問に英語で答える

・1人ずつ部屋に入り，試験官(日本人2人)と向き合って行う。

・3回も "One more, please." を言ってしまったが，実技の点数は全く悪くなかった。実技は気持ちや熱意が大切と感じた。

◆適性検査(二次選考)60〜70分

【検査内容】

□YG

□(検査名不明)※性格検査

※「あなたはタクシーの運転手です。こんなときどうしますか。」「次からあなたの考えに最も近いものを選びなさい。」「2つの文を比較してあなたはどちらにより近いか選びなさい。」等，とにかく質問が多い。ときおわらなくても，5分のばしてくれる。

2018年度

※必要に応じて熱中症予防のための飲み物等を持参すること。

＜面接・実技における評価の観点＞

○集団討議・個人面接

　「教師としての姿勢」「広い教養と豊かな感性」「高い倫理観」「教育への理解」

○模擬授業

「構成力」「表現力」「対応力」
○実技試験
「基本的な実技能力」「特技の程度」

◆実技試験(一次選考)
▼小学校全科／特支小学部
【課題】
□水泳25m…選択1種目〔自由形／平泳ぎ／背泳ぎ〕(水中からのスタート)
□器械運動…選択1種目〔マット運動／鉄棒運動〕
　〈マット運動の内容〉
　　1．側方倒立回転
　　2．開脚前転もしくは開脚後転
　(鉄棒運動の内容は省略します。)
＜持ちもの＞：水着，水泳帽子，運動着，運動靴(内履き)
＜受験者のアドバイス・感想＞
・水泳，マットともに，練習後，自分のタイミングで受験票を提出して試験を受ける。
[マット運動]
・マット運動では，練習用マットが5枚ほどあった。
[水泳]
・練習用レーン，試験用レーン(4レーン)がある。
・試験は，背中をつけた状態から「よーい，ハイ」の合図でスタートする。
・フォームは，距離(25メートル泳ぎきれたか)，タイムがチェックされる。

▼中高英語／特支英語　面接官2名　受験者3名
【英語による面接課題】

□短い質疑応答「どこでも行けるとしたら，どこへ行きたいですか」
(理由を含む)
＊一人ずつ行われる。
□場面解説
＊4コマ漫画が渡され，その内容を要約し，1分ほどで英語で説明する。
＊一人ずつ行われる。
□ディスカッション「生徒のスピーキング能力を上げるには，どうするべきか」
＊受験者同士で討論を行う。

▼中学技術／特支技術　140分
□Ⅰ．材料と加工に関する技術(70分)…木材加工
□Ⅱ．エネルギー変換に関する技術(70分)…電気回路の設計と製作
＜持ちもの＞：作業着
＜課題文＞
Ⅰ．材料と加工に関する技術「ペンケースの製作」(70分)
　次の条件で，図のような寸法のペンケースを条件に基づいて，材料取りを行い製作しなさい。
〈条件〉
　＊材料は，杉板材(15×100×210)1枚と亜鉛鉄板1枚(0.5×100×230)とする。
　＊接合法は，接着剤，くぎ接合
　＊使用工具は，さしがね・スコヤ・のこぎり・かんな・げんのう・金切りばさみ・ハンドドリル・ドリルφ3・金やすり・折り台・打ち木・けがき針・センタポンチ・クランプ
※安全面を考慮し，亜鉛鉄板加工時には手袋を着用すること。

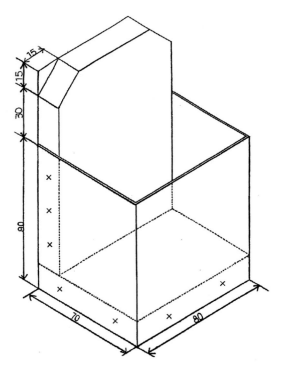

Ⅱ. エネルギー変換に関する技術「照明器具の設計と製作」(70分)

　次の条件で，暗くなると点灯する照明を作りたい。設計図どおり電気回路を完成させなさい。

〈条件〉

　＊回路図どおりに製作すること。

　＊部品が入っている皿から，正しい部品を選んで製作すること。

　＊部品は，基板上にバランスよく配置し，ジャンパ線による配線は裏面で行うこと。

　＊生徒が回路図をイメージできるように工夫すること。

　＊電池ボックスは，リード線のみはんだ付けをすること。

　＊使用工具等は，ニッパ，ラジオペンチ，はんだごて，回路計とする。

267

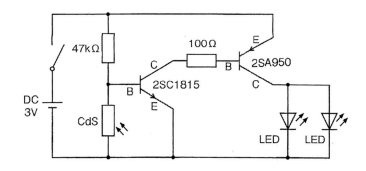

▼中高家庭／特支家庭

□裁縫

□調理(30分)

＜持ちもの＞：実習着

＜課題文・調理＞

　あとの指示により，きゅうりを指定の切り方で切り，提出しなさい。また，「鶏ささみときゅうりの酢の物」を調理し，提出しなさい。

〈調理の条件〉

1. 熱源は一人一つとする。

2. 盛りつけの器は，準備されているものを使うこと。

3. 計量はすべて，計量カップまたは計量スプーンを使うこと。

4. 下記の⑤〜⑦は，各自計量して使うこと。なお，解答用紙に，概量を記入して提出すること。

解答用紙

⑤小さじ(　　)杯　　⑥大さじ(　　)杯　　⑦小さじ(　　)杯

---

5. 試験時間は，後片付けを含めて30分とする。

●きゅうりの切り方

　きゅうりを3等分にし，そのうちの一つを0.2cm以下の小口切りに，

もう一つを切り違い切りに，残りの一つを0.5cm角の拍子木切りにしなさい。

●鶏ささみときゅうりの酢のもの

〈材料〉

①鶏ささみ	20g	合わせ酢	⑤酒	2.5g
②きゅうり	30g		⑥酢	7.5g
③わかめ	10g		⑦砂糖	3g
④しょうが	5g		⑧塩	少々

〈調理の留意点〉

＊きゅうりは板ずりし，厚さ0.2cm以下の小口切りにして塩(分量外)をふっておく。

＊しょうがは針しょうがにし，酢のものの上に盛り付ける。

▼中高音楽／特支音楽

□新曲視唱

＊課題楽譜を20秒間見てから歌い始める。

＊出だしの音，または，ハ長調のⅠの和音をピアノで弾いてもよい。

平成30年度　教採　新曲視唱問題

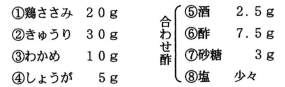

□新曲視奏

＊課題楽譜を20秒間見てから歌い始める。

平成30年度　教採　新曲視奏問題

□伴奏譜によるピアノ演奏…任意の1曲を演奏。

　＊課題は〔中学校学習指導要領(平成20年3月告示)による歌唱共通教材〕より自由選択。

　＊演奏譜は特に指定されない。

□歌唱指揮…指揮をしながら任意の1曲を歌う。伴奏なし。

　＊課題は〔中学校学習指導要領(平成20年3月告示)による歌唱共通教材〕より自由選択。

　＊「伴奏譜によるピアノ演奏」と同じ曲でもよい。

□随意選択演奏…選択〔歌唱／器楽演奏〕で任意の1曲を歌う，または演奏する。

　○歌唱…自分で伴奏しながら歌ってもよい。

　○器楽…任意の楽器で，伴奏なしで演奏すること。

　＊楽譜と同じものを実技試験当日に提出する(試験終了後返却される。)。

＜持ちもの＞：楽譜(随意演奏用)，楽器(ピアノ以外の楽器を使用する場合)

▼中高保体／特支保体

□水泳50m

□選択2領域〔陸上競技／器械運動／球技／武道／ダンス〕
　○球技…選択1種目〔バレーボール／バスケットボール／サッカー
　　　ボール〕
　○武道…選択1種目〔柔道／剣道〕
＜持ちもの＞
○水着，水泳帽子
○運動着，運動靴
○(武道選択者)武道のための用具

▼中高美術／特支美術
□水彩画
□立体構成
※当日指示される。
＜持ちもの＞
　鉛筆，消しゴム，はさみ，カッターナイフ，直定規，三角定規，コ
ンパス，画筆，水彩絵の具(固形タイプは不可)，パレット，筆ふき用
スポンジ(布も可)，筆洗，実習着

▼養護教諭
□救急処置
※当日指示される。
＜持ちもの＞：運動着またはスラックス

◆集団討論(一次選考)　面接官2人　受験者3〜5人　時間30分
　※討論前に5分ほど課題配布と説明が行われる。
　▼全科
　【テーマ】
　□社会の一員と自立

　仕事に就かない，就職したもののすぐに離職してしまうなど，社会に円滑に適応できない若者への対応が課題となっています。子どもたちが，将来，社会の一員として自立した生活を送るために，どのような取組みが必要であるか，話し合ってください。

□情報モラル

　インターネットの急速な普及に伴い，児童生徒によるネット上での誹謗中傷やいじめ，犯罪行為，違法・有害情報への接触などの問題が発生しています。児童生徒の情報モラルを醸成し，情報活用能力を育成するために教員として取組むべきことについて，児童生徒の発達段階を踏まえて話し合ってください。

□ワーク・ライフ・バランス

　昨今，ワーク・ライフ・バランスの大切さがうたわれ，仕事と生活の調和を考えて働くことが望まれています。教員としての働き方についてどのように考え，どのようなことを意識していく必要があるか，話し合ってください。

＜受験者のアドバイス・感想＞

・1グループ5人(呼び名A〜E)で行った。自分のグループは，一般受験者4人，講師受験枠1人だった。

・5グループ程度が同じ控え室に入る。控室では私語厳禁で顔合わせ等はできない。

・荷物は全て持って入室し，討論する座席の後ろの机に置く。

・テーマが書かれた紙が配られて，すぐに討論を行う。構想時間なし。

・司会はたててもたてなくてもよい。

・討議終了後，原則試験官から質問されることはないが，場合によっては質問されることもある。

・スーツのジャケットは着用しなくてもよい。

・仕事と生活について学生が話すのは難しく感じた。なので，実習等について話した。

◆模擬授業(二次選考)　面接委員3人　受験者1人　時間15分程度

【課題・共通条件】

1. 生徒役

＊面接委員3名のうち〔下記指定委員〕を児童／生徒に見立てて進める。

＊特別支援学校志願者も普通学級を想定して行う。

〔指定委員〕

小学校・特支小学部…A，Bの表示のある面接委員(2名)

中学校・特支中学部…A，Bの表示のある面接委員(2名)

高等学校………………A，Bの表示のある面接委員(2名)

養護教諭………………Aの表示のある面接委員(1名)

栄養教諭………………A，Bの表示のある面接委員(2名)

2. 板書

＊小学校・特支小学部／中学校・特支中学部…必ず取り入れる。

＊高等学校，栄養教諭…必要に応じて取り入れてもよい。

＊養護教諭…指示はとくにない。

3. 時間配分

構想時間…3分以内，模擬授業等…約9分

4. メモ　余白を使ってよい。

【課題・場面設定】

■小学校・特支小学部

□4年生・学級担任

　学校では，個々の児童の学習課題に応じた学びをさせたいと，「自主学習ノート」の取組みをしています。Aさんは学習のポイントをまとめる内容，Bさんはドリル的な内容に取り組むなど，個々のスタイルが見えてきています。今後，より充実した取組みとなるように指導したいと考えています。児童の考えを引き出しながら，進めてください。

■中学校・特支中学部

□1年生・学級担任

　4月，小学校の時に集団になじめず不登校傾向で心配されたAさんの

273

担任を受け持つことになりました。Aさんは消極的で，自分から集団に関わることが苦手です。同じ学級のBさんは，活発で仲間も多く，Aさんのことを気にかけています。担任として，Aさんの成長を促すとともに，共に生活をする学級集団の成長も促していきたいと考えています。学級開きにおいて，生徒の思いや考えを引き出しながら，担任としての思いを話してください。

■高等学校

□1年生・クラス担任

入学当初，Aさんが積極的にホームルーム委員に立候補したことをきっかけに，他の委員もすべて立候補で決まり，さまざまな場面で，挑戦できる集団づくりができていると思っていました。

ところが，夏休みが終わり，文化祭が近づいてきた時期に，クラス企画の準備やクラス対抗の合唱コンクールの練習に非協力的なBさんのような集団が出始めました。

あなたは，クラス担任として文化祭に向けてどのような指導をしますか。一方的な話にならないように，生徒の意見を引き出しながら進めてください。

□1年生・授業担当

5月の大型連休に取り組む学習課題を出していましたが，担当しているクラスの提出率は70％という状況でした。他の教科の学習課題の提出についても同じような状況です。

Aさんのように，計画的に学習課題に取り組んだ生徒は提出していましたが，Bさんのように学習課題にほとんど手を付けていない生徒もいました。

あなたは，このような状況を踏まえ，教科担任として，このクラスにどのような指導をしますか。一方的な話にならないように，生徒の意見を引き出しながら進めてください。

■養護教諭

□中学校・養護教諭

入学して2ヶ月が経過した頃，1年生の女子生徒Aさんが，昼休みの

時間に保健室を訪れ，「気分が悪いから休ませて」と訴えました。次の日も「熱があるから休ませて」，また次の日も「腹が痛いから休ませて」と訴え，昼の時間だけ保健室の椅子で休むという日が続きました。

　しばらくすると，その女子生徒Aさんは，「居心地がよいから休ませて」とやって来て，翌日は「友達と一緒に，ここでお昼ご飯を食べてもいいですか?」と聞いてきました。

　あなたはこの生徒に対して，どのように問いかけながら，どのような指導をしていきますか。一方的な話にならないように進めてください。

■栄養教諭
□小学校・栄養教諭

　小学校5年生の担任から，地産地消の考え方や具体的な取組み，そのよさや課題について児童に話をしてほしいと依頼がありました。

　これを受け，あなたは児童にどのような指導をしますか。一方的な話にならないように，児童の意見を引き出しながら進めてください。

◆個人面接1・個人面接2(二次選考)　面接官3人　時間15分
※個人面接は2回行われる。
▼小学校全科
◇面接1
【質問内容】
□小学生時代どんな子どもだったか。
□人間性を高めるために何をしていきたいか。
□現在の子どもは，自分が子どもの頃と比べてどう変わったと思うか。
□学生時代どのようなボランティアをし，何を学んだか。
□授業に集中できず離席してしまう児童への対応は?
□暴力をふるってしまう児童への対応をどうするか。
□人生で一番感動，感涙したことは?

□教育実習を通して自分が教員に向いていると思った点と，向かない
　と思った点。
□学級内になじめていない児童がいたときの支援について。

◇面接2　面接官2人　時間15分
【質問内容】
□勤務希望地の有無。
□職場での人間関係を築く上で心がけたいことは何か。
□教員の不祥事をどう思うか。
□飲酒運転をどう防いだらよいか。
□教員実習で子どもからどんな先生だと思われたか。
□友人にはどう思われているか。
□子どもを叱れるか。
　→叱ることで信頼関係が崩れることも考えられるが，それでも叱れ
　　るか。

▼中学数学
【質問内容】(面接1，2不明)
□山形県の取り組みである「探究型学習」を知っているか。
□教育に関する好きな言葉は？
□山形県の学力の状況を知っているか。
□地域のことで保護者からクレームがきたら，どのように対応するか。
□集団を育てたいか，それとも個を育てたいか。
□今までやったパートやアルバイトで学んだことはどのようなこと
　か。

▼高校英語
【質問内容】(面接1，2不明)
□勤務地について。
　→どの地区なら通勤可能か。

→希望地区が叶わない場合，どうするか。

□面接シートについて。

　→(記載した言葉について)この言葉はどういう意味か。

□教員の不祥事についてどう思うか。

　→なぜそう思うか。

□教員が生徒に謝ることについてどう思うか。

　→謝ってなめられたりしないか。

□保護者が「先生だけに話す」と前置きをし，相談してきたらどう対応するか。

□教員を志望する理由について。

□山形県を志望する理由。

□部活動について。

□自身の教科の楽しさについて。

□教育関係で気になったニュースは何か。

□いままでの経歴について。

＜受験者のアドバイス・感想＞

・面接シートの内容をあらためて聞いてくることはないが，深掘りされた。

◆実技試験(二次選考)

▼小学校全科／特支小学部

【課題－音楽】

□伴奏譜によるピアノ演奏

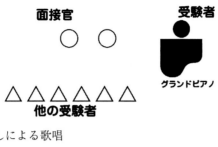

□伴奏なしによる歌唱

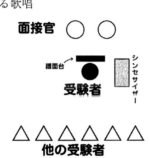

＜共通条件＞

＊調は特に指定しない。

＊小学校5，6学年学習指導要領による歌唱共通教材のうちから任意の
　1曲を自由選択。

＊ピアノ演奏と歌唱の曲は，同じでもよい。

＜受験者のアドバイス・感想＞

[ピアノ演奏]

＊練習室で10分ほど練習可能。

＊練習用キーボードは少ない。ヘッドホン着用で，声だしは禁止され
　ている。

＊他の受験者もいる中でグランドピアノを弾いた。

[歌唱]

＊練習できない。声だしのみ1分行うことができる。

＊シンセサイザーで音取り可能。

＊他の受験者を背に歌った。

【課題－英語】

□英語による簡単な自己紹介(30秒)

□日常会話　※面接官2人

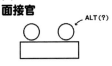

＜受験者のアドバイス・感想＞

・「失礼します」などの挨拶はせずに入室を行う。

・試験官2人のうち1人は海外の方のようだった。

・荷物を指定された場所に置いたら試験官の前に行き，英語で指示をされる。

・自己紹介30秒→英語の質問1つ(What's kind of music do you like?)で終了した。

◆適性検査(二次選考)　90分

【検査内容】

□YG検査

□(検査名不明)

※「はい・いいえ・わからない」で答えるものと，1～7(「よくあてはまる」～「まったくあてはまらない」)の中で1番近いものを選ぶものだった。

2017年度

◆集団討論(1次試験)　面接官2人　受験者5人　30分

【テーマ】

□児童・生徒の「もの」を大切にする気持ちを育てるために，学校教育の中でどのような取組みを行ったらよいか，それぞれの校種における児童・生徒の特性を踏まえ，話し合ってください。

□本県では，様々な人々が活き活きと活躍できる共生社会の形成を目指し，特別なニーズに対応した教育を推進しています。共生社会の形成のためにどのように指導していくことが必要であると考えるか，それぞれの校種や職の特性を踏まえながら話し合ってください。

□学校教育を進めていく上で，保護者との連携は大切です。保護者との信頼関係を築き，学校と家庭が連携していく上で，あなたはどのようなことを意識して取り組んでいきますか，具体例をあげながら話し合ってください。

□学校教育において，「勝つことや入賞等により自信をつけさせる」という考え方と「負けることや失敗等から学ぶ」という考え方とがあります。児童・生徒による競争について，どのように指導していくことが望ましいと考えますか。自分自身の体験を踏まえながら話し合ってください。

◆実技試験(1・2次試験)
▼小学校全科
【課題1】
□水泳(25m)
※水中からのスタート
【課題2】
□器械運動(マット運動，鉄棒運動のうちいずれかを選択)
【課題3】
□ピアノ演奏
　小学校第5学年及び第6学年学習指導要領による歌唱共通教材のうちから任意の1曲を選び，伴奏譜によるピアノ演奏をする。
□歌唱

　ピアノ演奏と同様に任意の1曲(別の曲でも可)を選び，伴奏なしによる歌唱をする。

※ピアノ演奏の伴奏譜，歌唱の際の調は，特に指定しない。

※持参物は，水着，水泳帽子，運動着及び運動靴(内履き)

▼中高英語

【課題1】

□英語による面接

【課題2】

□英語による簡単な自己紹介と日常会話とする。

▼中高家庭

【課題】

□下記の指示により，ハーフパンツの標本を作り，提出しなさい。

〈製作の手順〉

1　また下を縫い，縫い代を割る。

2　すそを三つ折りにし，ミシンをかける。

3　また上を縫い，縫い代を割る。(※ゴム通し口を縫い残すこと)

4　ウエストを三つ折りにし，ミシンをかける。

※ゴムまたはひもは通さなくともよい。

【できあがり図】

前

□下記の指示により，「魚のムニエル」「にんじんのグラッセ」「さや
　いんげんのソテー」を調理し，提出しなさい。

〈調理の条件〉

1　熱源は一人一個とする。

2　にんじんのグラッセはシャトー型とする。

3　盛りつけの器は，準備されているものを使うこと。

4　試験時間は，後片付けを含めて30分とする。

[規定材料]

魚のムニエル	魚	70g
にんじんのグラッセ	にんじん	40g
さやいんげんのソテー	さやいんげん	10g

[自由材料]

塩　　こしょう　　小麦粉　　バター　　油　　砂糖　　水

※持参物は，実習着。

▼中高音楽

【課題1】

□新曲視唱

【課題2】

□新曲視奏

【課題3】

□ピアノ演奏

　中学校学習指導要領(平成20年3月告示)による歌唱共通教材のうちから任意の1曲を選び，伴奏譜によるピアノ演奏をする。

※演奏譜は特に指定しない。

【課題4】

□ピアノ演奏と同様に任意の1曲(別の曲でも可)を選び，指揮をしながら歌う。

※伴奏なし。

【課題5】

□随意曲演奏

　歌曲または器楽曲のうちの任意の1曲を伴奏なしで演奏する。

※歌曲を選択した者は，自分で伴奏しながら歌うことも可。

※演奏する随意曲の楽譜と同じものを実技試験当日に提出すること(試験終了後返却)。

※持参物は，楽譜(随意曲の楽譜は提出)，楽器(ピアノ以外の楽器を使用する場合)。

▼中高保体

【必須実技】

□水泳(50m)

【選択実技】

□次の5領域から2領域選択

　陸上競技，器械運動，球技(バレーボール，バスケットボール，サッカーのうち1種目)，武道(柔道，剣道のうち1種目)，ダンス

※持参物は，水着，水泳帽子，運動着および運動靴，武道を選択する

面接試験実施問題

者はその用具。

▼中高美術

【課題】

□当日指示する。

※持参物は，鉛筆，消しゴム，はさみ，カッターナイフ，直定規，三角定規，コンパス，画筆，水彩絵の具(固形タイプは不可)，パレット，筆ふき用スポンジ(布も可)，筆洗，実習着。

▼中学技術

【課題】

【課題1】

□材料と加工に関する技術「花台の製作」(70分)

　次の条件で，図のような花台を試作したい。ただし，この構造では，強度に問題があるため，余材を用いて補強したい。

条件

・材料は，杉板材(12×140×230)1枚とする。

・接合法は，くぎ接合とする。

・使用工具は，のこぎり・かんな・げんのう・四つ目ぎり・さしがねとする。

1　じょうぶな構造にするために，どのように工夫するか。試作する花台を第三角法で書きなさい。ただし，縮尺は2分の1とし，見えない部分は構造が分かるようにかくれ線でかき表しなさい。なお，補強する部材の大きさが分かるように，補強する部材の寸法のみ図中に記入すること。

284

2　1で考えた花台を製作しなさい。

図

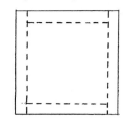

〈解答例〉

試作する花台(第三角法)

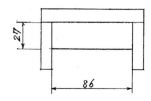
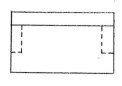

【課題2】

□エネルギー変換に関する技術「照明器具の設計と製作」(70分)

　授業で，単三電池3本直列(4.5V)を電源とし，3つのLED(規格:3.6V

0.02A)を同時に点灯させる照明器具を製作したい。

1　LEDの規格にあわせるために使用する抵抗器の値を求めなさい。

2　照明器具の回路図をフリーハンドで書きなさい。

3　次の条件で，基板上に2の回路を試作しなさい。

条件

・部品は，基板上にバランスよく配置すること。

・ジャンパ線による配線は，裏面で行うこと。その際，裏面を見て，
　生徒が回路図をイメージできるように工夫すること。

・電池ボックスから，電源を供給するための端子部分を工夫してつく
　ること。

・使用工具は，ニッパ，ラジオペンチ，はんだごてとする。

〈解答例〉

1　使用する抵抗器の抵抗値を求めなさい。

　　計算に用いなさい。

　　　　4.5(V)－3.6(V)＝0.9(V)

　　　　0.9(V)÷0.02(A)＝45(Ω)

　　　　45Ω

2　回路図を書きなさい。(フリーハンドとする)

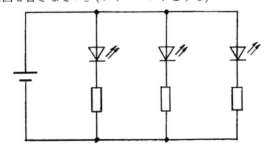

※持参物は，作業着，木工用手工具(のこぎり，かんな)，鉛筆，消し
　ゴム。

※12mm厚杉材の加工を行う。

▼養護教諭
【課題】
□腕を打った生徒に対しての問診
　骨折と仮定しての生徒への応急処置(3イニングは終っているものと
　する)。
※持参物は，運動着またはスラックス。

◆模擬授業(2次試験)　面接官3人　受験者1人　15分
　※構想の時間は3分以内，模擬授業の時間は約9分。授業後3分程度の
　　質疑応答がある。
　※面接官3人のうちA，Bの表示のある2人を児童・生徒に見立てて進め
　　ること。(特別支援学校志願者も普通学級を想定して行うこと。)
　※小学校・中学校志願者は，板書を必ず取り入れること。それ以外の
　　志願者は，必要があれば，板書を取り入れても構わない。
▼小学校全科
【課題】
□あなたは小学校5年生の学級担任です。
　外国語活動の時間に，「なぜ英語を勉強するのかわからない。」と言
われました。
　他の子どもたちも，「私の家は海外旅行なんて行かないし，英語は
必要ない。」「日本に来る人たちが日本語を勉強すればいい。」と次々
に声をあげました。
　それを受け，あなたは子どもたちにどのような指導をしますか。
　一方的な話にならないよう，子どもたちの考えや思いを引き出しな
がら進めるようにしてください。

▼中学校全科
【課題】
□あなたは中学校3年生の担任です。

　年度始めのホームルームで，今年度の個人目標を書かせていたところ，生徒から，「先生が中学生だったら，どんな目標にするんですか。」と発言がありました。発言を聞いて，他の生徒も興味津々のようです。

　これを受け，あなたはどのような指導を展開しますか。

　一方的な話にならないよう，生徒の考えや思いを引き出しながら進めるようにしてください。

▼高校全科
【課題】
□あなたは高等学校1年生の学級担任です。

　あなたの勤務する学校は，部活動をはじめボランティア活動，生徒会活動等がとても盛んで，学校の教育目標にもその充実を掲げていきます。しかし最近になって，これらの活動に対するクラスの生徒たちの消極的な対応や，後ろ向きな考え方が気になってきました。

　そこで，ホームルームの時間を使って，「いろいろなことに前向きに取り組むことの大切さ」について考えさせたいと思います。あなたならどのような話をしますか。一方的な話にならないよう，生徒に質問等をしながら進めてください。

▼養護教諭
【課題】
□あなたは，中学校の養護教諭です。

　中学校3年生のAさんは，同じクラスのBさんを連れて保健室にきました。現在，Bさんは無理なダイエットをしていて顔色も悪く元気もありません。授業にも集中できない状況で，心配したAさんはBさんを保健室につれてきたのです。AさんはBさんにダイエットをやめるように話をしましたが，Bさんはやめたくないと話をしています。

　あなたはどのように対応しますか。

▼栄養教諭

【課題】

□あなたは，小学校の栄養教諭です。

　この学校の6年生は，給食前に空腹を訴える児童が多く，その原因として，朝ご飯をしっかりと食べてこない傾向があることが分かりました。

　あなたは，これを受けてどのような指導をしますか。子どもたちの話を引き出しながら指導を展開してください。

2016年度

◆集団討論(1次試験)　面接官2人　受験者5人　30分

※筆記用具持ち込み，メモ可能。

※司会は自由。特に決定はしない。

※5人1グループ(欠席者がいるところでは3人のグループもあった)。

※討論テーマを渡されて，すぐに討論を開始するように指示された。

【テーマ】

□山形県内の子どもたち(5～17歳)においては，肥満傾向児の出現率が，ほとんどの年齢で全国平均を上回っています。また，親世代である20～30代にも朝食の欠食・孤食という課題があります。学校として，どのようにして児童生徒，保護者に「食べること」の大切さを伝えていくか，また，その際，どんなことに配慮するか，具体例をあげながら話し合ってください。

□活字離れ・読書離れが年々進んでおり，読書習慣の定着が重要であると言われています。本が好きな子どもを増やし，生涯にわたって読書が生活の中に根付いていくようにするために，あなたはどのような取組みをしていきますか。自分の経験を踏まえながら話し合ってください。

□本県では，郷土愛を育む教育を大切にしています。このような教育

を推進するためにはどのような学習が求められますか。また、その
ような教育を推進することで、児童生徒にどのような将来の姿が期
待されますか。具体例をあげながら話し合ってください。

□児童生徒が成長する過程において、豊かな生活体験や遊びの経験が
大切であることが、以前から指摘されています。また一方では、小
学校、中学校、高等学校を通して学力向上が求められています。こ
れらのことを受けて、学校ではどのような教育活動を展開していく
べきか、自分の経験を踏まえながら話し合ってください。

・現役大学生は自分の経験が浅いことも踏まえ、講師の方の話がため
になることや具体的でイメージしやすいことを感謝していた。講師
の方も現役大学生の新たな発想に共感しながら話していた。講師の
方は簡潔に話しており、言葉数が少なかった。

・現職の講師の先生は、現場の話で意見を述べがちだった。述べられ
ている話題で、それが問題になっている理由、背景、現状を述べる
とよい。

・受験者がどういう立場で受験しているのかを把握するために、ある
程度遅めに最初の発言をした。するともう一人の受験者以外、非常
勤で働いていることが分かった。非常勤の講師が集団の中にいると
その講師の発言が増えてしまう傾向がある。それを逆手に取り非常
勤の講師がいると判断した直後から、意見の転換や、別の意見の提
案に徹した。現場で働いている人の体験談には勝らないと思ったか
らである。発言の回数は講師の人たちよりも少なかった気がするが
個人的にはうまくいったと思う。

・討論の最後に面接室の人から質問をされる場合もある。

・基本に立ち返る気持ちで。

◆実技試験(1次試験)
 ※特別支援学校教諭については、小学部は小学校教諭、中学部は中学
 校教諭の実技試験の記載に同じ。

▼小学校教諭
【水泳実技】
□25m泳(自由形)
※水中からのスタート
【器械運動実技】
※マット運動，鉄棒運動のうちいずれかを選択
□マット運動
　前転から開脚前転もしくは開脚後転。
□鉄棒運動
※集団討論が終わった人から随時器械運動，水泳の順で行う。
※持参品は，水着，水泳帽子，運動着および運動靴(内履き)。

▼中高英語
【課題1】
□試験官との英問英答(1問)
　What do you like about your hometown?
【課題2】
□4コマで書かれたストーリーの状況描写
※Preparation：40sec, Description：within 1 min.
【課題3】
□受験者同士でdiscussion
　Topic：Is going abroad important for students?
※筆記試験を受けていた会場から，面接官の誘導で移動。教室に行く
　と，すべて指示は英語でなされた。
※実技試験は3人1組で行われた。

・3のdiscussionは自分の賛否を述べた後，理由づけという形で発言す
　るようにと指示があった。個人的な感想としては，②のpicture
　descriptionが一番難しかった。③のdiscussionでは3回ほど発言した記
　憶がある。文教大学で主催しているイギリス語学研修に参加してい

たことが役に立った。

・1の英問英答で聞かれる内容はほとんど予測できなかったので，ほかの都道府県でよく聞かれている英問英答の過去問をいくつかピックアップして英語面接用のノートも作り，対策しておいた。

▼中学技術

【課題】

□授業において，生活の中の課題を解決させるためのものづくりを行う。そのため，生徒が具体的なイメージをもって授業に取り組むことができるよう，下記の条件に合った木製品を設計・製作し，事例として生徒に示したい。

〈生活の中で解決したい課題〉

　家に来客があったとき，客に出す500mLペットボトル(円筒形)をまとめて運びたい。お盆を使って運ぶこともできるが，立てて運ぶと不安定であり，また，横にするとお盆の上で転がりうまく運ぶことができない。また，お盆は両手で持たなければならないため，入り口ドアを開け閉めする際，お盆を床に置くか，誰かに手伝ってもらわなくてはならない。この問題を解決し，ペットボトルを上手に運ぶことができる専用の製品をつくることにした。

〈課題の解決のための方法〉

　中身の入った円筒形500mLペットボトル8本を，重ねず入れられ，かつ，片手で持ち運びできる製品を設計・製作する。

〈製作における条件〉

・ペットボトルは，500mLの円筒形で，サイズは，太いところで直径67mm，高さ208mmである。

・設計では，30cm定規および三角定規(一組)を使用する。

・材料は，杉板材(サイズ：12mm×145mm×1100mm)1枚とする。

・接合法は，くぎ接合とする。

・製作では，のこぎり・かんな・げんのう・四つ目ぎり・さしがねを使用する。また，必要に応じて，くぎ抜き等，指定された場所に準

備されたものは使用してもよい。

・設計時間を除いた製作時間は，70分とする。

[1] 上記の条件に合う製品を設計する。次の問いに答えなさい(設計時間90分)。

  1 構想した製作品のスケッチを，フリーハンドでかきなさい。また，設計のポイントを三つ示しなさい。

  2 木取りの仕方を示す木取り図を，定規を使用して書きなさい。また，寸法も記入しなさい。縮尺は1／5とする。

  3 構想図を，定規を使用して，等角図でかきなさい。また，各部の寸法も記入しなさい。縮尺は1／3とする。

[2] [1]で構想した製品を製作しなさい(製作時間70分)。

※持参物は，作業衣，木工用手工具(のこぎり，かんな)，鉛筆，消しゴム。

※12mm厚杉材の加工を行う。

▼中学家庭

【課題】

□下記の指示により，巾着の標本を作り，提出しなさい。

＜製作の留意点＞

1 大きさ，形は下図のとおりとする。

2 出し入れ口の片方はミシン縫い，もう片方は布幅の半分をなみ縫い，残りをまつり縫いとする。

※なみ縫いの針目は0.4～0.5cmとする。

※まつり縫いは，針目の間隔は0.5cm程度，表針目は0.1cm程度とする。

3 ミシンの針目は0.2cm程度とする。

4 目あき部分は図の通り，2cm＋2cm＝4cmとする。

5 マチは4cmとする。

6 試験時間は30分とする。

〈できあがり図〉

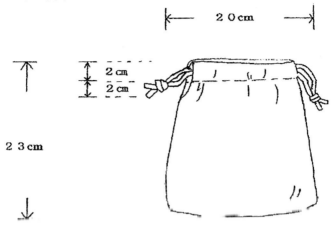

※持参物は，実習衣。

▼高校家庭(調理系)

【課題】

□下記の指示により，「涼拌絲」「果汁かん」を調理し，提出しなさい。

〈調理の条件〉

1　熱源は一人一つとする。

2　盛りつけの器は，準備されているものを使うこと。

3　計量はすべて，計量カップまたは計量スプーンを使うこと。

4　試験時間は，後片付けを含めて30分とする。

●涼拌絲

〈材料〉

① きゅうり　30g

② 卵　25g

③ ハム　10g

④ はるさめ　8g

⑤ 油　適量

かけ酢

⑥ 酢　10g

⑦ しょうゆ　9g

⑧ ごま油　2g

⑨ 砂糖　1.5g

〈調理の留意点〉

・薄焼き卵は1個で1枚焼き，半分を使用し，残り半分も小皿にのせて提出する。

・かけ酢は，別容器に提出する。

●果汁かん(2個分)

〈材料〉

① 粉寒天　1g

② 果汁　50mL

③ くだもの　15〜20g

④ 砂糖　27g

⑤ 水　適量

〈調理の留意点〉

・くだものは果汁かんの中央にくるようにする。

・果汁かんは，ゼリー型2個分を作り，型から抜いて器に取り出して提出する。

※持参物は，実習衣。

▼中高音楽

【課題1】

□新曲視唱

【課題2】

□新曲視奏

【課題3】

□ピアノ演奏

中学校学習指導要領(平成20年3月告示)による歌唱共通教材のうちから任意の1曲を選び，伴奏譜によるピアノ演奏をする。

※演奏譜は特に指定しない。

【課題4】

□ピアノ演奏と同様に任意の1曲(別の曲でも可)を選び，指揮をしながら歌う。

※伴奏なし。

【課題5】

□随意曲演奏

歌曲または器楽曲のうちの任意の1曲を伴奏なしで演奏する。

※歌曲を選択した者は，自分で伴奏しながら歌うことも可。

※演奏する随意曲の楽譜と同じものを実技試験当日に提出すること(試験終了後返却)。

※持参物は，楽譜(随意曲の楽譜は提出)，楽器(ピアノ以外の楽器を使用する場合)。

▼中高保体

【必須実技】

□水泳(50m)

【選択実技】

□次の5領域から2領域選択

陸上競技，器械運動，球技(バレーボール，バスケットボール，サッカーのうち1種目)，武道(柔道，剣道のうち1種目)，ダンス

※持参物は，水着，水泳帽子，運動着および運動靴，武道を選択する者はその用具。

・基本的技能および教職員としての態度を見る。

・実施前に準備体操を行っているとよい。

▼中学美術

※持参物は，鉛筆，消しゴム，はさみ，カッターナイフ，直定規，三角定規，コンパス，画筆，水彩絵の具(固形タイプは不可)，パレット，筆ふき用スポンジ(布も可)，筆洗，実習衣。

▼養護教諭

【課題】

□目を押さえてきた生徒へのアセスメント(視診)。

※持参物は，運動着またはスラックス。

◆適性検査(2次試験)　40分(2つの検査が各20分)

【検査内容】

□内田クレペリン検査

・一桁の連続計算作業を行う。前半と後半がある。

□YG性格検査

・はい，わからない，いいえで質問に答えていく。

・120の質問に次々と答えていった。1問につき3秒くらいしか時間がない。

◆模擬授業(2次試験)　面接官3人　受験者1人　時間15分

※面接官3人のうちA，Bの表示のある2人を児童生徒に見立てて授業するように指示がある。

※構想の時間は3分以内，模擬授業の時間は約9分。授業後3分程度の質疑応答がある。

▼小学校教諭，特別支援学校小学部教諭

【課題】

□あなたは小学校5年生の学級担任です。

　クラス替えを行ったばかりの4月に，子どもたちの中で，「このクラス，つまんない。」といった言葉が盛んに聞かれるようになり，授業にも集中できていない状況になっています。

　このような状況の中，学級活動の時間で，あなたは子どもたちにどのような指導をしますか。児童への質問等を入れながら話を進めて下さい。

※特別支援学校小学部志願者も普通学級を想定して行う。

※荷物は控室に置き，鉛筆だけ持っていく。机の上に課題が書かれたプリントがある。

※板書は，必ず取り入れる。ホワイトボード，マーカー(赤・青・黒)が用意されている。

※終了後にどのような授業を展開する予定だったかという質問を受けた。

・児童役(児童A，B)はともに反抗的，わからないという発言も多い。

・場面指導は練習するほど力が付く。友達同士でもたくさん練習すること。

▼中学校教諭，特別支援学校中学部教諭

【課題】

□あなたは中学校2年生の担任です。

　1学期の期末テストが返却された際，一部の生徒が「学校のテストができなくても，いくらでも働けるからいいよ。」という旨の発言をしました。先日のアンケートの結果も，あなたのクラスの生徒は，[将来の夢はあるが，夢実現のための行動をしている]という項目が落ち込んでいました。

　そこであなたは，「学習する意義」について学級指導を行うことにしました。あなたならどのように指導しますか。生徒の話を引き出し，かつ自分の経験も織り交ぜながら指導を進めてください。

※特別支援学校中学部志願者も普通学級を想定して行う。

※板書は，必ず取り入れる。ホワイトボードと，赤・青・黒のマーカーが用意されている。

※面接官のうち2人が生徒役，残り1人は進行，記録役であった。

・生徒役は，こちらからの発問に対して反応してくれた。

・専門教科の模擬授業ではなく，場面指導の模擬授業版と考えてよい。

・授業を終えると，試験官の方から授業についての質問をいくつかされた。

・教師になりきって演じること，生徒役は2人だが試験室を教室だと思って全体に話しかけること，臨場感を出すこと，そして何よりも教師になりたいという熱意を伝え，真摯な態度でいることに気を付けた。

・問題用紙は回収されるため，構想メモも得点に入るのかもしれない。

▼高等学校
【課題】
□あなたは，高等学校の教員です。

　これから高校2年生の4月最初の授業を行います。生徒があなたの専門教科を学ぶことによって，知識以外に得られるものとしてどのようなものがあるか，教科の魅力にもふれながら，生徒にわかりやすく伝えてください。

　また，一方的に教師が語るのではなく，生徒にとってこれからの授業に対する期待感が膨らむような発問や仕掛けを考えて授業を展開してください。
※必要があれば，板書を取り入れてもかまわない。

▼養護教諭
【課題】
□あなたは，中学校の養護教諭です。

　3年生が修学旅行に行くことになっています。旅行前に準備すべき点や旅行中の過ごし方で生徒が健康上注意すべきことについて，各教室で生徒に話をすることになりました。生徒に4分間で語りかけてください。その後の5分間で，生徒の質問に答えてください。
※必要があれば，板書を取り入れてもかまわない。

▼栄養教諭
【課題】
□あなたは，中学校の栄養教諭です。

　12月頃，3学年の学級担任から，「最近，生徒が給食を残そうとする。本当はお腹が空いているのに，体重が増えてしまうことを気にしている。」という相談を受けました。そして，学級活動の時間に「給食をしっかり食べることの大切さ」について話をしてほしいと依頼されました。

　それを受け，あなたは子どもたちにどのような指導をしますか。一

方的な話にならないように，生徒への質問等を入れながら話を進めてください。

※必要があれば，板書を取り入れてもかまわない。

◆個人面接(2次試験)　面接官2～3人　15分×2

※個人面接を2回行う。

▼小学校教諭

【質問内容】

□教職を目指した理由。

□「小学1年生の担任であり，教室に立ち歩きの多い児童がいる」この場合どうするか。→(別室指導をすると答えたら)残された子どもたちはどうするか。

□本県の体力テストの課題は何か。また，その課題を克服するにはどのような取り組みがいるか。

□あなたが担任になって4月の最初に何を子どもに伝えるか。

□最近の社会について気になっていること。

□山形県の子どもたちの学力について知っていることはあるか。

□あなたの長所と短所は何か。

□特別に支援が必要な児童のことを嫌だとは思わないか。

□特別に支援が必要な児童のいる学級をどのように経営していくか。

□大学のサークルでつらかったこと，よかったことはあるか。

□サークルではどのような活動をしていたか。そのサークルで学んだことはあるか。

□教師は誰から信頼されるべきか。→信頼される教師になるためにはどのようにすればよいか。

□あなたが今いるのは誰のおかげか。

□教師としての非常識は社会の非常識である，とはどのような意味か。

□学び続ける教師になるためにあなたは何に取り組むか。

□あなたの現時点で考えている地域教材はあるか。

□配属先は県内のどこでもよいか。

□今までつらかったことはあるか。

□学習指導をどのように行っていくか。

□あなたが教師として心がけたいことはあるか。

〈面接1〉　面接官3人

□外国語活動の答申に書かれているねらいは何か。

□外国語活動を教える自信はあるか。

□英語は好きか。

□スポーツ少年団の大会と運動会の日程が重なり，保護者から『運動会を休んで子どもをスポーツ少年団の大会に出したい』と言われた時の対応。

□授業つくりにおいて大切にしたいことは何か。

□発達障害を抱える子どもへ接するときに大切にしたいこと。

□第6次山形県教育振興計画に挙げられている3つの人物像を答えよ。

□前の質問で挙げられた3つ(学び続ける人，地域とつながる人，命をつなぐ人)のうち，どれを使っても構わないので，自分が教育で大切にしていきたいことを述べよ。

□教師に必要な資質とは何か。

〈面接2〉　面接官2人

□小学校教諭を目指した理由。→(恩師を取り上げたため)恩師のどんな姿にあこがれたのか。

□自分も仲間も大事にする児童を育てるために，あなたは学校現場でどのような取り組みをするか。また，取り組みに参加しない児童がいたらどうするか。

□併願はしているか。→併願の進行状況は。

□山形県と併願先，両方合格したらどうするか。

□取得見込み免許の更新状況は。

□特別支援学校への勤務でもよいか。

□今まで生きてきた中での失敗は何か。また，失敗した時，周りの友人や家族はあなたにどんな言葉をかけてくれたか。

□ストレスを感じることはあるか。その対処法。

※荷物は控室に置く。

※面接官は3人で，1人5分程で質問した。

※服装には配慮が必要(ほとんどの人がジャケット)。

▼中学英語

【質問内容】

〈面接1〉　面接官3人

□山形県のよいところと改善すべきところは(追質問あり)。

□保護者からどんな教師と思われたいか(追質問あり)。

□どのような生徒の英語の力を伸ばしていくのか(追質問あり)。

□ボランティア活動を通して学んだことは。

□ニュースで気になっていることは(教育系のものとそれ以外の者の2種類聞かれた)。

□初めて学級を持つときに気を付けることは何か。また実践したいことは。

□教育とはなんであると思うか。

□心の支えとしている言葉はあるか。

□何か打ち込んでいることはあるか(お勧めしたい本はあるか，またどんな内容か)。

□教育新聞を読んでいるといったがどれくらい読んでいるか。

〈面接2〉　面接官2人

□教員免許は取得見込みの状況であるか?

□併願はしているか。もし両方とも受かったらどうするつもりか。

□企業は受けているか。

□教員の不祥事をどう思うか。最近の教員の不祥事で知っているものはあるか。

□ストレスには強いか。また普段どうやってストレスを発散しているか。

□LINEなどのSNSを扱ううえで気を付けることは何だと思うか。

□もし保護者がLINEのグループを作ってほしいと言われたらどうするか?

□生徒が先生に相談したいことがあると言ってきたらどうするか。もしそのことをほかの先生や親にも言わないでほしいと言われたらどうするか。

・ほとんど知識を問われる面接はなかった。しいて言えば県の教育振興基本計画の気になったところを覚えておくとよい。

・「こういう場合どうするか」という場面指導系の質問もあったので,その際はあわてず自分の意見を述べることも大切である。

・笑顔ではきはきとした態度,考えを簡潔に述べること,圧迫されても面接官が自分のことを知りたいのだととらえ,動揺せず自然に受け答えすることに気を付けた。

▼中学家庭

【質問内容】

〈面接1〉 面接官3人

□(集団の質問として)あなたは学級担任である。よりよいクラスをつくるために,担任としてどのようなことに取り組むか。

□(個の質問として)個別に問題を抱える子どもたちがいる。中学校のあなたのクラスに不登校の生徒がいたとして,どう対応するか。

□直接生徒に会えない場合はどうするか。

□(まちづくり団体に参加していると答えた場合)地元の商店街についてどう考えているか。

□あなたは普段読書をするか。

□子どもたちに勧めたい本は何か。

□あなたは普段新聞を読むか。→そこで気になったニュースは何か。

□学業以外で努力してきたことはあるか。→そこで得られたことは何か。

□自分を褒めるとしたら,褒めることはあるか。→どのようなことか。

〈面接2〉 面接官2人

□他県を受験しているか。

□現在大学での卒業見込みはどのようになっているか。

□赴任地は県内どこでもよいか。

□家族や親戚に教員はいるか(差支えなければ回答する)。

□教員を目指したきっかけを具体的に述べよ。

□教育実習で難しかったことを述べよ(1つ回答すると他にありますかと聞かれ，合計3つ回答した)。

□授業と部活動との両立が難しいと回答したが，実際に教師は時間に追われて忙しい。その際にはどのようにリフレッシュするか。

□不祥事についてどう考えるか。

□不祥事を起こしてしまったら周囲にどのような影響をきたすと考えるか。

□教師に非があったら謝るか。

□考え方によって「教師は絶対に謝るべきでない」という考え方の教師もいるがどう思うか。

□実際に謝ったとして，次の日からあなたのクラスの生徒に指導をしても反抗的な態度をとってくる生徒がいた。どう対応するか。

□教師としてインターネット等を利用する際の留意点はあるか。

□スマートフォンをめぐるトラブルについてどう思うか。

□担任をしていたところ，生徒に「先生もクラスのグループLINEに入ってください」と言われた。どう対応するか。→それが保護者の場合はどうするか。

▼中学保体

【質問内容】

□志望動機。

□保護者対応。

□目指す教師像。

□履歴書の確認。

□目指す教師像。

□地域活動はなぜ参加する必要があるのか。
□いじめや体罰について。
□ストレスの対処。
□小学校と中学校の子どもの違いは何か。
・入退室の時も気を配るとよい。

▼養護教諭
【質問内容】
〈面接1〉　面接官3人
□教育課題は何だと思うか。
□選挙年齢引き下げをどう思うか。
〈面接2〉　面接官2人
□勤められる希望地区はあるか。
※面接シート(志願書)に沿って質問された。

◆実技試験(2次試験)
　▼小学校教諭，特別支援学校小学部教諭
【音楽実技1】
□ピアノ演奏
　小学校5，6学年学習指導要領による歌唱共通教材のうちから任意の
1曲を選び，伴奏譜によるピアノ演奏をする。
※面接官は2人。演奏前に受験番号と演奏する曲を言う。グループ7～
　8人の前で演奏する。
※本番はグランドピアノで演奏する。
※直前別室で12分の練習あり。練習ピアノ(小さいキーボード)は鍵盤
　が足りないので注意が必要。
・鍵盤数が足りなく他の受験者も困っていた。
【音楽実技2】
□歌唱

305

ピアノ演奏と同様に任意の1曲(別の曲でも可)を選び，伴奏なしによる歌唱をする。

※面接官は2人。

※歌唱は歌う前に1分ほど発声練習ができる。歌いだす前にキーボードで音を取ってもよい。

※楽譜を置くことができる。

※ピアノ演奏の伴奏譜，歌唱の際の調は，特に指定しない。

【図工実技】

□「作品展」という文字を入れて，目で見てわかるポスターを描く。

※大人も子どもも参加する美術展のポスターである。

※時間は45分間。

※1教室，20人程度で行う。

※持参物は，鉛筆，消しゴム，直定規，三角定規，コンパス。

・学部の先生とのポスターを描く練習や(色彩の)濃淡を加えた練習が有効だった。

2015年度

◆集団討論(1次試験)　面接官2人　受験者5人　30分

※テーマ用紙が配布されてからの構想時間はない。

※司会を置くかは自由。

【テーマ】

□高度情報化時代の今日，インターネットは，身近になった情報通信機器によって子どもたちの間にも大きく広まっています。これらは手軽で便利な一方，トラブルや犯罪を招く要因にもなっています。SNS(ソーシャルネットワークサービス)も含めたインターネットの使い方について，これから学校ではどのように指導していけばよいか，話し合ってください。

□児童生徒にとって，「魅力ある先生」とは，どのような先生だと思いますか。あなたが考える教員としての「魅力」とはどのようなも

のか，あなたが目指す教員になるためにはどんな力を身につけていくべきか，具体的な教員像を示しながら話し合ってください。

□「継続は力なり」という言葉があるように，学習，スポーツ，芸術等で成果をあげるためには，努力を継続することが大切だといわれています。学校において「続けること」と「成果をあげること」について，あなたはどのように考えますか。また，あなたの考えを児童生徒に教えるために，あなたはどのような取組みをしますか。具体例を挙げながら話し合ってください。

□教員には，児童生徒や保護者等と接する上で，高いコミュニケーション能力が求められています。教員として必要とされるコミュニケーション能力とはどのようなものか，また，その能力を育んでいくにはどうすればよいか，コミュニケーションに関わる自分の経験をふまえ，具体的に話し合ってください。

◆実技試験(1次試験)
▼小学校教諭
【水泳実技】
□25m泳(クロールか平泳ぎか背泳ぎ)
　※水中からのスタート。
　※タイムも測られる。
【器械運動実技】
※マット運動，鉄棒運動のうちいずれかを選択。
□マット運動
　　側方倒立回転 → 開脚前転か開脚後転(自分で選べる)
□鉄棒運動
　※持参品は，水着，水泳帽子，運動着及び運動靴(内履き)。
　※全て練習する時間がある。

▼中高家庭

【課題1】

□下記の指示により，「きゅうりとわかめの酢の物」「茶碗蒸し」を調理し，提出しなさい。

〈調理の条件〉

1　熱源は一人一つとする。

2　盛りつけの器は，準備されているものを使うこと。

3　試験時間は，後片付けを含めて30分とする。

4　下の空欄(　ア　)〜(　ウ　)は，各自計量して使うこと。なお，記入用紙に，数字を記入して提出すること。

　●きゅうりとわかめの酢の物

〈材料〉

　①　きゅうり　1/2本(50g)

　②　生わかめ　3グラム

　③　三杯酢

　　　酢　　　10ml(小さじ2)

　　　塩　　　(　ア　)g

　　　砂糖　　(　イ　)g

〈調理の留意点〉

　※きゅうりは，0.2cmの小口切りにする。

　※三杯酢は，和えずに別容器に提出する。

　●茶碗蒸し

〈材料〉

　①　卵　30g

　②　だし汁　(　ウ　)ml

　③　塩　1g

　④　しょうゆ　1ml

【課題2】

□下記の指示により，エプロンの標本(縮小版)を作り，提出しなさい。

〈製作の留意点〉

(1)　エプロンの周囲は，すべて2cm幅の三つ折りにする。

(2) 裾以外の周囲は，ミシンで直線縫い(針目は0.2cm程度)にし，縫いはじめと終わりを返し縫いし，糸を適切に処理する。

　裾は，半分をなみ縫い(針目は0.4cm程度とする)，あとの半分をまつり縫い(針目は0.5cm程度，表針目は0.1cm程度とする)にする。玉結び，玉止めは外に出てもよい。

(3) ひもを通し，抜けないようにひもの両端に結び目をつける。

(4) できあがりの大きさ・形は，次の図の通りとする。

〈できあがり図〉

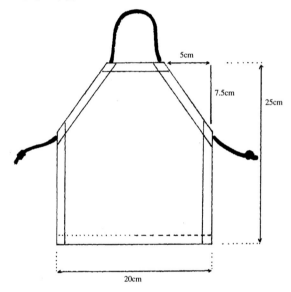

※持参物は，実習衣であった。

▼中高音楽

【課題1】

□新曲視唱

【課題2】

□新曲視奏

【課題3】

□ピアノ演奏

　　中学校学習指導要領(平成20年3月告示)による歌唱共通教材のうち
　から任意の1曲を選び，伴奏譜によるピアノ演奏をすること(演奏譜
　は特に指定しない)。

【課題4】

□ピアノ演奏と同様に任意の1曲(別の曲でも可)を選び，指揮をしなが
　ら歌うこと(伴奏なし)。

【課題5】

□随意曲演奏

　　歌曲又は器楽曲のうちの任意の1曲を伴奏なしで演奏すること(た
　だし，歌曲を選択した者は，自分で伴奏しながら歌うことも可)。

　※演奏する随意的の楽譜と同じものを実技試験当日に提出すること
　　(試験終了後返却)。

　※持参物は，楽譜(随意的の楽譜は提出)，楽器(ピアノ以外の楽器を
　　使用する場合)であった。

▼中高保体

【必須実技】

□水泳(50メートル)

【選択実技】

□次の5領域から2領域選択

　　陸上競技，器械運動，球技(バレーボール，バスケットボール，
　サッカーのうち1種目)，武道(柔道，剣道のうち1種目)，ダンス

　※持参物は，水着，水泳帽子，運動着及び運動靴(武道を選択する
　　者はその用具)であった。

▼中学美術

※持参物は，鉛筆，消しゴム，はさみ，カッターナイフ，直定規，三
　角定規，コンパス，画筆，水彩絵の具(固形タイプは不可)，パレッ
　ト，筆ふき用スポンジ(布も可)，筆洗，実習衣であった。

▼高校書道

※持参物は，毛筆用具一式(漢字・仮名用の大筆・小筆数本，墨液，半切用下敷を含む)，鉛筆，30cm定規，消しゴム，黒色ボールペンであった。

▼養護教諭

※持参物は，実技試験にふさわしい服装であった。

▼高校工業(電気，建築)，情報

※持参物は，関数電卓(プログラム機能付電卓は不可)であった。

◆適性検査(2次試験)

【検査内容】

□クレペリン

　　隣同士の数字を足し算していくことを繰り返す作業。

□MINI124

　　MMPIの簡略版。124項目の質問に「はい」または「いいえ」で答えていく。

◆模擬授業(2次試験)　面接官3人　15分

※構想時間が3分与えられる。授業時間は9分。

※面接官3人中，(指定された)2人を児童生徒に見立てて授業するように指示がある。

※授業後3分程度の質疑応答がある。

▼小学校教諭

【課題】

□あなたは小学校5年生の学級担任です。

　　「書くこと」に苦手意識を持っている学級の子どもたちに，書く

活動を多く取り入れようと考えました。

そこで，国語の時間に，「ありがとうを伝えよう」というテーマで作文を書かせようとしたところ，「何を書けばいいかわからない。」「書きたくない。」「書くのは面倒くさい。」という発言がありました。それを受け，あなたは子どもたちにどのような指導をしますか。児童の言葉を引き出しながら進めてください。

▼中学校
【課題】
□あなたは，4月から新たに，中学2年生の担任をすることになりました。

　クラスの様子は，ノートや教科書が自席の横の床に置かれていたり，カバンや運動着が後ろのロッカーからはみ出していたりしています。ゴミも落ちたままになっています。

こうした状況を受けて，規律ある学級にしていくために，あなたなら学級活動の時間にどのような指導をしますか。生徒の意見を引き出しながら指導を進めてください。

▼高等学校
【課題】
□あなたは高等学校の教員です。2年2組のクラスの担任をしています。

　クラスのある生徒は，使用が禁止されている場所でスマートフォンを操作し，通りかかった先生から注意されました。また，別の生徒は，昼休みに無断で外出しようとしたところを近くにいた先生から注意されました。2人は「見つかって運が悪かった」という程度の気持ちしかなく，反省している様子がありません。

　このようなことを受け，ホームルームの時間で，クラス全体に，「ルールを守ること」について考えさせたいと思います。あなたはどのような話をしますか。生徒の話を聞きながら進めてください。

▼養護教諭

【課題】

□あなたは，中学校の養護教諭です。

　2月に入り，近隣の中学校でインフルエンザが流行し始めていることがわかりました。

　そのような事態を受けて，受験を控えた3年生を対象にして，クラス毎に保健指導をすることになりました。

　あなたならどのような話をしますか。生徒の話を引き出しながら，指導を進めてください。

▼栄養教諭

【課題】

□あなたは，小学校の栄養教諭です。

　同じ町内の小学校から，「5年生に対して『バランスよく食べよう』というテーマで指導をしてほしい。」という依頼を受けました。

その学校の5年生担任の説明によれば，全体の傾向として，肉類は好んで食べるが野菜はあまり食べず，ジュースやスナック菓子などの間食をとることが多いという実態があるようです。

　あなたは，これを受けてどのような指導をしますか。子どもたちの話を引き出しながら指導を展開してください。

◆個人面接(2次試験)　面接官2～3人　15分×2

※個人面接を2回行う。

▼小学校教諭

【質問内容】

□志望動機。

□ボランティアの経験について。

　→そこから学んだことは何か。

　→教員に活かしていきたいことは何か。

□東日本大震災の後に感じたことは何か。
□子どもの学力について。
　→山形の場合はどうか。
□個に応じた指導とはどのようなものか。
　→1クラスに30人いるが，それを実現できるか。
□国際化について。
□小学校で外国語を指導することについて。
□教員の不祥事について。
□ストレス解消法は何か。
□豊かな心を育てるにはどうするか。
□集団生活で，リーダーシップを育てるにはどうするか。
□自尊感情を高めるにはどうするか。
□どんな本を読むか。

▼高校国語
【質問内容】
□志望理由。
□卒論について。
□面接官を中学1年生だと思って，卒論で取り上げる作品について語りなさい。
□教員の体罰をどう思うか。
□学校にクレームをつけてくる保護者にどう対応するか。
□勤務地はどこが良いか。
□学校に赴任してまず最初にしたいことは何か。
□あなたの教育理念は。

◆実技試験(2次試験)
　▼小学校教諭
　【音楽実技1】

□ピアノ演奏

　小学校5，6学年学習指導要領による歌唱共通教材のうちから任意の1曲を選び，伴奏譜によるピアノ演奏をする。

【音楽実技2】

□歌唱

　ピアノ演奏と同様に任意の1曲(別の曲でも可)を選び，伴奏なしによる歌唱をする。

　※ピアノ演奏の伴奏譜，歌唱の際の調は，特に指定しない。

【図工実技】

□「大運動会」の4文字を入れてポスターを作成せよ。

　※A4画用紙1枚に描く。時間は45分間。

　※持参物は，鉛筆，消しゴム，直定規，三角定規，コンパスであった。

2014年度

◆実技試験(1次試験)

▼小学校教諭，特別支援学校(小学部)

【課題1】

□水泳25m

【課題2】

□器械運動

マット運動，鉄棒運動のうちいずれかを選択

※水泳は水中からのスタートであった

※当日持参するものは水着，水泳帽子，運動着及び運動靴(内履き)であった。

▼中高英語，特別支援学校(英語科)

【課題】

□英語による面接

▼中学音楽，特別支援学校(音楽科)

【課題1】

□新曲視唱および新曲視奏

平成２６年度　教採　新曲視唱問題

平成２６年度　教採　新曲視奏問題

【課題2】

□ピアノ演奏

バッハ作曲：インベンション(2声)の1番(ハ長調)

【課題3】

□指揮をしながら歌唱(伴奏なし)

中学校学習指導要領による歌唱共通教材のうちから任意の1曲を選ぶ。

【課題4】

□歌曲又は器楽曲のうちの任意の1曲を伴奏なしで演奏(歌曲を選択

したものは，自分で伴奏しながら歌うことも可)。
　※当日持参するもの…楽譜(随意曲の楽譜は提出)，楽器(ピアノ以
　　外の楽器を使用する場合)であった。

▼中学美術，特別支援学校(美術科)
　【課題】
　□当日指示する
　　※当日持参するものは鉛筆，消しゴム，はさみ，カッターナイフ，
　　　直定規，三角定規，コンパス，画筆，水彩絵の具(固形タイプ
　　　は不可)，パレット，筆ふき用スポンジ(布も可)，筆洗い，実習
　　　着であった。

▼中高保健体育，特別支援学校(保健体育科)
　【課題1】
　□水泳(50m)
　【課題2】
　□次の5領域から2領域選択して行う。
　　陸上競技，器械運動，球技(バレーボール，バスケットボール，
　　サッカー)，武道(柔道，剣道)，ダンス
　　※当日持参するものは水着，水泳帽子，運動着及び運動靴(武道
　　　を選択する者はその用具)であった。

▼養護教諭
　【課題】
　□当日指示する
　　※当日持参するもの…実技試験にふさわしい服装

◆集団討議(1次試験)
　▼全校種

※次の課題のうち1つについて討論する。

【課題】

□学校教育においては，児童生徒1人1人が持つよい点や可能性を見いだし，それを最大限に伸ばしていくことが大切です。あなたは，「個々の能力を最大限に伸ばす」ことについてどのように考え，どのようなことを大切にしながら指導していきたいですか，具体例をあげながら話し合ってください。

□地域社会の一員としての自覚を持ち，地域に対する愛着を深め，地域に貢献できる人づくりが学校教育には求められています。あなたは，これらのことについてどのように考え，どのようなことに取り組んでいきたいと思いますか，具体例をあげながら話し合ってください。

□第5次山形県教育振興計画の後期プランでは，重点施策の1つとして「教師と子どもが向き合う教育」を推進しています。あなたは，「教師と子どもが向き合う教育」をどのように考え，どのようなことに取り組んでいきたいと思いますか，具体例をあげながら話し合ってください。

□学校教育では，教育活動全体を通じて人権尊重の意識を高めるための指導を進めており，一人一人を大切にする教育の推進を図っています。あなたは，児童生徒の人権を尊重する教育をどのように考え，どのようなことを大切にしながら指導していきたいですか，具体例をあげながら話し合ってください。

※評価の観点は，教師としての姿勢，広い教養と豊かな感性，高い倫理観，教育への理解などであった。

◆模擬授業(2次試験) 面接官3人　構想3分　授業9分

※注意点は，以下の通り。

・面接官3名のうちA，Bの表示のある2名を児童に見立てる(特別支援学校志願者も普通学級を想定して行う)。

・板書は，必ず取り入れる。

・構想の時間は3分以内。模擬授業の時間は約9分。

・用紙の余白をメモに使ってもよい。

【課題】

▼小学校・特別支援学校小学部

　あなたは，小学校3年生の学級担任です。あなたの学級には，話を聞いただけでは内容を理解することが苦手なSさんがいます。そのためあなたは，忘れ物が多くなりがちなSさんのために，毎日メモを書いてランドセルに入れていました。すると，ある日の帰りの会で「いつもSさんばかりずるい。」という児童の発言とそれに同調する意見が数名の児童から出されました。このことを受け，あなたは子どもたちにどのような話をしますか。

▼中学校・特別支援学校中学部

　あなたは，中学校1年生の学級担任です。入学当初の生徒は，様々な不安や悩みを抱えることが少なくありません。このような実態を踏まえ，初めての学級活動の時間に，個々の生徒が，小学校における学校生活との違いを乗り越え，新しい学校生活に適応できるように指導したいと考えました。あなたなら，どのような話をしますか。一方的な話にならないように，生徒への質問等を入れながら話を進めてください。

▼高等学校・特別支援学校高等部

【課題】

　あなたは，高等学校1年生の学級担任です。2学期初めに生徒面談を行ったところ，自分の進路について「やりたい仕事が見つからない」，「好きな仕事がない」，「まだ時間がある」など，まだまだ意識が低い生徒が多く，進路について具体的に考え，目標を持って学校生活を送るための手立てが必要であると感じています。そこでLHRの時間を使って，次の(1)，(2)について話をすることになりました。

(1) 働くことの目的と意義は何か
(2) 進路希望実現に向けて今何をすべきか
　あなたなら，どのような話をしますか。一方的な話にならないように，生徒への質問等を入れながら話を進めてください。

▼養護教諭
【課題】

　あなたは，中学校の養護教諭です。2年生のAさんが，「最近眠れない。食欲がない。」ということで保健室にやってきました。Aさんは，最近，学校生活，特に部活動について悩んでいるようだということを，周りの生徒から聞いている生徒です。あなたはどのようにして生徒の悩みを聞き出し，どのような話をしますか。

▼栄養教諭
【課題】

　あなたは，小学校の栄養教諭です。5年生の家庭科の授業で，初めて調理実習を行う児童に対して「食事の役割」について指導することになりました。学級担任から，調理実習を行う前の導入として「日常の食事の大切さ」について話をしてほしいと依頼されました。一方的な話にならないように，児童への質問等を入れながら話を進めてください。

▼特別支援学校(保健体育科)
　※和室で実施。靴を脱いで椅子に座って課題を読み，構想を練ったのち，立って授業をする。
　※ホワイトボード，黒・赤・青のペンがある。
　※構想3分，授業9分で，質疑応答が2分あった。
　※評価基準は構成力，表現力，対応力などであった。

◆個人面接(2次試験) 面接官2〜3人

※個人面接は2回実施された。

▼養護教諭

【質問内容・1回目】

□朝，学校に来て最初に何をするか。

□子どもの顔を見ていて，元気がないようすの子がいたらどうする
　か。

□子どもの健康問題で気になることは何か。

　→(心の面では○○と言ったら)体の面ではどうか。

□アレルギーの子どもがいたらどう対応するか。

□アレルギーが疑われる子が来室したらどうするか。

□不登校を事前に防ぐにはどうするか。

　→他にはないか。

□養護教諭の，小学校と中学校でのあり方の違いは何か。

□子どもの健康問題の原因は何だと思うか。

□生活習慣を改善させるにはどうするか。

□子どもにたくましさを育てるにはどうするか。

□養護教諭に(特化して)求められる力とは何か。

□(小学校と比べて)中学校のいじめの特徴は何か。

□保護者から「担任の先生に言わないで」と言われた時のスタンス
　は何か。

□山形のよさと課題は何か。

【質問内容・2回目】

□山形以外はどこか受けているか。

□希望任地は「なし」となっているが，どこでもよいのか。

□校種はどこでもよいのか。

□志望動機は何か。

□○○(今やっている仕事)とはどんな仕事か。

□学級に入っているのか。

□保健室とのかかわりはあるか。

□生徒が，授業がいやで保健室に逃げたときどんな対応を心がけて
　いるか。

□不祥事についてどう思うか。

□ストレスには強いほうか，弱いほうか。

□子どもが「先生にだけ言ったんだ」といったらどうするか。

　→それで子どもが「もう先生には言わない」といったらどうする
　　か。

□仕事でわからないことがあったときどうするか。

□わからないことを人に聞けるほうか。

□養護教諭として子どもに一番伝えたいことは何か。

□教育実習はどこでやったか。

□教育実習で一番大変だったことは何か。

□小学校と中学校での(保健室での子どもへの対応の)違いは何か。

▼特別支援教育(保体)

【質問内容・1回目】

□昨日，今日の新聞を読んだか。

□特に覚えている内容は何か。

□子どもに読ませたい本は何か。

　→どのような内容か。

□(これまでの経験について)どうして取り組もうと思ったのか。

□教師を志望した理由は何か。

□どうして特別支援教育なのか。

□(これまでの経験について)そのとき思ったことは何か。

□山形県の学力テストの結果と傾向についてどう思うか。

□今まで教師に体罰を受けたことはあるか。

□山形県が出している体罰をなくすためのガイドラインは読んだか。

　→その内容で覚えていることは何か。

【質問内容・2回目】

□教師を志望した理由は何か。

□(これまでの経験について)どうして取り組もうと思ったのか。
　→その経験を教師としてどのように生かすことができるか。
□勤務地はどこでも大丈夫か，両親は承諾しているか。
□家族構成が変わる予定はないか。
□最近の山形県の教育に関する問題で特に気になっていることは何か。
　→それをなくすためにはどうしたらよいか。
□これまでの生き方に悔いはないか。
　・和室で実施。靴を脱いで椅子に座って面接を受けた。
　・どの試験においても終始和やかな雰囲気。圧迫面接はなく，温かい面接だった。
　・気温が高めであったため，上着を脱いでも可とされた。

◆実技試験(2次試験)
▼小学校教諭，特別支援学校(小学部)
【音楽課題1】
□小学校第5，6学年学習指導要領による歌唱共通教材のうちから任意の1曲を選び，伴奏譜によるピアノ演奏をする。
【音楽課題2】
□任意の1曲(別の曲でも可)を選び，伴奏なしによる歌唱をする。
【図画工作課題】
□当日指示する
　※音楽について，ピアノ演奏の伴奏譜，歌唱の際の調は，特に指定しない。
　※図画工作で当日持参するものは鉛筆，消しゴム，はさみ，カッターナイフ，直定規，三角定規，コンパスであった。

2013年度

◆集団討議(1次試験)

▼全校種

【課題】

□第5次山形県教育振興計画の後期プランでは,「変化する時代を主体的に生きぬく力をはぐくむ『いのちの教育』」を重点施策テーマとしています。「変化する時代を主体的に生きぬく力」とは,どのような力だと思いますか,また,それを育むためにどんな取組みをしていきたいですか,具体例をあげながら話し合ってください。

□子どもたちが,将来,自立して生きていくためには,働くことの意義を適切に理解し,主体的に進路を決定できるようにしていくことが重要です。一人ひとりの勤労観や職業観を育てるために,教員としてどのようなことに取り組んでいくべきか話し合ってください。

□本県の第5次教育振興計画では『「いのち」そして「まなび」と「かかわり」』を大きなテーマに掲げた教育を推進しています。「いのち」を大切にし,自分を大切に思う気持ち,家族や友人を大切に思う気持ちを育てていくために,教員としてどのような取組みをしたいと思いますか。自分自身の実践や体験に触れながら,話し合ってください。

□山形県では,児童生徒一人ひとりを大切にするきめ細かな教育を展開しています。児童生徒の学ぶ意欲や,学ぶ習慣なども含めた総合的な力としての「学力」を伸ばしていくためには,教員としてどのようなことに取り組んでいきたいと思いますか,具体的に話し合ってください。

※評価基準は教師としての姿勢,広い教養と豊かな感性,高い倫理観,教育への理解等。

◆実技試験(1次試験)

▼小学校全科，特別支援学校小学部

【課題】

□水泳25m　※水中からのスタート

□器械運動(マット運動，鉄棒運動のうちいずれかを選択)

※当日持参するもの…水着，水泳帽子，運動着及び運動靴(上履き)

▼中高英語，特別支援学校中学部英語

【課題】

□英語による面接

▼中高音楽，特別支援学校中学部音楽

【課題】

□新曲視唱，新曲視奏及び移調奏

□バッハ作曲インベンション(2声)の8番(ヘ長調)をピアノ演奏

□中学校学習指導要領(平成20年3月告示)による歌唱共通教材のうちから任意の1曲を選び，指揮をしながら歌う(伴奏なし)

□随意曲…歌曲又は器楽曲のうちの任意の1曲を伴奏なしで演奏する(ただし，歌曲を選択したものは，自分で伴奏しながら歌うことも可)。なお，演奏する随意曲の楽譜と同じものを実技試験当日に提出すること(試験終了後返却)

※当日持参するもの…楽譜(随意曲の楽譜は提出)，楽器(ピアノ以外の楽器を使用する場合)

▼中高美術，特別支援学校中学部美術

【課題】

□当日指示する

※当日持参するもの…鉛筆，消しゴム，はさみ，カッターナイフ，直定規，三角定規，コンパス，画筆，水彩絵の具(固形タイプは不可)，パレット，筆ふき用スポンジ(布も可)，筆洗い，実習衣

▼中高保健体育，特別支援学校中学部保健体育

【課題】

□水泳50m

□次の5領域から2領域選択…陸上競技，器械運動，球技(バレーボール，バスケットボール，サッカーのうち1種目)，武道(柔道，剣道のうち1種目)，ダンス

※当日持参するもの…水着，水泳帽子，運動着及び運動靴(武道を選択する者はその用具)

▼養護教諭

【課題】

□当日指示する

※当日持参するもの…実技試験にふさわしい服装

◆模擬授業(2次試験) 面接官3人　構想3分　授業9分

※以下のことに注意する

①　面接官3名のうちA，Bの表示のある2名を児童に見立てる(特別支援学校志願者も普通学級を想定して行う)

②　板書は，必ず取り入れる。

③　構想の時間は3分以内。模擬授業の時間は約9分。

④　用紙の余白をメモに使ってもよい。

※評価基準は構成力，表現力，対応力等。

▼小学校・特別支援学校小学部

【課題】

□あなたは小学校6年生の学級担任です。

　道徳の授業で，「夢に向かって努力すること」を題材に，有名アスリートのメッセージビデオを見ました。その後の感想発表の中で，何人かの子どもたちから「夢に向かって努力しても，必ずしも報われるとは限らない。努力は無駄に終わることもある。」といった発

言がありました。

それを受け，あなたは子どもたちにどのような指導をしますか。

▼中学校・特別支援学校中学部

【課題】

□あなたは中学2年生の担任です。

生徒会活動で重点に掲げているボランティア活動を，学級毎にどのように取り組むか話し合っているときに，「強制されるのは，ボランティアではない。一人一人の考えでやるべきだ。」など，学級の中でも発言力の強い生徒が発言し，色々な意見が出始めました。

これを受けて，学級でボランティア活動に取り組む意義について指導してください。

▼高等学校

【課題】

□あなたは新規採用の高等学校の教員です。

4月の初めての2年生の授業で，担当する教科の面白さや有用性について，生徒が分かるように具体例を交えて5分間で語りかけてください。その後の4分間で，生徒の質問に答えてください。

▼養護教諭

【課題】

□あなたは，中学校の養護教諭です。

生徒たちは，9月上旬に行われる運動会に向けて，連日練習に励んでいます。運動会本番数日前に1年生の各クラス毎に，保健指導をすることになりました。

あなたならどのような話をしますか。

▼栄養教諭

【課題】

□あなたは，小学校の栄養教諭です。

6年生の総合的な学習の時間で，「山形の在来野菜を育てよう」と
いうテーマで学習を進めることになりました。学級担任より，導入
の時間に児童の興味関心を高めるために「山形の在来野菜の魅力」に
ついて話をしてほしいと依頼されました。

一方的な話にならないように，児童に質問等をしながら話を進め
てください。

◆実技試験(2次試験)
　▼小学校全科，特別支援学校小学部
　【課題】
　□音楽…小学校第5，6学年学習指導要領による歌唱共通教材のうち
　　から任意の1曲を選び，伴奏譜によるピアノ演奏をする。また，
　　同様に任意の1曲(別の曲でも可)を選び，伴奏なしに歌唱をする。
　　なお，ピアノ演奏の伴奏譜，歌唱の際の調は，特に指定しない。
　□図画工作…当日指示する
　※当日持参するもの…鉛筆，消しゴム，はさみ，カッターナイフ，
　　直定規，三角定規，コンパス

2012年度

◆集団討議(1次試験)
　【課題】
　□最近，子どもを叱る大人が少なくなったなどと評されます。また，
　　「怒るより叱る言葉の難しさ」などという川柳もあります。
　　学校教育における「怒ること」と「叱ること」について，具体例
　　を出し合いながら話し合ってください。
　□山形県では，本を読むことを通して幅広い人間性を養うという観
　　点から「読書活動」を推進しています。読書の楽しさや大切さを

伝えるため，あなたならどんな取組みをしますか。学校全体，クラス単位，あるいは家庭や地域との連携などの観点から，自分の体験もふまえ，具体的に話し合ってください。

□山形県では，自尊感情を育てる教育に力を入れています。あなたが受け持つ子どもの自尊感情をより育てるために，どのようなことを大切にしていきますか。子どもと子ども，子どもと教師，地域と子どもの関わりを視点に話し合ってください。

□学校で学ぶ児童生徒にとって自分の学級はとても重要な場所です。その学級を経営する「学級担当に必要な力」とは，どのような力だと考えますか。あなた自身の体験をふまえ，具体例を挙げながら話し合ってください。

◆実技(1次試験)
▼小学校全科
(体育)
【課題】
□水泳(25m)
□器械運動(マット運動，鉄棒運動のどちらかを選択)

▼中高音楽
【課題】
□新曲視唱，新曲および移調奏
□バッハ作曲インベンション(2声)の13番(イ短調)をピアノ演奏
□中学校学習指導要領による歌唱共通教材のうち任意の1曲を選び，指揮をしながら歌う(伴奏なし)
□随意曲を伴奏なしで演奏する

▼中高保体
【共通課題】

□水泳(50m)
【選択課題】
□陸上競技
□器械運動
□球技：バレーボール，バスケットボール，サッカー
□武道：柔道，剣道
□ダンス

▼中学家庭　各30分
【課題】
□被服：ウォールポケット制作
□食物：豚肉のショウガ焼き・きゃべつの千切りの調理

◆模擬授業(2次試験)　面接官3人　構想3分　実施9分
【課題】
▼小学校・特別支援学校小学部
□あなたは小学校5年生の学級担任です。
　総合的な学習の時間で，「山形県のよさ」をテーマに，学習を進めようとしています。ある児童が，「山形県のよさと言っても，広すぎて，よくわからない。」と発言しました。また，別の児童は，「転校してきたばかりで，山形県のことはわかりません！」と言います。これらの発言を受け，あなたは，どのように本時の学習を展開，または指導しますか。
※面接官3人のうちA，Bの表示のある2名を児童に見立てて進める。(特別支援学校小学部志願者も普通学級を想定して行う)。板書は，必ず取り入れる。

▼中学校・特別支援学校中学部
□あなたは中学校3年生の学級担任です。

　いよいよ明日が中学校生活最後の地区総合体育大会の日になりました。学級には，レギュラーで大活躍している生徒(Aさん)，文化部所属で頑張ってきた生徒，3年間ずっと補欠だった生徒(Bさん)，数日前に怪我をして参加できない生徒など様々ですが，クラスの生徒全員を前に，担任として話をします。

　あなたなら，どのような話をしますか。

▼高等学校・特別支援学校高等部
　□あなたは1年生のクラス担任をしています。LHRで「かけがえのない生命」について話し合うことになりました。

　最初に担任が話をし，それを受けてグループごとに生徒が話し合いをし，全体に発表しながらまとめていく授業を展開することにしています。

　あなたは，最初の話として，クラス全体にどのような話をしますか。

▼養護教諭
　□あなたは，中学校の養護教諭です。

　生徒Aが，貧血気味で具合が悪いと保健室へ来ました。生徒Aは，以前から朝食を食べずに登校しているためか，体調を崩してたびたび保健室を訪れている生徒です。

　あなたならどのように対応しますか。
　※面接官3人のうちAの表示のある1名を生徒に見立てて進める。

▼栄養教諭
　□あなたは，小学校の栄養教諭です。

　小学校3年生のあるクラスは給食の食べ残しがとても多く，学級担任も困っていました。そこで学級活動の時間に，学級担任とともに給食について指導することになりました。子どもたちの話を引き出しながら食べ残しの主な原因を探り，「食物と生命(いの

ち)のかかわり」にも触れながら指導してください。

◆実技(2次試験)
　▼小学校全科
　【課題】
　(音楽)
　□小学校第5，6学年学習指導要領による歌唱共通教材のうちから任
　　意の1曲を選び，伴奏譜によるピアノ演奏
　□同様に任意の1曲(別の曲でも可)を選び，伴奏なしでの歌唱

2011年度

◆集団討議(1次試験)　面接官2人　受験者5〜6人　40分

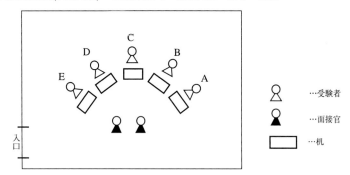

　▼栄養教諭
　【テーマ①】
　　日本の子どもは，他の国と比較して，学習に対する「興味・関
　心・意欲」が低いという調査結果があります。この調査結果につい
　て，あなたはどう思いますか。また，子どもとの関わりの中で，
　「学ぶ喜び」を伝える為に，あなたはどのような工夫をしますか。
　具体例も挙げながら話し合ってください。

※A4用紙の紙に書かれている問題文の下に余白があり，メモなどは自由に記入できる。お互いを「Aさん」「Bさん」「Cさん」…と呼ぶ。

※話し合いのポイント

□現状の把握

　①学歴社会，終身雇用制度は半ば崩れ，全体として学習意欲が減退してきている。②将来の見通しが不透明な中，「なぜ学習するのか」と疑問を抱く青少年が多くなってきている。③携帯電話やインターネットなどを使って簡単にてに入る娯楽が豊富にある。

□課題と対策

　①内発的動機付けを高めるためにはどうするか。②わかる授業が「学ぶ喜び」につながる。③授業形態を工夫する④学ぶに値する教材を選び，教材と子どもの出会いを工夫する。⑤導入を工夫する。⑥仲間と協力して課題を解決させる中で，相手のよさを理解する。⑦成就感を持たせる学習の工夫をする

【テーマ②】

　あなたは学級担任をしています。修学旅行の班分けを子どもたちに任せたところ，普段から友達の少ない二人の子どもが，どの班にも入れてもらえませんでした。そのため，明日また話し合いをすることにしました。その日の夕方，ショックを受けた一人の子どもの親から学校に苦情の電話がかかってきました。あなたは，この問題をどのように対応しますか，学級や学年全体の生徒に配慮すべきことも含めて話し合って下さい。

※養護教諭・栄養教諭を受験している者は，同僚の先生から上記のような内容の相談を受けたとしたら，どのようにアドバイスするかを考え話し合う。

※話し合いのポイント

□現状の把握

　①すべての子どもにとって楽しみであるべき修学旅行が，この問題への対応をあやまることによって多くの生徒の心に傷を残してし

まう恐れがある。学級が不安定化する要因にもなる。②班に入れて
もらえなかった子どもは，これをきっかけに不登校になる恐れもあ
るし，子どもの親が学級担任や学校に不信感を抱きかねない。

□課題と対策

　①問題が起きたことをマイナスに考えるのではなく，子ども同士
も関係や担任と子どもとの関係を考える良い機会ととらえる。②立
場の弱い子を大事にするという担任の姿勢を明確にする。③一人で
も楽しくない思いをする友達がいたら楽しい旅行にならないという
ことを子ども達に分かってもらう努力をする。④学級主任や学年団
の先生にも相談して，自分だけで問題を抱え込まないようにする。
⑤保護者の言い訳に耳を傾け，誠意を持って対応する。

【テーマ③】

　障がいのある児童生徒と障害のない児童生徒が，学校や地域で活動
を共にし，好ましい人間関係を育むようにするために，あなたはどの
ように児童生徒に関わっていきたいですか，自分の経験をふまえて話
し合って下さい。

※話し合いのポイント

□現状の把握

　①平成20年度，特別支援学校，特別支援学級，通級で教育を受けて
いる児童生徒数は286,000人である。このうち義務教育段階の児童生徒
数は234,000人であり，同じ学年齢段階にある児童生徒数全体の2.2%
にあたる。②障害の種類には，視覚障害，聴覚障害，知的障害，肢体
不自由，病弱などのほか，平成18年度から通級による指導に学習障害
(LD)，注意欠陥・多動性障害(ADHD)が新たに加えられた。③学校や
地域で行う活動には，文化・創作活動，スポーツ活動，祭り，バーベ
キュー，ボウリングなどがある。④障害のある児童生徒は，地域の中
で関わること(遊ぶこと)が少ないと言われている。

□課題と対策

　①障害のある子どもへの理解を，障害のない子どもにどのように持
たせていくか。②世の中には色々な立場の人がいて，その人達と一緒

に社会を作っていくという価値観をどのように持たせるか，具体例を通して示すことが出来るか。③学級や学校で対応すべきこと，保護者の役割は何かを考えていく。④地域のボランテイア組織との関わりをどのようにしていけばよいかを考える。⑤自分(個人)で出来ることから学校(組織)として出来ることへと発展した話し合いになるようにしていく。

【テーマ④】
　地域・家庭・学校の連携の必要性が強く叫ばれて久しくなりますが，親子の絆，地域との絆，教師と生徒の絆，友達同士の絆が希薄になっている現状があります。自分の生まれ育った地域・家庭・学校を例に取りながら，絆が希薄になっているのはどんなことに起因するか，地域・家庭・学校が連携して行くために，どのようなことに留意していけばよいか，話し合って下さい。
※話し合いのポイント
□現状の把握
　①地域や家庭の教育力が低下し，その分，学校の役割が大きくなりすぎている。②核家族化，多忙化などにより，信頼関係を築く丁寧な関わりが上手くできていない。③自分さえ良ければいいという，自己中心的な言動によって，相互に心のズレが生じ，「共生」の意味と理解と「関わり方」の鍛錬が不足している。
□課題と対策
　①地域での人間関係が薄くなっているが，地域でのつながりを深めていこうとする事例もたくさんある。②学校と地域とのつながりを強くする教育活動をどのように仕組むか。③学校の職員に「共生」という考えを意識させていくにはどうするか。④多忙化等により住んでいる地域の方々との関わりが薄いと言われる学校の職員が，地域の人とつながっていくためにはどのようなことが必要か。自身の事例を出すことができるか。⑤連携の視点を明確にし，アカウンタビリティとして情報開示を積極的に行っていく。

◆個人面接①(2次試験)　受験者1人　面接官3人

個人面接1

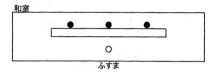

▼中高保体

【質問例】

□教師として，生徒に対して大切にしていることは。

□体育が得意でない生徒への指導については。

□好きな言葉は。

□世界一また日本一になれるチームとそうでないチームの違いは何か。

・一つ答えた後，すぐに「もう一つありませんか?」と質問される。

□民間企業は誰から給料をもらうのか。

・教師は誰から給料をもらうのか。

□「ありがとうございました」と感謝のおじぎと「申し訳ございません」と謝罪のおじぎをしなさい。

□学校と地域の連携・協力について。

・なぜ必要なのか，あなたならどのように進めるのか。

・生徒のメリットは何か。

・地域のメリットは何か。

◆個人面接②　面接官2人　受験者1人

個人面接2

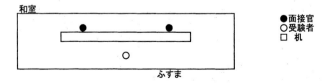

□志望動機は。

・2人から聞かれる。2回目は違う言葉で聞かれた。

□教師になって生徒に何を伝えたいか。

□教師として大切にしていることは。

□学校に勤務している上で，心がけていることは何か。

□学校に勤務している上で，大変だと思ったことはなにか。

・改善する為にどうしたらよいか。

□理想の教師像を簡潔な言葉で。

□希望赴任地が「なし」について。

□意見が合わない教師がいたらどうするか。

□ストレスには強いか，あるいは弱いか。

□ストレス解消法は何か。

□サッカーを通して伝えたいことは何か。

□民間企業から教師への転身の経緯は。

◆模擬授業　面接官2人　進行役1人　構想3分　授業9分　質疑応答2分

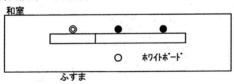

【テーマ】

　　職業体験において，事業所数の都合もあり，希望通りいかなかった生徒がいます。「将来なりたい職業と関係がないので行きたくない」と発言し複数の生徒が同調しています。学級担任として全体を指導して下さい。

【その他質疑応答】

□伝えたかったことはなんですか。

□志望動機は。

※板書は必ず取り入れる。

【その他模擬授業テーマ】

▼小学校全科

　　あなたは小学校4年生の学級担任です。理科の授業として，理科室で実験を行うことになりました。子どもたちは，珍しい実験器具を前に，やや興奮気味です。実験には積極的に取り組ませたいのですが，教師の指示に従わないと思わぬ一事故につながりかねません。あなたは，子どもたちが実験を始める前に，どのような指導をしますか。

▼中学校

　　あなたは中学校2年生の学級担任です。総合的な学習の時間で，職場体験活動の計画を立てています。しかし，企業の受入れの事情もあり，必ずしも自分の希望する職場で体験できるとは限りません。ある生徒が，「オレは将来，こういう仕事をしたいわけじゃないから，こんな体験をしても意味がないよ。」と発言し，それに同調する生徒も複数いました。

　　あなたなら，この生徒と学級全体にどのような指導をしますか。

▼高等学校

　　あなたは，高等学校1年生のホームルーム担任です。最近，1年生の間で，メールへの返信に時間がとられ，家庭学習への取組みが疎かになったり，睡眠不足で授業に集中できなくなったりしている生徒が増えていることが問題となっています。そこで，SHRの時間に，携帯電話の使い方について学級全体を指導することになりました。あなたならどのような指導をしますか。その場合，学級の実態を把握しながらの指導となるよう配慮してください。

▼養護教諭

　　あなたは，中学校の養護教諭です。授業や学校行事等で，学級の

338

中心となっていた3年生のAさんが，インターネットの掲示板への書き込み(態度が大きい，自分勝手であるという内容の悪口)が原因で，学級の友人への不信感が高まり，教室にいるのが怖いと訴えてきました。あなたならどのような話をしますか。

▼栄養教諭

　　あなたは，共同調理場に勤務する栄養教諭です。ある中学校から，近年，摂食障害の低年齢化が進みつつあることから，その予防のために，2年生を対象に学年集会で摂食障害について指導してほしいという依頼がありました。拒食症や過食症等の摂食障害を踏まえ，朝食の大切さやバランスのとれた食事，正しいダイエット等を理解させるために，生徒たちにどのような話をしますか。

2010年度

◆集団討論(1次試験)　面接官2人　受験者4〜5人　35分

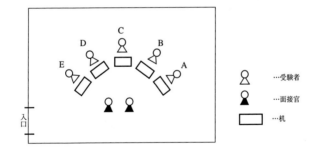

〈集団討議のテーマ〉

○保護者から，子どもたちが家庭で取り組む「宿題(課題)の量」について，要望がありました。

　　ある保護者からは「量が少なすぎる，もっとたくさん与えてほしい。」と言われ，別の保護者からは「宿題(課題)の量が多すぎる。あまり多く与えないでほしい。」と言われました。

　　このような，宿題(課題)の量についての相異なる要望に対し，具体的にどのように対処しますか。話し合って下さい。

○忍耐力が不足している児童・生徒に対して，忍耐力を養うためにはどのような指導をしていけばよいでしょうか，指導の際の留意点も含めて話し合ってください。

○学校教育における「競い合い」については，これまでもその是非が問われてきました。児童・生徒が競い合うことについて，どう考えますか。

○学校週5日制の導入に伴い，授業時数の確保の観点から，学校行事の精選が図られてきました。

　　近年は，学校の多忙化を解消する手だてとして，行事の見直しが再度注目されています。

　　一方で，学校行事は，子どもたちが多くのことを学ぶ大切な学習活動の場であり，学校生活に潤いと活力を与えています。

　　このような状況の中，学校行事を効果的に実施していくために，どのような工夫が必要か話し合って下さい。

◆実技試験(1次試験)
　▼中学校英語(英語による面接)
　　面接官2人　受験者3人　25分

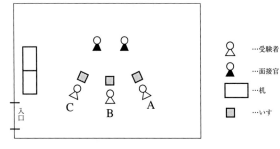

　・受験番号
　・教師になろうと思ったきっかけを簡潔に述べる。

・四コママンガを1枚ずつ渡される。

・A，B，Cともそれぞれ違うマンガで，考える時間は40秒，答える時間は1分ずつ。答えている時，他の人たちはただ聞いているのみ。1分経過すると，タイムアップとなり，言い終えていなくとも，そこで終了。

・ALTの助けなしに効果的な授業を進められるか。賛成か反対か。自分の考えを述べる。

◆個人面接(2次試験)

第1面接：面接官3人　14分　　　第2面接：面接官2人　15分

▼中学校数学

○第1面接

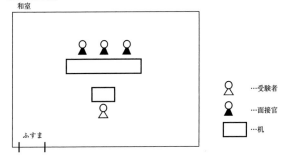

・教員になったら，やってみたいことは。

・学生生活はどうか。

・得意料理は。

・日本人の3つの義務を知っているか。

・部活動の指導は可能か。

・数学の学習指導要領より，目標は知っているか。

・学校での仕事を知っているか。

・なぜ，中学校の教諭なのか。

・障がいのある子どもと接したことはあるか。

○第2面接
・ストレスの発散法は。
・教師になりたいと思ったきっかけは。
・大学での勉強内容。
・理想の教師は － そのために何をするか － ダメなら － それ以外で取り組みたいことは。
・いい教師とわるい教師。
・実習で苦労したことは － その克服法は。
・中2の担任になったとき，最初のHRで何を話すか － どんなクラスにしたいか。
・15秒くらいで自己PR。
・数学が苦手な子にどうするか。
・親から，授業がわからない，というクレームがきたらどうするか。
・他の先生と指導方針が違ったらどうするか。

▼高校英語
○第1面接…個人の経験や経歴に関して面接する。終始，雰囲気はなごやか。
・留学や海外生活を通して学んだことは何か。
・カルチャーショックは深刻だったか。
・生徒を教えていてどんなことを感じたか。
・生徒のモティベーションを上げるためにどのような授業をしたいか。
・ストレスには強いほうか。
・ストレスにどのように対処しているか。
・他の先生と意見の食い違いがあった時，どうするか。
・窓ガラスが割れた。生徒に何と言うか。
・日本が世界に誇れることは何だと思うか。
○第2面接…第2面接は圧迫面接。試験官は，みな一様に怖い顔をしてくる。

・今の生徒，昔の生徒の良い点，悪い点は何だと思うか。それぞれ答えよ。

・コミュニケーション重視の英語の授業は，大学受験と反するように見えるが，どのように指導するか。コミュニケーション重視の授業は実際の授業で使えると思うのか。

・授業以外の活動，例えば部活動や生活指導をどう思うか。

・学校評価や免許更新制についてどう思うか。

・山形県の教員としてどのように教えたいか。

◆模擬授業(2次試験)　面接官3人(うち2人が生徒役)　15分(構想3分，授業9〜10分，質疑応答2〜3分)，メモ用紙配布，後で回収。

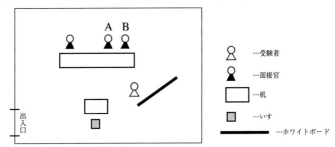

▼中学校数学
(授業内容)
　保健室登校をしているSさんについて，「授業に出なくてずるい」「わがままだ」という生徒が出てきた。学活の時間を使って指導しなさい。(中1のクラス)
・教科指導ではない

▼高校英語
　入室すると，机の上に紙がおいてある。指示があるので，3分で質問を読み，授業の構想を練る。

・面接官3名(2名は生徒役，1名は観察役)
・ホワイトボードとマーカー(赤，青，黒各一本)が用意されている。
・生徒役の面接官2名は，模擬授業中，生徒役に徹し「なんで英語勉強すんの？」「何で英語話してるの?」「わかんなーい！」など，わざと手強い質問をしてくる。

(授業内容)
　高校1年生(受験者によっては2年生)の初めての英語のクラスである。あなたはクラスに英語が苦手な生徒がいることも分かっている。生徒に英語の楽しさを伝える授業をしなさい。この時，生徒に「驚き」や「気づき」を持たせる授業をすること。

●書籍内容の訂正等について

　弊社では教員採用試験対策シリーズ（参考書，過去問，全国まるごと過去問題集），公務員試験対策シリーズ，公立幼稚園・保育士試験対策シリーズ，会社別就職試験対策シリーズについて，正誤表をホームページ（https://www.kyodo-s.jp）に掲載いたします。内容に訂正等，疑問点がございましたら，まずホームページをご確認ください。もし，正誤表に掲載されていない訂正等，疑問点がございましたら，下記項目をご記入の上，以下の送付先までお送りいただくようお願いいたします。

> ① **書籍名，都道府県（学校）名，年度**
>   （例：教員採用試験過去問シリーズ　小学校教諭 過去問　2025 年度版）
> ② **ページ数**（書籍に記載されているページ数をご記入ください。）
> ③ **訂正等，疑問点**（内容は具体的にご記入ください。）
>   （例：問題文では"ア～オの中から選べ"とあるが，選択肢はエまでしかない）

〔ご注意〕

○ 電話での質問や相談等につきましては，受付けておりません。ご注意ください。

○ 正誤表の更新は適宜行います。

○ いただいた疑問点につきましては，当社編集制作部で検討の上，正誤表への反映を決定させていただきます（個別回答は，原則行いませんのであしからずご了承ください）。

●情報提供のお願い

　協同教育研究会では，これから教員採用試験を受験される方々に，より正確な問題を，より多くご提供できるよう情報の収集を行っております。つきましては，教員採用試験に関する次の項目の情報を，以下の送付先までお送りいただけますと幸いでございます。お送りいただきました方には謝礼を差し上げます。

（情報量があまりに少ない場合は，謝礼をご用意できかねる場合があります）。

◆あなたの受験された面接試験，論作文試験の実施方法や質問内容

◆教員採用試験の受験体験記

- -

送付先
　○電子メール：edit@kyodo-s.jp
　○FAX：03-3233-1233（協同出版株式会社　編集制作部 行）
　○郵送：〒101-0054　東京都千代田区神田錦町2-5
　　　　　協同出版株式会社　編集制作部 行
　○HP:https://kyodo-s.jp/provision（右記のQRコードからもアクセスできます）

※謝礼をお送りする関係から，いずれの方法でお送りいただく際にも，「お名前」「ご住所」は，必ず明記いただきますよう，よろしくお願い申し上げます。

教員採用試験「過去問」シリーズ

山形県の
論作文・面接 過去問

編　集　　ⓒ 協同教育研究会
発　行　　令和6年1月25日
発行者　　小貫　輝雄
発行所　　協同出版株式会社

　　　　　〒101-0054　東京都千代田区神田錦町2‐5
　　　　　電話　03－3295－1341
　　　　　振替　東京00190－4－94061
印刷所　　協同出版・POD工場

落丁・乱丁はお取り替えいたします。

2024年夏に向けて
―教員を目指すあなたを全力サポート！―

●通信講座

志望自治体別の教材とプロによる
丁寧な添削指導で合格をサポート

詳細はこちら

●公開講座 (＊1)

48のオンデマンド講座のなかから、
不得意分野のみピンポイントで学習できる！
受講料は6000円～　＊一部対面講義もあり

詳細はこちら

●全国模試 (＊1)

業界最多の **年5回** 実施！
定期的に学習到達度を測って
レベルアップを目指そう！

詳細はこちら

●自治体別対策模試 (＊1)

的中問題がよく出る！
本試験の出題傾向・形式に合わせた
試験で実力を試そう！

詳細はこちら

　上記の講座及び試験は，すべて右記のQRコードからお申し込みできます。また，講座及び試験の情報は，随時，更新していきます。

＊1・・・ 2024年対策の公開講座、全国模試、自治体別対策模試の情報は、2023年9月頃に公開予定です。

協同出版・協同教育研究会
https://kyodo-s.jp

お問い合わせは
通話料無料の
フリーダイヤル

いい み　な さんおうえん
0120 (13) 7300

受付時間：平日（月～金）9時～18時　まで